高等中医药院校教材
习题精选

主编·金国琴　柳春

生物化学
习题精选
（第2版）

上海科学技术出版社

图书在版编目(CIP)数据

生物化学习题精选/金国琴,柳春主编.—2版.
—上海:上海科学技术出版社,2017.10(2025.1重印)
高等中医药院校教材习题精选
ISBN 978-7-5478-3717-7

Ⅰ.①生… Ⅱ.①金…②柳… Ⅲ.①生物化学-
中医学院-习题集 Ⅳ.①Q5-44

中国版本图书馆 CIP 数据核字(2017)第 240000 号

生物化学习题精选(第 2 版)
主编 金国琴 柳春

上海世纪出版(集团)有限公司
上海科学技术出版社 出版、发行
(上海市闵行区号景路 159 弄 A 座 9F-10F)
邮政编码 201101　www.sstp.cn
常熟市兴达印刷有限公司印刷
开本 787×1092　1/32　印张 9.5
字数 200 千字
2017 年 10 月第 2 版　2025 年 1 月第 16 次印刷
ISBN 978-7-5478-3717-7/R·1455
定价:20.00 元

本书如有缺页、错装或坏损等严重质量问题,请向工厂联系调换

编委名单

主 编

金国琴　上海中医药大学
柳　春　辽宁中医药大学

副主编（以姓氏笔画为序）

王和生　贵州中医药大学
李爱英　河北中医学院
张学礼　上海中医药大学
赵筱萍　浙江中医药大学
谭宇蕙　广州中医药大学

编 委（以姓氏笔画为序）

于　光　南京中医药大学
杨　云　云南中医药大学
张晓薇　山西中医药大学
陈晓玲　浙江中医药大学
林晓晖　福建中医药大学
郑　纺　天津中医药大学
赵丹玉　辽宁中医药大学
赵京山　河北中医学院
钟卫干　广西中医药大学
翁美芝　江西中医药大学
郭丽新　黑龙江中医药大学
黄映红　成都中医药大学
龚张斌　上海中医药大学
谢圣高　湖北中医药大学
魏敏慧　陕西中医药大学

秘　书（兼任，以姓氏笔画为序）

赵丹玉　辽宁中医药大学
龚张斌　上海中医药大学

编写说明

《生物化学习题精选》是全国普通高等教育中医药类精编教材《生物化学》教学配套用书,2012年出版发行以来受到广大师生的欢迎和好评。目前精编教材《生物化学》在第2版基础上进行了全面的修订、更新并再版。为适应教材的更新和教学的需要,我们以精编教材《生物化学》第3版为主要蓝本,同时参考其他中医药类《生物化学》教材,对本习题精选进行了修订。概括如下。

(1) 章节排序和内容范围与精编教材《生物化学》第3版、教学大纲和重要知识点保持一致,以便学生根据生物化学课程进度和教学的要求同步复习和练习。

(2) 对习题题型与体例的选择,注重实用性和适用性,与第2版比较,增加了案例分析题。结合考试要求,设计了单项选择题、多项选择题、填空题、名词解释、简答题、问答题和案例分析题等七种题型。

(3) 对习题涉及知识点的选择,保持与现行全国高等中医药院校本科生物化学教学大纲一致,涵盖全部知识点,着重"掌握、熟悉"内容。与教材配套的手机App《生物化学复习纲要》配合使用,使学生在学习过程中,以基本概念、基本理论和基本代谢过程为纲,对重点内容进行有条理的复习、强化,加深理解,巩固记忆。

（4）在习题答案编写上，继续以"精练、明晰"为宗旨，引导学生分析、理解和掌握生物化学基本理论、基本知识。

（5）许多章节中还编写了案例分析题，主要是引导学生运用所学的生物化学基础知识去分析临床常见疾病发生发展中的现象，阐明发病的分子机制，为疾病的有效治疗提供思路，并使学生感到生物化学学有所用，提高学生学习积极性。

本习题集可供中医药院校各类专业的本科生、研究生、青年教师和临床医师自学和复习之用。

《生物化学习题精选》编委会

2017 年 7 月

目 录

第一章	绪论	*1*
第二章	糖类化学	*2*
第三章	脂类化学	*9*
第四章	蛋白质化学	*14*
第五章	核酸化学	*26*
第六章	酶	*32*
第七章	维生素	*44*
第八章	糖代谢	*54*
第九章	生物氧化	*68*
第十章	脂类代谢	*82*
第十一章	蛋白质的分解代谢	*92*
第十二章	核苷酸代谢	*107*
第十三章	核酸的生物合成	*113*
第十四章	蛋白质的生物合成	*124*
第十五章	基因表达调控	*130*

第十六章	细胞信息传递	138
第十七章	重组 DNA 技术	148
第十八章	基因诊断和基因治疗	154
第十九章	肝胆生化	162
第二十章	水盐代谢	175
第二十一章	微量元素	184
第二十二章	酸碱平衡	189
第二十三章	药物代谢	200

参考答案　　　　　　　　　　　209

第一章

绪 论

一、名词解释

1. 构件分子　　2. 基因组学　　3. 转录组学　　4. RNA组学　　5. 蛋白质组学　　6. 后基因组学　　7. 代谢组学
8. 系统生物学　　9. 静态生物化学　　10. 动态生物化学
11. 机能生物化学　　12. 精准医学

二、问答题

1. 何谓生物化学？
2. 试述生物化学研究的主要内容、学习的目的和意义。
3. 试述生物化学与医药学的关系。

第二章

糖类化学

一、单项选择题

1. 自然界分布最广、含量最多的生物分子是 （ ）
   A. 蛋白质　　　B. 核酸　　　C. 水
   D. 糖类　　　　E. 脂类

2. 以下哪个是碳水化合物？ （ ）
   A. 二羟丙酮　　B. 甘油　　　C. 类固醇
   D. 乳酸　　　　E. 腺嘌呤

3. 以下哪个单糖分子最小？ （ ）
   A. 半乳糖　　　B. 甘油醛　　C. 果糖
   D. 核糖　　　　E. 脱氧核糖

4. 以下哪个单糖是酮糖？ （ ）
   A. 半乳糖　　　B. 果糖　　　C. 甘油醛
   D. 核糖　　　　E. 脱氧核糖

5. 生物体内含量最丰富的单糖是 （ ）
   A. 半乳糖　　　B. 核糖　　　C. 葡萄糖
   D. 脱氧核糖　　E. 蔗糖

6. 以下哪种糖水解后可得到果糖？ （ ）

A．淀粉   B．纤维素   C．乳糖
D．麦芽糖   E．蔗糖

7. 单糖分子至少含有几个碳原子？   (   )
   A．2   B．3   C．4   D．5   E．6

8. 以下哪个是不含手性碳原子的单糖？   (   )
   A．半乳糖   B．二羟丙酮   C．甘油醛
   D．核糖   E．脱氧核糖

9. 纤维素中的 1 个葡萄糖有几个手性碳原子？   (   )
   A．2   B．3   C．4   D．5   E．6

10. 糖原与纤维素中的葡萄糖只有 1 个碳原子不同，它是几号碳原子？   (   )
    A．1   B．2   C．3   D．4   E．5

11. 开链式葡萄糖的构型是由它的几号碳原子决定的？   (   )
    A．1   B．2   C．3   D．4   E．5

12. 在溶液中，以下哪个糖没有半缩醛结构？   (   )
    A．半乳糖   B．二羟丙酮   C．乳糖
    D．麦芽糖   E．脱氧核糖

13. 葡萄糖在中性溶液中有几种异构体？   (   )
    A．2   B．3   C．4   D．5   E．6

14. 以下哪种物质的分子结构中有呋喃环结构？   (   )
    A．胆固醇   B．核酸   C．前列腺素
    D．乳糖   E．组氨酸

15. 在溶液中，以下哪个糖没有旋光性？   (   )
    A．二羟丙酮   B．麦芽糖   C．乳糖
    D．脱氧核糖   E．蔗糖

16. 单糖可以下列形式存在，例外的是　　（　　）
    A．α-D-吡喃葡萄糖　　　　B．β-D-吡喃果糖
    C．α-D-呋喃果糖　　　　　D．β-D-吡喃葡萄糖
    E．β-D-吡喃核糖

17. 乳糖由下列哪两种单糖组成？　（　　）
    A．α-D-半乳糖和 D-葡萄糖
    B．β-D-半乳糖和 D-果糖
    C．α-D-半乳糖和 D-葡萄糖
    D．β-D-半乳糖和 D-果糖
    E．β-D-半乳糖和 D-葡萄糖

18. RNA 中的核糖是　　（　　）
    A．α-D-吡喃核糖　　　　B．α-D-呋喃核糖
    C．β-D-吡喃核糖　　　　D．β-D-呋喃核糖
    E．α-D-呋喃核糖和 β-D-呋喃核糖

19. 以下哪种糖不是还原糖？　（　　）
    A．果糖　　　　B．麦芽糖　　　　C．乳糖
    D．脱氧核糖　　E．蔗糖

20. 蔗糖分子中含有下列哪种糖苷键？　（　　）
    A．β-1,2-糖苷键　　　　B．α-1,2-β-糖苷键
    C．α-1,4-糖苷键　　　　D．α-1,4-β-糖苷键
    E．α-1,6-β-糖苷键

21. 以下哪个分子中没有糖苷键？　（　　）
    A．CoA　　　　B．FMN　　　　C．NADH
    D．肝素　　　　E．纤维素

22. 含有 α-1,4-糖苷键的是　（　　）
    A．硫酸软骨素　　B．麦芽糖　　　C．乳糖
    D．纤维素　　　　E．蔗糖

23. 下列哪个反应是还原糖的特征反应？（　　）
    A．彻底氧化分解生成 CO_2 和 H_2O
    B．发生酶促氧化反应
    C．与非碱性弱氧化剂反应
    D．与碱性弱氧化剂反应
    E．与较强氧化剂反应（如稀 HNO_3）

24. 班氏试剂是由硫酸铜、碳酸钠和柠檬酸钠配制而成的一种深蓝色溶液，临床中常用该试剂检验尿糖，其中与葡萄糖反应的成分是（　　）
    A．钠离子　　　　B．柠檬酸根　　　　C．硫酸根
    D．碳酸根　　　　E．铜离子

25. 葡萄糖在下列哪种条件下的反应产物具有保肝、解毒作用？（　　）
    A．彻底氧化分解生成 CO_2 和 H_2O
    B．发生酶促氧化反应
    C．与非碱性弱氧化剂反应
    D．与碱性弱氧化剂反应
    E．与较强氧化剂反应（如稀 HNO_3）

26. 葡萄糖在下列哪个条件下的反应产物积聚在糖尿病患者的晶状体中，易引起白内障？（　　）
    A．发生酶促氧化反应　　　　B．还原反应
    C．与非碱性弱氧化剂反应　　D．与碱性弱氧化剂反应
    E．与较强氧化剂反应（如稀 HNO_3）

27. 由不止一种单糖构成的是（　　）
    A．麦芽糖　　　　B．乳糖　　　　C．糖原
    D．纤维素　　　　E．支链淀粉

28. 与直链淀粉不同，支链淀粉中含有哪种糖苷键？（　　）

A. α-1,2-糖苷键 B. α-1,3-糖苷键
C. α-1,4-糖苷键 D. α-1,5-糖苷键
E. α-1,6-糖苷键

29. 含有 L-单糖的是　　（　　）
    A. 肝素　　　B. 硫酸软骨素　　C. 葡聚糖
    D. 透明质酸　　E. 血型物质

30. 在 ABO 系血型物质中，O 型血鞘糖脂的糖链末端糖基是
    （　　）
    A. 半乳糖　　　B. 葡糖醛酸　　C. 葡萄糖
    D. 唾液酸　　　E. 岩藻糖

二、多项选择题

1. 能与葡萄糖形成糖苷键的是　　（　　）
   A. 班氏试剂　　B. 半乳糖　　C. 果糖
   D. 甲醇　　　　E. 磷酸

2. 葡萄糖在生物体内的氧化产物有　　（　　）
   A. 葡糖-6-磷酸　B. CO_2 和 H_2O　C. 葡糖醛酸
   D. 葡萄糖二酸　　E. 葡萄糖酸

3. 以下属于同多糖的是　　（　　）
   A. 阿拉伯胶　　B. 淀粉　　　C. 糖胺聚糖
   D. 糖原　　　　E. 纤维素

4. 支链淀粉和糖原分子都含有　　（　　）
   A. α-1,3-糖苷键　　　B. α-1,4-糖苷键
   C. α-1,6-糖苷键　　　D. β-1,3-糖苷键
   E. β-1,4-糖苷键

5. 以下属于杂多糖的是　　（　　）

A．阿拉伯胶 B．肝素 C．硫酸软骨素
D．糖胺聚糖 E．透明质酸
6. 下列糖类物质分子中含有硫酸基的是 （　　）
A．肝素 B．硫酸软骨素 C．葡聚糖
D．透明质酸 E．血型物质

三、填空题

1. 绝大多数非光合生物通过氧化_____获得生命活动所需的_____。

2. 糖是一类化学本质为多羟基醛或_____及其_____的有机化合物。

3. 糖类可以根据其水解程度分为单糖、_____和_____三类。

4. 支链淀粉由 D-葡萄糖通过_____键连接成直链，再通过_____键相连形成分支。

5. 糖原和纤维素都由葡萄糖组成，但其_____键不同，因而_____都不同。

6. 手性分子的构型可以用_____作为参照物表示。单糖的构型是根据其_____手性碳原子连接的—OH 来确定。

7. 在溶液状态下，D-葡萄糖的_____羟基与_____醛基发生分子内缩醛反应，形成环式半缩醛结构。

8. 溶液中的单糖有两种环式结构，分别称为_____糖和_____糖。

9. 吡喃葡萄糖有_____和_____等典型构象，其中前者比较稳定。

10. 果糖有两种环式结构：游离果糖在溶液中大多数以_____

形式存在,结合型果糖则以_____形式存在。

11. 单糖分子中所有的_____都能与_____成酯,其中具有重要生物学意义的是形成磷酸酯。

12. 蔗糖是自然界分布最广的双糖,由 D-葡萄糖和_____以_____键结合而成,在溶液中不能开环形成醛基。

13. 多糖可按其组成分为_____和_____。

四、名词解释

1. 糖　　2. 单糖　　3. 寡糖　　4. 糖苷　　5. 还原糖
6. 班氏试剂　　7. 同多糖　　8. 糖复合物

五、简答题

1. 简述单糖的概念及其分类。
2. 简述葡萄糖的环式结构。
3. 简述成苷反应与糖苷的概念。
4. 简述重要双糖的还原性。
5. 简述淀粉和纤维素的异同。
6. 简述多糖类药物的主要来源和分类。

六、论述题

1. 试述单糖的构型。
2. 试述单糖的化学性质。
3. 试述单糖的氧化反应。
4. 试述人体内的主要杂多糖。

第三章
脂类化学

一、单项选择题

1. 彻底水解混合甘油三酯,可以得到几种脂肪酸? (　　)
   A. 2　　B. 3　　C. 4　　D. 5　　E. 6

2. 彻底水解单纯甘油三酯可以得到几种产物? (　　)
   A. 1　　B. 2　　C. 3　　D. 4　　E. 5

3. 以下属于饱和脂肪酸的是 (　　)
   A. 花生四烯酸　　B. 软油酸　　　　C. 软脂酸
   D. 亚麻酸　　　　E. 亚油酸

4. 花生四烯酸有几个顺式双键? (　　)
   A. 1　　B. 2　　C. 3　　D. 4　　E. 5

5. 关于脂肪的皂化反应,下列说法正确的是 (　　)
   A. 脂肪在碱性条件下水解
   B. 脂肪在酶的作用下水解
   C. 脂肪在酸性条件下水解
   D. 皂化值越大表示脂肪中脂肪酸的不饱和程度越高
   E. 皂化值越大表示脂肪的平均分子量越大

6. 并非所有的磷脂都含有 (　　)

A．C　　B．H　　C．N　　D．O　　E．P

7. 最简单的甘油磷脂是　　（　　）
   A．磷脂酸　　　　　　B．磷脂酰胆碱　　　C．磷脂酰肌醇
   D．磷脂酰丝氨酸　　　E．磷脂酰乙醇胺

8. 俗称卵磷脂的是　　（　　）
   A．磷脂酰胆碱　　　　B．磷脂酰甘油　　　C．磷脂酰肌醇
   D．磷脂酰丝氨酸　　　E．磷脂酰乙醇胺

9. 常用以防治脂肪肝的物质是　　（　　）
   A．磷脂酰胆碱　　　　B．磷脂酰甘油　　　C．磷脂酰肌醇
   D．磷脂酰丝氨酸　　　E．磷脂酰乙醇胺

10. 俗称脑磷脂的是　　（　　）
    A．磷脂酰胆碱　　　　B．磷脂酰甘油　　　C．磷脂酰肌醇
    D．磷脂酰丝氨酸　　　E．磷脂酰乙醇胺

11. 关于甘油磷脂叙述错误的是　　（　　）
    A．C-1位的脂酰基长链多为饱和脂肪酸
    B．C-2位的脂酰基长链多为不饱和脂肪酸
    C．非极性尾即两个脂酰基长链
    D．极性头即磷酸基和取代基团
    E．磷脂酰乙醇胺被磷酸化以后具有信号转导作用

12. 下列属于糖皮质激素的是　　（　　）
    A．雌二醇　　　　　　B．睾酮　　　　　　C．皮质醇
    D．醛固酮　　　　　　E．孕酮

13. 盐皮质激素是　　（　　）
    A．雌二醇　　　　　　B．睾酮　　　　　　C．皮质醇
    D．醛固酮　　　　　　E．孕酮

14. 对酸败叙述错误的是　　（　　）

A. 酸败包括水解反应 B. 酸败包括氧化反应
C. 生成产物有酚 D. 生成产物有醛酸
E. 生成产物有羧酸

15. 鞘糖脂不含有 （　　）
A. C B. H C. N D. O E. P

16. 不属于类固醇激素的是 （　　）
A. 雌二醇 B. 前列腺素 C. 皮质醇
D. 醛固酮 E. 睾酮

17. 肾上腺皮质不能合成 （　　）
A. 雌二醇 B. 睾酮 C. 皮质醇
D. 醛固酮 E. 肾上腺素

18. 下列哪种物质不属于磷脂？ （　　）
A. 卵磷脂 B. 脑磷脂 C. 脑苷脂
D. 鞘磷脂 E. 心磷脂

二、多项选择题

1. 含有手性碳原子的分子是 （　　）
A. 单纯三酰甘油 B. 胆固醇 C. 甘油-3-磷酸
D. 卵磷脂 E. 脂肪酸

2. 以下哪些是不饱和脂肪酸？ （　　）
A. 花生酸 B. 软油酸 C. 软脂酸
D. 亚麻酸 E. 亚油酸

3. 类固醇是胆固醇及其衍生物，体内重要的类固醇包括
（　　）
A. 胆固醇酯 B. 甘氨胆酸 C. 牛磺酸
D. 醛固酮 E. 维生素 D_3

4. 属于酸性鞘糖脂类的是　　（　　）
   A．脑苷脂　　　　B．脑硫苷脂　　　C．神经节苷脂
   D．神经酰胺　　　E．神经鞘磷脂

5. 属于ω-3脂肪酸的是　　（　　）
   A．亚油酸　　　　B．γ-亚麻酸　　　C．花生四烯酸
   D．α-亚麻酸　　　E．二十碳五烯酸

三、填空题

1. 脂肪在碱性条件下水解生成甘油和_____的反应称为皂化反应,水解 1 g 脂肪所消耗_____的毫克数称为皂化值。

2. 在鱼油特别是深海鱼油中含量丰富,能阻止血脂在血管壁上沉积,预防脑血栓、高血压等心脑血管疾病,属于ω-3脂肪酸的是_____和_____。

3. 在甘油磷脂所含的两个脂酰基长链中,位于C-1位的常为_____,位于C-2位的多为_____。

4. 胆汁酸有游离型胆汁酸和结合型胆汁酸两种形式,游离型胆汁酸与_____或_____结合形成结合型胆汁酸。

5. 性激素分为雄激素、雌激素和孕激素,它们分别由_____和_____分泌。但在青春期之前,主要由_____分泌。

四、名词解释

1. 脂类　　2. 脂肪　　3. 油脂　　4. 必需脂肪酸
5. 酸败

五、简答题

1. 简述脂肪的组成与种类。
2. 简述氢化油的危害。
3. 简述类固醇激素的种类及功能。

六、问答题

1. 试述脂肪酸的结构与分类。
2. 试述磷脂的组成与分类。
3. 试述胆汁酸的主要种类及功能。

第四章
蛋白质化学

一、单项选择题

1. 蛋白质分子的元素组成特点是　（　　）
   A. 含少量的碳　　B. 含少量的糖　　C. 含大量的硫
   D. 含大量的铜　　E. 含氮量约为16％

2. 一血清标本的含氮量为5 g/L,则该标本的蛋白质浓度约为（　　）
   A. 15 g/L　　　　B. 20 g/L　　　　C. 31 g/L
   D. 45 g/L　　　　E. 55 g/L

3. 以下哪种氨基酸是碱性氨基酸？（　　）
   A. 甘氨酸　　　　B. 赖氨酸　　　　C. 亮氨酸
   D. 羟脯氨酸　　　E. 谷氨酸

4. 以下哪种氨基酸是酸性氨基酸？（　　）
   A. 天冬氨酸　　　B. 丙氨酸　　　　C. 脯氨酸
   D. 精氨酸　　　　E. 甘氨酸

5. 含有2个羧基的氨基酸是（　　）
   A. 丝氨酸　　　　B. 苏氨酸　　　　C. 酪氨酸
   D. 谷氨酸　　　　E. 赖氨酸

6. 在 pH 6.0 的缓冲液中电泳,哪种氨基酸基本不移动? ( )
   A. 丙氨酸　　　　B. 精氨酸　　　　C. 谷氨酸
   D. 赖氨酸　　　　E. 天冬氨酸

7. 在 pH 7.0 时,哪种氨基酸带正电荷? ( )
   A. 色氨酸　　　　B. 亮氨酸　　　　C. 谷氨酸
   D. 赖氨酸　　　　E. 苏氨酸

8. 甲硫氨酸是 ( )
   A. 支链氨基酸　　B. 酸性氨基酸　　C. 碱性氨基酸
   D. 芳香族氨酸　　E. 含硫氨基酸

9. 构成蛋白质的标准氨基酸有多少种? ( )
   A. 8 种　　　　　B. 15 种　　　　　C. 20 种
   D. 25 种　　　　　E. 30 种

10. 关于构成天然蛋白质的氨基酸,叙述正确的是 ( )
    A. 除甘氨酸外,氨基酸的 α-碳原子均为非手性碳原子
    B. 除甘氨酸外,均为 L-构型　　C. 只含 α-羧基和 α-氨基
    D. 均为极性侧链　　　　　　　E. 有些没有遗传密码

11. 哪种氨基酸不是合成蛋白质的原料? ( )
    A. 瓜氨酸　　　　　　　B. 甲硫氨酸(蛋氨酸)
    C. 丝氨酸　　　　　　　D. 半胱氨酸
    E. 丙氨酸

12. 在 pH = pI 时,溶液中氨基酸以什么形式存在? ( )
    A. 疏水分子　　　B. 非极性分子　　C. 负离子
    D. 正离子　　　　E. 兼性离子

13. 所有氨基酸共有的显色反应是 ( )
    A. 双缩脲反应　　B. 茚三酮反应　　C. 酚试剂反应

D. 米伦反应　　　　E. 考马斯亮蓝反应

14. 关于蛋白质分子中的肽键的说法正确的是　　（　　）
    A. 由氨基酸的各种氨基和各种羧基形成
    B. 由某一氨基酸的γ-羧基与另一氨基酸的α-氨基脱水形成
    C. 由一个氨基酸的α-羧基与另一氨基酸的α-氨基脱水形成
    D. 肽键无双键性质
    E. 由一个氨基酸的α-羧基与另一氨基酸的γ-氨基脱水形成

15. 维持蛋白质分子一级结构的化学键是　　（　　）
    A. 盐键　　　　B. 糖苷键　　　　C. 疏水键
    D. 肽键　　　　E. 氢键

16. 蛋白质分子中α-螺旋和β-折叠都属于　　（　　）
    A. 一级结构　　B. 二级结构　　C. 三级结构
    D. 四级结构　　E. 高级结构

17. 维持蛋白质分子二级结构的主要化学键是　　（　　）
    A. 肽键　　　　B. 离子键　　　C. 氢键
    D. 二硫键　　　E. 疏水键

18. α-螺旋每上升一圈相当于几个氨基酸残基？　　（　　）
    A. 2.5　　B. 2.6　　C. 3.0　　D. 3.6　　E. 5.4

19. 有关蛋白质分子中α-螺旋的描述正确的是　　（　　）
    A. 一般为左手螺旋　　　B. 螺距为5.4 nm
    C. 每圈包含10个氨基酸残基　　D. 稳定键为二硫键
    E. 氨基酸侧链的形状大小及所带电荷可影响α-螺旋的形成

20. 主链骨架以180°返回折叠,在连续的4个氨基酸残基中第一

个与第四个形成氢键的是下列哪种类型？　　（　　）
A．β-转角　　　　B．β-折叠　　　　C．α-螺旋
D．无规则卷曲　　E．超二级结构

21. 模体属于　　（　　）
A．二级结构　　　B．超二级结构　　C．三级结构
D．四级结构　　　E．以上都不是

22. 关于蛋白质分子三级结构的描述，其中错误的是　　（　　）
A．天然蛋白质分子均有这种结构
B．具有三级结构的多肽链都具有生物学活性
C．三级结构的稳定性主要由次级键维持
D．亲水基团聚集在三级结构的表面
E．决定盘曲折叠的因素是氨基酸残基

23. 具有四级结构的蛋白质的特征是　　（　　）
A．分子中必定含有辅基
B．每条多肽链都具有独立的生物学活性
C．在2条或2条以上多肽链的基础上，进一步折叠盘曲形成
D．依赖肽键维系四级结构的稳定性
E．由2条或2条以上具有三级结构的多肽链组成

24. 维持蛋白质四级结构的化学键是　　（　　）
A．盐键　　　　　B．氢键　　　　　C．二硫键
D．范德瓦尔斯力　E．非共价键

25. 蛋白质分子中两个半胱氨酸残基之间可形成　　（　　）
A．肽键　　　　　B．盐键　　　　　C．二硫键
D．疏水键　　　　E．氢键

26. 蛋白质的一级结构及高级结构决定于　　（　　）
A．分子中的氢键　　　　　B．分子中的盐键
C．氨基酸的组成和顺序　　D．分子内部疏水键

E．亚基

27．蛋白质分子中引起 280 nm 光吸收的主要成分是　（　　）
   A．苯丙氨酸的苯环
   B．半胱氨酸的巯基
   C．肽键
   D．色氨酸的吲哚环和酪氨酸的酚基
   E．氨基酸的自由氨基

28．将蛋白质溶液的 pH 调节到其等电点　（　　）
   A．可使蛋白质表面的净电荷不变
   B．可使蛋白质表面的净电荷增加
   C．可使蛋白质稳定性增加
   D．可使蛋白质稳定性降低,易沉淀析出
   E．对蛋白质表面水化膜无影响

29．等电点分别是 4.9 和 6.8 的两种不同蛋白质混合液,在哪种 pH 条件下电泳分离效果最好?　（　　）
   A．pH = 3.5　　B．pH = 4.9　　C．pH = 6.8
   D．pH = 6.5　　E．pH = 8.6

30．蛋白质变性是由于　（　　）
   A．蛋白质空间构象破坏　　B．蛋白质水解
   C．肽键断裂　　　　　　　D．氨基酸组成改变
   E．氨基酸排列顺序改变

31．蛋白质所形成的胶体颗粒,在下列哪种条件下不稳定?
   （　　）
   A．溶液 pH 大于 pI　　　B．溶液 pH 小于 pI
   C．溶液 pH 等于 pI　　　D．溶液 pH 等于 7.4
   E．在水溶液中

32．变性蛋白质的主要特点是　（　　）

A. 黏度下降　　　　　　　　B. 溶解度增加
C. 不易被蛋白酶水解　　　　D. 生物学活性丧失
E. 容易被盐析出沉淀

33. 盐析法沉淀蛋白质的原理是　（　）
    A. 中和电荷　　　　　　　　B. 去掉水化膜
    C. 蛋白质变性　　　　　　　D. 中和电荷和破坏水化膜
    E. 蛋白质凝固

34. 若用重金属沉淀 pI 为 8 的蛋白质，该溶液的 pH 应为
    （　）
    A. 8　　　　　　B. ≥8　　　　　　C. <8
    D. ≤8　　　　　E. ≥8

35. 从组织提取液沉淀活性蛋白而又不使之变性的方法是加入
    （　）
    A. 高浓度 HCl　　B. 硫酸铵　　　　C. 三氯醋酸
    D. 氯化汞　　　　E. 钨酸

36. 下列哪种方法不能将谷氨酸和赖氨酸分开？　（　）
    A. 电泳　　　　　　　　　　B. 阳离子交换层析
    C. 阴离子交换层析　　　　　D. 纸层析
    E. 凝胶过滤

37. 下列蛋白质通过凝胶过滤层析柱时最先被洗脱的是　（　）
    A. 过氧化氢酶(分子量 247 500)
    B. 肌红蛋白(分子量 16 900)
    C. 血清清蛋白(分子量 68 500)
    D. 牛 β-乳球蛋白(分子量 35 000)
    E. 牛胰岛素(分子量 5 700)

38. 有一蛋白质水解产物，在 pH = 6 时用阳离子交换剂层析，第一个被洗脱下来的氨基酸是　（　）

A．缬氨酸(pI = 5.96)　　　　　B．精氨酸(pI = 10.76)
C．赖氨酸(pI = 9.74)　　　　　D．酪氨酸(pI = 5.66)
E．天冬氨酸(pI = 2.77)

39. 下列关于人胰岛素的叙述哪项是正确的？　　（　　）
   A．由60个氨基酸残基组成，分为A、B和C三条链
   B．由51个氨基酸残基组成，分为A和B两条链
   C．由46个氨基酸残基组成，分为A和B两条链
   D．由65个氨基酸残基组成，分为A、B、C三条链
   E．由86个氨基酸残基组成，分为A和B两条链

40. 下列关于血红蛋白的叙述哪项是正确的？　　（　　）
   A．由2α和2β亚基组成　　　　B．由2α和2γ亚基组成
   C．由2β和2γ亚基组成　　　　D．由2β和2δ亚基组成
   E．由2α和2δ亚基组成

二、多项选择题

1. 稳定蛋白质空间结构的作用力是　　（　　）
   A．氢键　　　　B．疏水键　　　　C．盐键
   D．二硫键　　　E．范德瓦尔斯力

2. 关于蛋白质基本组成，叙述正确的是　　（　　）
   A．由C、H、O、N等多种元素组成
   B．含氮量约为16%
   C．可水解成肽或氨基酸
   D．由α-氨基酸组成
   E．组成蛋白质的氨基酸均为D-构型

3. 下列哪些氨基酸具有亲水侧链？　　（　　）
   A．丝氨酸　　　　B．谷氨酸　　　　C．苏氨酸

D. 亮氨酸　　　　E. 苯丙氨酸

4. 蛋白质在 280 nm 波长处的最大光吸收由下列哪些氨基酸引起？（　　）
   A. 组氨酸　　　　B. 色氨酸　　　　C. 酪氨酸
   D. 赖氨酸　　　　E. 缬氨酸

5. 蛋白质的二级结构包括（　　）
   A. α-螺旋　　　　B. β-折叠　　　　C. β-转角
   D. 双螺旋　　　　E. 肽链

6. 分离纯化蛋白质主要根据哪些性质？（　　）
   A. 分子的大小和形状　　　　B. 溶解度不同
   C. 电荷不同　　　　　　　　D. 黏度不同
   E. 活性不同

7. 含硫氨基酸包括（　　）
   A. 蛋氨酸　　　　B. 苏氨酸　　　　C. 组氨酸
   D. 半胱氨酸　　　E. 丝氨酸

8. 下列哪些是碱性氨基酸？（　　）
   A. 组氨酸　　　　B. 甲硫氨酸　　　C. 精氨酸
   D. 赖氨酸　　　　E. 谷氨酸

9. 芳香族氨基酸包括（　　）
   A. 苯丙氨酸　　　B. 酪氨酸　　　　C. 色氨酸
   D. 脯氨酸　　　　E. 组氨酸

10. 下列哪种蛋白质在 pH=5 的溶液中带负电荷？（　　）
    A. pI 为 4.5 的蛋白质　　　B. pI 为 7.4 的蛋白质
    C. pI 为 3.4 的蛋白质　　　D. pI 为 7 的蛋白质
    E. pI 为 6.5 的蛋白质

11. 使蛋白质沉淀但不变性的方法有（　　）

A. 中性盐沉淀蛋白质 　　　　B. 鞣酸沉淀蛋白质
C. 低温乙醇沉淀蛋白质 　　　D. 重金属盐沉淀蛋白
E. 常温下乙醇沉淀蛋白质

12. 变性蛋白质的特性有　　（　　）
    A. 凝固 　　　　　　　　B. 沉淀
    C. 溶解度显著下降 　　　D. 生物学活性丧失
    E. 易被蛋白酶水解

13. 关于谷胱甘肽，叙述正确的是　　（　　）
    A. 可用 GSSG 表示其还原型
    B. 由谷氨酸、半胱氨酸和甘氨酸组成
    C. 可进行氧化还原反应
    D. 具有解毒作用
    E. 由谷氨酸、胱氨酸和甘氨酸组成

14. 下列哪些方法可用于蛋白质的定量测定？　（　　）
    A. Folin 酚试剂法　　B. 双缩脲法　　　C. 紫外吸收法
    D. 茚三酮法　　　　E. 考马斯亮蓝法

15. 关于蛋白质三级结构的叙述，下列哪项是正确的？
    （　　）
    A. 亲水基团及可解离基团位于表面
    B. 亲水基团位于内部
    C. 疏水基团位于内部
    D. 羧基多位于内部
    E. 球状蛋白质分子表面的洞穴常常是疏水区

三、填空题

1. 在各种蛋白质中含量相近的元素是_____，测得某蛋白质样品含氮量为 12.8 g,则其蛋白质含量为_____g。

2. 蛋白质具有两性电离性质,当蛋白质处于某一 pH 的溶液中时,它所带的正负电荷数相等,此时的蛋白质称为_____,该溶液的 pH 称为蛋白质的_____。

3. 蛋白质的一级结构是指_____在蛋白质多肽链中的组成和_____。

4. 在蛋白质分子中,一个氨基酸的 α-碳原子上的_____与另一个氨基酸 α-碳原子上的_____脱去一分子水形成的键称为_____,它是蛋白质分子中的基本结构键。

5. 蛋白质颗粒表面的_____和_____是蛋白质亲水胶体稳定的两个因素。

6. 蛋白质变性主要是因为破坏了其_____,使天然蛋白质原有的_____与_____性质改变。

7. 稳定蛋白质分子空间结构的作用力,主要包括_____、_____、_____等。

8. 构成蛋白质的氨基酸有 20 种,其中碱性氨基酸有_____、_____、_____。

9. 标准氨基酸中,酸性氨基酸有_____、_____。

10. 在 pH = 6.0 时将含有丙氨酸、精氨酸、谷氨酸的混合液进行纸上电泳,移向正极的是_____,移向负极的是_____,原点的是_____。

11. 沉淀蛋白质的主要方法有_____、有机溶剂法、_____和生物碱试剂沉淀法。

12. 标准氨基酸中,含羟基的氨基酸是_____、_____、_____。

13. 构成蛋白质的氨基酸有 20 种,其中_____、_____、_____是芳香族氨基酸。

四、名词解释

1. 标准氨基酸   2. 等电点   3. 肽键   4. 肽
5. 肽键平面   6. 氨基酸残基   7. 蛋白质的一级结构
8. 蛋白质的二级结构   9. 蛋白质的四级结构   10. 亚基
11. 分子病   12. 蛋白质的变性   13. 盐析   14. 电泳

五、简答题

1. 简述蛋白质的元素组成及其基本组成单位——氨基酸的结构特点。
2. 如果一个人高热(40℃以上)几小时就会发生细胞内部不可逆的损伤,对这种高温损伤有一种可能的解释是什么?
3. 变性后的蛋白质有何特点?
4. 比较蛋白质的沉淀与变性。
5. 简述蛋白质 α-螺旋的结构特点。

六、问答题

1. 何谓蛋白质的两性电离?
2. 蛋白质的一、二、三、四级结构及其维持各级结构的作用力是什么?
3. 什么是蛋白质的变性作用?引起蛋白质变性的因素有哪些,有何临床意义?
4. 沉淀蛋白质的主要方法有哪些,各有何特点?
5. 举例说明蛋白质构象与功能的关系。

6. 试述离子交换层析的原理。
7. 试述凝胶过滤层析的原理。

七、案例分析题

患者,女性,14岁,因发热,间歇性上下肢关节疼痛5月余就诊。体格检查：体温38.7℃,贫血貌,中度黄疸,肝、脾略肿大。实验室检查：血红蛋白71 g/L,血细胞比容9.7%,红细胞总数3.3×10^{14}/L,白细胞总数6×10^9/L,白细胞分类正常。网织红细胞计数0.13；血清铁22 μmol/L,次亚硫酸氢钠试验阳性；红细胞形态镰形。患者呈明显的贫血症状(红细胞缺乏)、严重感染及重要器官损伤。

分析思考：

1. 该患者的初步诊断及诊断依据是什么？

2. 该病发生的分子基础是什么？HbS结构变化对其功能有何影响？

3. 诊断该病需进一步完善哪些检查？

第五章

核酸化学

一、单项选择题

1. 关于核酸分子组成下列哪项是正确的?　　(　　)
   A. 组成核酸的基本单位是三磷酸核苷
   B. 组成 DNA 和 RNA 的戊糖相同
   C. 组成 DNA 和 RNA 的碱基是相同的
   D. 氮元素含量相对恒定
   E. NMP 或 dNMP 通过磷酸二酯键连接组成核酸

2. 关于 DNA 的组成特点,以下不正确的是　　(　　)
   A. 都含有脱氧核糖
   B. 都含有 U
   C. 磷元素含量为 9%～10%
   D. 同一 DNA 中,A 与 T 的摩尔数相等
   E. 同一 DNA 中,G 与 C 的摩尔数相等

3. 下列哪个是核酸的基本结构单位　　(　　)
   A. 核苷　　　　　B. 磷酸戊糖　　　　C. 单核苷酸
   D. 多核苷酸　　　E. 碱基

4. 下列含有甲基的碱基是　　(　　)
   A. 腺嘌呤　　　　B. 鸟嘌呤　　　　　C. 胞嘧啶

D．胸腺嘧啶　　　E．尿嘧啶

5. 组成 DNA 分子的磷酸戊糖是　　（　　）
   A．3′-磷酸脱氧核糖　　　B．5′-磷酸脱氧核糖
   C．3′-磷酸核糖　　　　　D．2′-磷酸核糖
   E．5′-磷酸核糖

6. 嘌呤核苷酸中嘌呤与戊糖在下列哪一对原子间形成糖苷键？
   （　　）
   A．N-9—C-1′　　B．N-8—C-1′　　C．N-1—C-1′
   D．N-3—C-1′　　E．N-7—C-1′

7. 关于 ATP 生理功能的叙述下列哪项是错误的？　（　　）
   A．是生物体内直接供能物质
   B．可生成环腺苷一磷酸（cAMP）
   C．作为物质代谢调节剂
   D．RNA 的合成原料
   E．是生物体内能量储存形式

8. 核酸分子中，相邻核苷酸通过下列哪种化学键连接？
   （　　）
   A．氢键　　　　B．糖苷键　　　C．3′,5′-磷酸二酯键
   D．疏水键　　　E．2′,5′-磷酸二酯键

9. 关于多核苷酸链结构的描述，以下正确的是　（　　）
   A．磷酸二酯键连接相邻核苷酸的碱基
   B．主链骨架为碱基戊糖交替相连
   C．磷酸二酯键由核苷酸的 C-3′磷酸基与另一核苷酸的 C-5′羟基缩合而成
   D．具有 3′→5′的方向性
   E．可用简化式碱基序列表示

10. 下列关于 DNA 分子一级结构的含义，描述正确的是

( )
A. 脱氧核糖核苷酸残基的排列顺序
B. 各种单核苷酸的连接方式
C. 双螺旋结构
D. 连接单核苷酸间的磷酸二酯键
E. 核糖核苷酸的排列顺序

11. 关于 DNA 二级结构的论述下列哪项是错误的？ ( )
    A. 两条多核苷酸链互相平行、方向相反
    B. 两条链碱基之间形成氢键
    C. 碱基按 A=T 和 G≡C 配对
    D. 磷酸和脱氧核糖在内侧，碱基在外侧
    E. 围绕同一中心轴形成双螺旋结构

12. 有关 tRNA 结构的叙述，下列哪项是错误的？ ( )
    A. 其一级结构是单链分子
    B. 其二级结构通常为三叶草形
    C. 分子中含有较多的稀有碱基
    D. 3′末端是活化氨基酸的结合部位
    E. tRNA 三级结构呈"正 L 形"

13. 下列哪个结构存在于真核生物 mRNA 5′端？ ( )
    A. 多聚 A 尾　　　B. 帽子结构　　　C. 超螺旋结构
    D. 核小体　　　　E. -CCA—OH 序列

14. 下列哪个结构存在于 tRNA 3′端？ ( )
    A. 多聚 A 尾　　　B. 帽子结构　　　C. 超螺旋结构
    D. 核小体　　　　E. -CCA—OH 序列

15. 下列哪个结构存在于真核生物 mRNA 3′端？ ( )
    A. 多聚 A 尾　　　B. 帽子结构　　　C. 超螺旋结构
    D. 核小体　　　　E. -CCA—OH 序列

16. 下列哪种构型是溶液中DNA分子最稳定的构型？（   ）
    A. A型　　　　　B. B型　　　　　C. C型
    D. D型　　　　　E. Z型

17. 下列分子中,作为蛋白质多肽链直接模板的是（   ）
    A. DNA　　　　　B. RNA　　　　　C. mRNA
    D. rRNA　　　　 E. tRNA

18. 下列分子中,作为蛋白质生物合成"装配机"组成成分的是
    （   ）
    A. DNA　　　　　B. RNA　　　　　C. mRNA
    D. rRNA　　　　 E. tRNA

二、多项选择题

1. 下列选项中,维系DNA双螺旋结构稳定的主要因素有
   （   ）
   A. 盐键　　　　　B. 磷酸二酯键　　C. 糖苷键
   D. 氢键　　　　　E. 碱基堆积力

2. 核糖体具有下列哪些结构？（   ）
   A. 密码子　　　　B. 反密码子　　　C. 反密码环
   D. 大亚基　　　　E. 小亚基

3. 变性核酸的理化性质改变包括（   ）
   A. 黏度增加　　　　　　　B. 黏度降低
   C. 紫外吸收值增加　　　　D. 紫外吸收值降低
   E. 磷酸二酯键断裂

4. 组成核小体的成分有（   ）
   A. DNA　　　　　B. RNA　　　　　C. 组蛋白
   D. 非组蛋白　　　E. 酸性蛋白

5. 三叶草形的 tRNA 含有下列哪些结构？　　（　　）
   A. 密码子　　　　　　　　B. 大亚基
   C. 反密码环　　　　　　　D. -CCA—OH 序列
   E. 氨基酸结合臂

三、填空题

1. 核酸的基本组成单位是_____，它们相互之间连接的化学键是_____。

2. DNA 分子中常见的嘧啶碱是_____和_____。

3. 核苷是由_____和_____通过_____键连接而成的。

4. 组成核酸的戊糖有_____和_____两种。

5. 参与蛋白质生物合成的 RNA 常分为_____、_____和_____。

6. DNA 的二级结构为_____结构，tRNA 的二级结构为_____结构。

7. 维持 DNA 二级结构稳定的主要因素是_____和_____。

8. 测知某一 DNA 样品中，碱基含量 A 为 0.53 mol，C 为 0.25 mol，那么 T 约为_____，G 约为_____。

9. B-DNA 双螺旋直径为_____nm，双螺旋每转一圈上升_____nm，每圈约_____个碱基对。

10. DNA 双螺旋结构中，戊糖和磷酸基团位于_____侧，碱基位于_____侧。

11. 核酸分子中的碱基具有共轭双键结构，故在紫外光_____nm 处有一最大吸收峰，而蛋白质的紫外吸收峰主要是在

_____ nm 处。
12. DNA 变性时,核苷酸之间的磷酸二酯键_____;变性后紫外吸收_____,黏度_____。

四、名词解释

1. DNA 的一级结构   2. 核酸变性   3. Tm 值   4. 增色效应   5. 核酸分子杂交

五、简答题

1. B-DNA 双螺旋结构的要点有哪些?
2. 引起 DNA 变性的主要因素有哪些?变性 DNA 的理化性质有何改变?
3. 核酸的紫外吸收性质是如何产生的?测定核酸紫外吸收有何意义?

六、论述题

1. 试述核酸在蛋白质生物合成过程中的作用。
2. 请从化学组成、二级结构、分布和功能等方面比较 DNA 与 RNA 的差异。

第六章
酶

一、单项选择题

1. 关于酶的叙述哪项是正确的?　　　(　　)
   A. 体内所有具有催化活性的物质都是酶
   B. 所有的酶都含有辅基或辅酶
   C. 酶是活细胞产生的具有催化作用的蛋白质
   D. 酶都具有立体异构特异性
   E. 酶能改变化学反应的平衡点并加速反应的进行

2. 下面叙述哪项是正确的?　　　(　　)
   A. 所有的酶都是别构酶
   B. 酶催化的高效率是因为分子中含有辅酶或辅基
   C. 酶的活性中心中都含有催化基团
   D. 所有的酶都含有 2 个以上的多肽链
   E. 所有的酶都能使化学反应的平衡常数增大

3. 酶蛋白变性后其活性丧失,这是因为　　　(　　)
   A. 亚基解聚
   B. 酶蛋白被完全降解为氨基酸
   C. 酶蛋白的一级结构受到破坏
   D. 酶蛋白的空间结构遭到破坏

E．酶蛋白溶解度降低

4．有关辅酶叙述正确的是　　（　　）
　A．是与酶蛋白紧密结合的金属离子
　B．分子结构中不含维生素的小分子有机化合物
　C．在催化反应中不与酶的活性中心结合
　D．在反应中参与传递氢原子、电子或某些基团
　E．是与酶蛋白紧密结合的小分子有机化合物

5．酶和一般化学催化剂相比较，其特点不包括下列哪一项？
　（　　）
　A．具有更强的催化效能　　B．具有更强的专一性
　C．催化活性依赖于特定空间构象　D．可在任意温度下进行
　E．其活性可受调控

6．酶能使反应速度加快，主要在于　　（　　）
　A．大大降低反应所需的活化能　　B．增加反应的活化能
　C．减少了活化分子　　D．增加了碰撞频率
　E．减少反应中产物与底物分子自由能的差值

7．酶的特异性是指　　（　　）
　A．酶与辅酶特异结合
　B．酶对其所催化的底物有特异的选择性
　C．酶在细胞中的定位是特异性的
　D．酶催化反应的机制各不相同
　E．在酶的分类中各属不同的类别

8．酶促反应动力学研究的是　　（　　）
　A．酶分子的空间构象　　B．酶的电泳行为
　C．酶的活性中心　　D．酶的基因来源
　E．影响酶促反应速度的因素

9．在心肌组织中，哪一种乳酸脱氢酶同工酶的含量最高？

( )
A．LDH₁ B．LDH₂ C．LDH₃
D．LDH₄ E．LDH₅

10. 对各种关键酶的调节中，最常见的共价修饰方式是 （ ）
    A．甲基化 B．糖基化 C．去甲基化
    D．泛素化 E．磷酸化

11. 酶与一般催化剂的区别是 （ ）
    A．只能加速热力学上可以进行的反应
    B．不改变化学反应的平衡点
    C．缩短达到化学平衡的时间
    D．具有高度特异性
    E．能降低活化能

12. 关于活化能的描述哪一项是正确的？ （ ）
    A．初态底物分子转变为活化分子所需的能量
    B．是底物和产物能量水平的差值
    C．酶降低反应活化能的程度与一般催化剂相同
    D．活化能越大，反应越容易进行
    E．酶促反应所需活化能要比一般催化剂高

13. 金属离子作为辅助因子不具有的作用是 （ ）
    A．稳定酶蛋白活性构象 B．中和阳离子
    C．参与构成酶的活性中心 D．连接酶和底物的桥梁
    E．中和阴离子

14. 有关乳酸脱氢酶同工酶的论述，正确的是 （ ）
    A．它们的电泳行为相同
    B．M亚基和H亚基在乳酸脱氢酶同工酶中分布一样
    C．它们在人体各组织器官的分布无显著差别
    D．它们对同一底物有不同的 K_m 值

E．乳酸脱氢酶含有 M 亚基和 H 亚基两种,故有两种同工酶

15. 在形成酶-底物复合物时　　（　　）
    A．只有酶的构象发生变化
    B．只有底物的构象发生变化
    C．只有辅酶的构象发生变化
    D．酶和底物的构象都发生变化
    E．底物的构象首先发生变化

16. 有关酶蛋白或辅助因子的叙述正确的是　　（　　）
    A．酶蛋白或辅助因子单独存在时均有催化作用
    B．一种辅助因子只能与一种酶蛋白结合成全酶
    C．一种酶蛋白只能与一种辅助因子结合成特异性的全酶
    D．酶蛋白参与传递氢原子或电子的作用
    E．辅助因子决定反应特异性

17. 结合酶形式被称为　　（　　）
    A．单纯酶　　　B．全酶　　　C．寡聚酶
    D．多酶体系　　E．串联酶

18. 对于酶蛋白与辅助因子的论述不正确的是　　（　　）
    A．酶蛋白与辅助因子单独存在时均无催化活性
    B．一种酶蛋白只能与一种辅助因子结合形成全酶
    C．一种辅助因子只能与一种酶蛋白结合形成全酶
    D．酶蛋白决定酶促反应的特异性
    E．辅助因子参与酶促反应

19. 对于结合酶来说,决定反应特异性的是　　（　　）
    A．金属离子　　B．全酶　　　C．酶蛋白
    D．辅酶　　　　E．辅基

20. 下列有关辅酶与辅基的论述,错误的是　　（　　）
    A．辅酶与辅基都是酶的辅助因子

B. 辅酶以非共价键与酶蛋白疏松结合
C. 辅基常以共价键与酶蛋白牢固结合
D. 不论辅酶或辅基都可以用透析或超滤的方法除去
E. 辅酶和辅基的主要差别在于它们与酶蛋白结合的紧密程度不同

21. 下列关于酶的活性中心的论述,错误的是 （　　）
    A. 酶分子中的各种化学基团不一定都与酶活性有关
    B. 活性中心以外的必需基团与维持酶的特定空间构象有关
    C. 活性中心的结合基团与底物结合形成酶-底物复合物
    D. 活性中心的催化基团可以催化底物发生反应,转变为产物
    E. 与酶活性有关的必需基团在一级结构上彼此靠近,形成活性中心

22. 酶原没有活性是因为 （　　）
    A. 缺乏辅酶或辅基
    B. 活性中心未形成或未暴露
    C. 酶原是普通的蛋白质
    D. 是已经变性的蛋白质
    E. 酶蛋白亚基不全

23. 关于酶的辅基的正确叙述是 （　　）
    A. 是一种结合蛋白质
    B. 与酶蛋白的结合比较疏松
    C. 由活性中心的若干氨基酸残基组成
    D. 决定酶的专一性,不参与基团传递
    E. 一般不能用透析或超滤的方法与酶蛋白分开

24. 全酶是指 （　　）
    A. 酶-底物复合物　　　　B. 酶-抑制剂复合物
    C. 酶蛋白-辅助因子复合物　D. 酶-别构剂复合物

E. 酶的无活性前体

25. 关于胆碱酯酶的描述不正确的是　　（　　）
   A. 是催化乙酰胆碱水解的酶
   B. 属典型的巯基酶
   C. 可受有机磷化合物抑制
   D. 该酶失活,可造成乙酰胆碱在体内过多堆积而中毒
   E. 有机磷导致的该酶失活可用解磷定解救

26. 根据抑制剂与酶结合的紧密程度不同,抑制作用可以分为以下哪两大类?　　（　　）
   A. 竞争性抑制和非竞争性抑制
   B. 混合性抑制和反竞争性抑制
   C. 可逆性抑制和不可逆性抑制
   D. 竞争性抑制和反竞争性抑制
   E. 可逆性抑制和非竞争性抑制

27. 酶原激活一般是使酶原蛋白中哪种化学键断裂?　　（　　）
   A. 盐键　　　　　　B. 范德瓦尔斯力　　C. 二硫键
   D. 氢键　　　　　　E. 肽键

28. 影响酶促反应速度的因素不包括　　（　　）
   A. 底物浓度　　　　B. 酶的浓度　　　　C. 反应环境的 pH
   D. 反应温度　　　　E. 酶原的浓度

29. 有关酶与温度的关系,叙述错误的是　　（　　）
   A. 最适温度不是酶的特征性常数
   B. 酶的最适温度与反应时间有关
   C. 低温可降低酶的活性但不使酶破坏,温度回升时酶又恢复活性
   D. 从生物组织中提取酶时应在低温下操作
   E. 酶蛋白易变性,所以反应都应该在低温中进行

30. 关于pH对酶促反应速度影响的论述,错误的是　　（　　）
    A．pH影响酶、底物或辅助因子的解离度,从而影响酶促反应速度
    B．最适pH是酶的特征性常数
    C．最适pH不是酶的特征性常数
    D．pH过高或过低可使酶发生变性
    E．最适pH是酶促反应速度最大时的环境pH

31. 下列哪种离子能激活唾液淀粉酶的活性?　　（　　）
    A．Zn^{2+}　　　　B．Mg^{2+}　　　　C．K^+
    D．CN^-　　　　E．Cl^-

32. 关于关键酶叙述错误的是　　（　　）
    A．也称调节酶
    B．催化单向反应且速度较慢
    C．调节该酶活性,可以影响代谢速度甚至改变代谢方向
    D．因为催化的是单向反应,因此速度很快
    E．可以通过调节酶结构或酶含量来影响关键酶的活性

33. 酶的活性中心是指　　（　　）
    A．整个酶分子的中心部位
    B．酶蛋白与辅酶结合的部位
    C．酶发挥催化作用的部位
    D．酶分子表面具有解离基团的部位
    E．酶的必需基团在空间结构上彼此靠近形成的一个区域,能与特定底物结合并使之转化为产物的部位

34. 磺胺类药物的结构类似物是　　（　　）
    A．对氨基苯甲酸　　B．二氢叶酸　　　C．四氢叶酸
    D．叶酸　　　　　　E．嘧啶

35. 有机磷杀虫剂对胆碱酯酶的抑制作用属于　　（　　）

A. 可逆性抑制作用　　　　　B. 竞争性抑制作用
C. 非竞争性抑制作用　　　　D. 反竞争性抑制作用
E. 不可逆性抑制作用

36. 丙二酸对琥珀酸脱氢酶的抑制作用属于　　（　　）
    A. 非特异性抑制作用　　　　B. 竞争性抑制作用
    C. 非竞争性抑制作用　　　　D. 反竞争性抑制作用
    E. 不可逆性抑制作用

37. 竞争性抑制剂对酶促反应速度的影响是　　（　　）
    A. $K_m\uparrow$，V_{max}不变　　　　B. $K_m\downarrow$，$V_{max}\downarrow$
    C. K_m不变，$V_{max}\downarrow$　　　　D. $K_m\downarrow$，$V_{max}\uparrow$
    E. $K_m\downarrow$，V_{max}不变

38. 有关竞争性抑制剂的论述，错误的是　　（　　）
    A. 在结构上与底物相似
    B. 与酶的活性中心相结合
    C. 与酶的结合是可逆的
    D. 抑制程度只与抑制剂的浓度有关
    E. 与酶非共价结合

39. 下列哪种抑制作用属于竞争性抑制作用？　　（　　）
    A. 砷化合物对巯基酶的抑制作用
    B. 敌敌畏对胆碱酯酶的抑制作用
    C. 磺胺类药物对细菌体内二氢蝶酸合成酶的抑制作用
    D. 氰化物对细胞色素氧化酶的抑制作用
    E. 重金属盐对某些酶的抑制作用

40. 有机磷农药中毒时，下列哪一种酶受到抑制？　　（　　）
    A. 己糖激酶　　　B. 碳酸酐酶　　　C. 胆碱酯酶
    D. 乳酸脱氢酶　　E. 含酐基的酶

41. 非竞争性抑制剂对酶促反应速度的影响是　　（　　）

A. $K_m\uparrow$, V_{max}不变 　　　　B. $K_m\downarrow$, $V_{max}\downarrow$

C. K_m不变, $V_{max}\downarrow$ 　　　　D. $K_m\downarrow$, $V_{max}\uparrow$

E. $K_m\downarrow$, V_{max}不变

二、多项选择题

1. 能在酶促反应中传递氢的是　　(　　)

   A. FAD　　　　B. CoA　　　　C. NAD^+

   D. $NADP^+$　　　E. FMN

2. 影响酶促反应速度的因素有　　(　　)

   A. 抑制剂　　　B. 激活剂　　　C. pH

   D. 温度　　　　E. 底物浓度

3. 金属离子作为酶的辅助因子,其作用是　　(　　)

   A. 稳定酶蛋白活性构象　　B. 参与构成酶的活性中心

   C. 连接酶和底物的桥梁　　D. 中和阴离子

   E. 决定酶催化的专一性

4. 被有机磷抑制的酶或抑制类型是　　(　　)

   A. 不可逆性抑制　　B. 竞争性抑制　　C. 胆碱酯酶

   D. 二氢叶酸合成酶　E. 胆碱乙酰化酶

5. 酶原激活的生理意义在于　　(　　)

   A. 避免活性酶过多而浪费酶蛋白

   B. 避免对细胞进行自身消化

   C. 保证酶能在特定部位发挥作用

   D. 保证细胞能产生更多更好的酶

   E. 利于在体内储备酶

6. 非竞争性抑制的特点为　　(　　)

   A. 底物和抑制剂可同时与酶的不同部位相结合

B．抑制程度只取决于[I]
C．增加[S]不能去除抑制作用
D．K_m值增大，V_{max}值降低
E．抑制剂与底物的结构不相似

7. 对酶促化学修饰调节的论述，正确的是（ ）
   A．是快速调节酶活性的方式之一
   B．呈现级联式，快速、放大效应
   C．最常见的是磷酸化修饰
   D．使酶蛋白发生共价键的变化
   E．酶的两种形式的互变受另外不同的酶所催化

8. 酶与一般催化剂的不同点在于（ ）
   A．酶可改变反应平衡常数   B．具有高度催化效率
   C．对反应环境高度不稳定   D．具有高度专一性
   E．酶活力的可调性

三、填空题

1. 不同酶的K_m_____，同一种酶有不同底物时，K_m值_____，其中K_m值最小的被称为酶的_____。

2. _____抑制剂不改变酶促反应的V_{max}。

3. _____抑制剂不改变酶促反应的K_m值。

4. 酶的特异性包括_____特异性、_____特异性和_____特异性。

5. K_m值等于酶促反应速度为最大速度_____时的_____浓度。

6. 同工酶是指催化的化学反应_____，但酶蛋白的分子结构、

理化性质乃至免疫学性质_____的一组酶。

7. 在可逆性抑制作用中,_____抑制作用的抑制剂与酶的活性中心相结合,而_____抑制作用的抑制剂与酶的活性中心外必需基团相结合。

四、名词解释

1. 寡聚酶   2. 结合酶   3. 酶的必需基团   4. 酶的活性中心   5. 酶原   6. 酶原的激活   7. 同工酶
8. 酶的特异性   9. 立体异构特异性   10. 米氏常数
11. 必需激活剂   12. 不可逆抑制作用   13. 可逆性抑制作用
14. 竞争性抑制作用   15. 非竞争性抑制作用   16. 关键酶
17. 别构调节   18. 化学修饰调节

五、简答题

1. 简述酶原激活的机制及生理意义。
2. 酶与一般催化剂相比有哪些特点?
3. 金属离子作为辅助因子的作用有哪些?
4. 酶活性中心的必需基团有哪些类型,各有什么作用?
5. 简述 K_m 的意义。
6. 竞争性抑制作用有哪些特点?
7. 非竞争性抑制有哪些特点?
8. 比较三种可逆性抑制作用的 K_m 值和 V_{max} 值的变化。

六、问答题

1. 试述温度对酶促反应速度的影响,如何运用温度对酶活性的影响开展工作?
2. 举例说明酶的三种特异性。
3. 试述 pH 对酶促反应速度的影响,科研工作中如何恒定酶促反应体系的 pH?
4. 举例说明竞争性抑制作用在临床上的应用。
5. 什么叫同工酶?以 LDH 同工酶为例,试述其临床诊断意义。
6. 何谓别构调节? 试述别构调节的机制。
7. 试述酶促化学修饰调节的概念、特点及其生理意义。

七、案例分析题

患者,男性,42 岁。2 天前饮酒后出现上腹持续性绞痛,向后背部放射,伴恶心、呕吐,呕吐物为胃内容物和胆汁。呕吐后无缓解,无意识障碍,无胸闷、心悸。既往史无。体格检查:体温 38.2℃,心率 92 次/分,呼吸 21 次/分,血压 120/70 mmHg。上腹有轻压痛。实验室及影像学检查:血白细胞 18.3×10^9/L,中性粒细胞 16.5×10^9/L,血清淀粉酶 4 100 U/L(高于参考值 3 倍),血糖 7.3 mmol/L,血钙 1.76 mmol/L。腹部 CT 可见腹腔内渗出性改变(急性胰腺炎表现)、胆囊多发结石。医生初步诊断为急性胰腺炎。

分析思考:
1. 该患者被诊断为急性胰腺炎,诊断依据是什么?
2. 以胰蛋白酶原激活为例,试述该病的发病机制。

第七章

维 生 素

一、单项选择题

1. 维生素 B_1 在体内的辅酶形式是　　（　　）
   A. NAD^+　　　B. TPP　　　C. FMN
   D. FAD　　　　E. CoA

2. 叶酸在体内的辅酶形式是　　（　　）
   A. TPP　　　　B. FH_2　　　C. FH_4
   D. FAD　　　　E. NAD^+

3. 维生素 D_3 的活性形式是　　（　　）
   A. $VitD_3$　　　　　　　　B. $25-OH-VitD_3$
   C. $1,25-(OH)_2-VitD_3$　　D. $24,25-(OH)_2-VitD_3$
   E. $25,26-(OH)_2-VitD_3$

4. 下列哪种辅酶或辅基参与酰基转移反应？　（　　）
   A. NAD　　　　B. FAD　　　C. FH_4
   D. HSCoA　　　E. 吡哆醛磷酸

5. 构成视紫红质的维生素 A 的活性形式是　　（　　）
   A. 核黄素　　　B. 11-顺视黄醛　　C. 生育酚
   D. 维生素 E　　E. 硫辛酸

6. 下列有关维生素 C 生理功能的叙述，哪一项是错误的？
   (　　)
   A．保护含—SH 的酶为还原状态
   B．保护谷胱甘肽为氧化型
   C．维生素 C 参与体内氧化还原反应
   D．参与某些物质的羟化反应
   E．促进肠道对铁的吸收

7. 在下列化合物中不含 B 族维生素的是　　(　　)
   A．NAD^+　　　　　B．FMN　　　　　C．HSCoA
   D．Q(CoQ)　　　　E．FAD

8. 下列有关生物素叙述正确的是　　(　　)
   A．是脱羧酶的辅酶　　　　　B．可用于治疗妊娠呕吐
   C．是羧化酶的辅酶　　　　　D．又称生育酚
   E．生物素的吸收必须依靠内因子

9. 促进胶原蛋白中羟脯氨酸及羟赖氨酸合成的是　　(　　)
   A．维生素 K　　　　B．维生素 D　　　　C．维生素 C
   D．维生素 E　　　　E．维生素 A

10. 下列哪种维生素可作为 γ-谷氨酸羧化酶的辅助因子？
    (　　)
    A．维生素 K　　　　B．维生素 D　　　　C．维生素 E
    D．维生素 C　　　　E．维生素 A

11. 需吡哆醛磷酸作为辅酶的反应是　　(　　)
    A．转氨基作用　　B．羧化反应　　　C．丙酮酸脱羧
    D．琥珀酸脱氢　　E．丙酮酸激酶

12. 与红细胞成熟有关的维生素是　　(　　)
    A．维生素 B_1 和叶酸　　　　B．维生素 B_1 和泛酸
    C．维生素 B_{12} 和叶酸　　　　D．维生素 B_{12} 和泛酸

E．泛酸和叶酸

13. 下列哪一种维生素构成 HSCoA？（   ）
    A．维生素 B_1　　　B．维生素 B_2　　　C．维生素 B_{12}
    D．四氢叶酸　　　　E．泛酸

14. 体内 TPP 不足可引起下列哪种代谢反应障碍？（   ）
    A．氨基酸转氨基　　B．脂肪酸合成　　　C．柠檬酸脱氢
    D．丙酮酸氧化脱羧　E．丙酮酸羧化

15. 维生素 B_6 在哪种物质代谢中发挥作用？（   ）
    A．脂肪代谢　　　　B．糖代谢　　　　　C．氨基酸代谢
    D．无机盐代谢　　　E．核酸代谢

16. 下列物质中，在分子组成上关系最为密切的是（   ）
    A．泛酸和 CoQ　　　　　　　B．CoQ 和尼克酸
    C．$NADP^+$ 和维生素 PP　　D．维生素 B_1 和 FAD
    E．FAD 和生物素

17. NAD^+ 在酶促反应中参与转移（   ）
    A．氨基　　　　　　B．氢原子　　　　　C．氧原子
    D．羧基　　　　　　E．酰基

18. 下列关于维生素的叙述哪一个是正确的？（   ）
    A．维生素都是含氮的有机化合物
    B．维生素不经修饰即可作为辅酶或辅基
    C．所有的辅酶（辅基）都是维生素
    D．脂溶性维生素均可由肠道细菌合成
    E．B 族维生素主要参与构成辅酶或辅基

19. 含有金属元素的维生素是（   ）
    A．维生素 B_1　　　B．维生素 B_{12}　　C．泛酸
    D．维生素 B_6　　　E．叶酸

20. 日光或紫外线照射可使 （   ）
    A．7-脱氢胆固醇转变成维生素 D_3
    B．乙酰 CoA 生成胆固醇
    C．7-脱氢胆固醇转变成维生素 D_2
    D．维生素 A 原生成视黄醇
    E．维生素 E 活化

21. 下列哪种维生素可由色氨酸转变生成？ （   ）
    A．维生素 A　　　　B．生物素　　　　C．尼克酸(烟酸)
    D．维生素 D　　　　E．维生素 B_{12}

22. 长期大量食用生鸡蛋清,可造成下列哪种维生素缺乏？
    （   ）
    A．叶酸　　　　　　B．维生素 B_2　　　C．维生素 B_1
    D．生物素　　　　　E．维生素 C

23. 有些人长期不吃猪肝等动物性食物,但很喜欢吃蔬菜,这些人也不一定易患夜盲症。这是因为这些蔬菜中含有 （   ）
    A．维生素 A　　　　B．维生素 B　　　　C．维生素 C
    D．β-胡萝卜素　　　E．叶酸

24. 硫辛酸的生化作用是 （   ）
    A．递氢体　　　　　B．转移酰基　　　　C．递电子体
    D．递氢和转移酰基　E．递氢和递电子体

25. 肠道细菌可以合成下列哪种维生素？ （   ）
    A．维生素 A　　　　B．维生素 C　　　　C．维生素 D
    D．维生素 E　　　　E．维生素 K

26. 单纯以玉米为主食,容易导致下列哪种维生素缺乏？
    （   ）
    A．维生素 B_1　　　B．维生素 B_2　　　C．维生素 PP
    D．维生素 B_6　　　E．维生素 B_{12}

27. 下列情况中,不易产生维生素 K 缺乏症的是　　　(　　)
　　A. 新生儿　　　　　　　　B. 长期服用抗生素
　　C. 饮食中缺少绿色蔬菜　　D. 素食者
　　E. 脂类物质消化吸收不良

28. 临床上用来治疗先兆流产并有抗氧化、抗衰老作用的是
　　(　　)
　　A. 维生素 B_{12}　　B. 维生素 E　　C. 维生素 A
　　D. 维生素 D　　　E. 维生素 B_1

29. 长期素食者,易引起下列哪种维生素缺乏?　　(　　)
　　A. 维生素 B_1　　B. 维生素 B_2　　C. 维生素 PP
　　D. 维生素 B_6　　E. 维生素 B_{12}

30. 长期服用抗生素易引起下列维生素缺乏,例外的是　(　　)
　　A. 维生素 B_2　　B. 维生素 B_6　　C. 泛酸
　　D. 维生素 B_1　　E. 维生素 B_{12}

31. 辅酶 $NADP^+$ 分子中含有下列哪种 B 族维生素?　(　　)
　　A. 吡哆醛　　B. 核黄素　　C. 叶酸
　　D. 烟酰胺　　E. 硫胺素

32. 辅基 FAD 分子中含有下列哪种 B 族维生素?　　(　　)
　　A. 吡哆醛　　B. 核黄素　　C. 叶酸
　　D. 烟酰胺　　E. 硫胺素

33. 辅酶 TPP 分子中含有哪种 B 族维生素?　　(　　)
　　A. 吡哆醛　　B. 核黄素　　C. 叶酸
　　D. 烟酰胺　　E. 硫胺素

34. 下列哪一种维生素,参与构成转氨酶的辅酶?　　(　　)
　　A. 维生素 B_1　　B. 维生素 B_2　　C. 维生素 B_{12}
　　D. 维生素 B_6　　E. 维生素 PP

二、多项选择题

1. 维生素是一类重要的营养素,其生理作用有　（　　）
   A．构成细胞的主要成分　　　B．某些代谢过程所必需
   C．供给能量　　　　　　　　D．构成某些辅酶成分
   E．可由体内其他物质转化,不需食物供给

2. 需要吡哆醛磷酸的反应是　（　　）
   A．乳酸脱氢反应　　　　　　B．氨基酸脱羧反应
   C．丙酮酸羧化反应　　　　　D．谷氨酸脱氢反应
   E．氨基酸的转氨基反应

3. 下列哪些辅酶或辅基在酶促反应中传递氢?　（　　）
   A．FH_4　　　B．HSCoA　　　C．NAD^+
   D．$NADP^+$　　E．FMN

4. 关于维生素 A 的叙述,下列哪些是正确的?　（　　）
   A．缺乏维生素 A 可造成夜盲症
   B．鱼肝油中的胡萝卜素是维生素 A 的重要来源
   C．肝脏是维生素 A 含量最丰富的器官
   D．可经日光照射而获得
   E．摄入过多可引起中毒症状

5. 关于维生素 C 的叙述正确的是　（　　）
   A．促进抗体的生成
   B．是一种强还原剂
   C．可作为羟化酶的辅助因子
   D．在肝脏参与胆固醇转化为胆汁酸的过程
   E．有清除自由基的作用

6. 缺乏叶酸时可影响　（　　）

A. 核苷酸的合成 B. 蛋白质的合成
C. 磷脂酰胆碱的合成 D. 脂蛋白的合成
E. 糖蛋白的合成

7. 维生素 A 的活性形式有 （   ）
   A. 视黄醇 B. 视黄酸 C. 维生素 A_1
   D. 维生素 A_2 E. 视黄醛

8. 关于维生素 B_1 叙述正确的是 （   ）
   A. 其结构本身就有辅酶活性 B. 缺乏后易口角发炎、溃疡
   C. 又称为硫胺素 D. 属于水溶性维生素
   E. 缺乏后易引起脚气病

9. 脂溶性维生素吸收障碍可引起的疾病有 （   ）
   A. 恶性贫血 B. 佝偻病 C. 坏血病
   D. 癞皮病 E. 夜盲症

10. 因体内缺乏而导致巨幼红细胞性贫血的维生素是 （   ）
    A. 维生素 K B. 生物素 C. 维生素 B_{12}
    D. 叶酸 E. 维生素 PP

11. 在人体内可转变成维生素的前身物有 （   ）
    A. β-胡萝卜素 B. 7-脱氢胆固醇 C. 色氨酸
    D. 酪氨酸 E. 前列腺素

12. 下列维生素具有抗氧化作用的有 （   ）
    A. 维生素 A B. 维生素 C C. 硫辛酸
    D. 维生素 E E. 维生素 K

三、填空题

1. 维生素 B_6 为吡啶衍生物，在肝内激酶作用下生成_____
   和_____，这是维生素 B_6 作为_____或_____的辅酶

形式,参与氨基酸代谢。

2. 四氢叶酸是体内_____的辅酶,参与体内许多重要物质的合成,结构中携带一碳单位的两个氮原子分别位于_____和_____。

3. 维生素 PP 参与_____和_____的构成,作为_____的辅酶,参与生物氧化过程。

4. 体内的泛酸以_____、_____两种形式发挥生化作用。HSCoA 的最重要作用是作为_____的辅酶。

5. 缺乏维生素 C 可造成_____合成障碍,细胞间质病变,导致牙齿易松动、毛细血管破裂、骨骼脆弱易折断、创伤时伤口不易愈合等,这就是典型的_____症状。

6. 生物素是体内多种_____的辅酶,参与体内_____过程。

7. 维生素 B_2 又称核黄素,在体内参与形成_____和_____两种活性形式,作为黄素酶的辅基主要起_____作用。

8. 维生素 D 在体内的重要活性形式是_____,它是由维生素 D 分别在_____经两次_____而生成的。

9. 维生素 K 的主要作用是作为_____的辅酶,促进肝脏凝血因子中多个谷氨酸残基发生_____反应。

10. 维生素 A 的活性形式之一是_____,可与视蛋白构成_____,后者是维持_____视觉所必需的。

11. 维生素 E 通过优先与氧自由基发生反应,发挥抗_____作用,从而保护_____,进而起到_____的作用。

四、名词解释

1. 维生素　　2. 维生素缺乏病　　3. 水溶性维生素　　4. 脂溶性维生素　　5. 维生素 A 原　　6. 维生素 D 原　　7. 视紫红质

五、简答题

1. 给出下列维生素与辅酶的对应关系：

   维生素 B_1　　　　　　　NAD$^+$/NADP$^+$
   维生素 B_2　　　　　　　TPP
   维生素 PP　　　　　　　　辅酶 A
   维生素 B_6　　　　　　　甲基 B_{12}
   泛酸　　　　　　　　　　FAD/FMN
   叶酸　　　　　　　　　　吡哆醛磷酸
   维生素 B_{12}　　　　　　FH$_4$

2. 指出下列症状分别是由哪种(些)维生素缺乏引起的。
   ① 脚气病；② 坏血病；③ 佝偻病或骨软化症；④ 眼干燥症；⑤ 癞皮病；⑥ 新生儿出血；⑦ 巨幼红细胞性贫血。

3. 简述导致维生素缺乏的原因有哪些。

4. 简述脂溶性维生素和水溶性维生素的基本特点。

5. 简述维生素 C 的主要生化作用。

6. 简述维生素 A 的主要生化作用。

7. 为什么多晒太阳是预防维生素 D 缺乏的有效方法？

六、问答题

1. 试述维生素 C 维持生物膜正常功能的机制。

2. 试述缺乏维生素 B_1 可患脚气病的可能机制。
3. 分析体内叶酸和维生素 B_{12} 缺乏对核酸合成和蛋白质合成的影响。
4. 缺乏维生素 A 为什么会发生夜盲症?
5. 试述维生素 B_6 的生化功能及临床应用。
6. 哪些 B 族维生素参与糖代谢? 试从构成的辅酶形式和参与的代谢反应进行总结。
7. 为什么肝、肾有疾病时,儿童易患佝偻病,成年人易患骨软化症?

七、案例分析题

患儿,男性,10 月龄。体重不增 2 个多月,伴睡眠不安,醒后哭闹,多汗 1 月有余,患儿混合喂养,户外活动较少。近 3 个月来反复腹泻,每日 10 余次,明显消瘦,至今不能扶站,去医院就诊。体格检查:体重 6 kg,身长 70 cm,消瘦,皮下脂肪少,无水肿,皮肤松弛,弹性差。前囟 2.5 cm×2.5 cm,枕秃明显,方颅,未出牙;轻度肋缘外翻,胸廓畸形呈漏斗状。心肺检查未见异常;腹软,腹壁皮下脂肪 0.2 cm,肝脏肋下 1.5 cm,质软,脾脏肋下未及。

分析思考:
1. 该患儿的初步诊断及诊断依据是什么?
2. 利用本章所学的生化知识简述其发病机制。

第八章

糖 代 谢

一、单项选择题

1. 甘油醛-3-磷酸脱氢酶的辅酶是　（　　）
   A. TPP　　　　B. CoASH　　　　C. NAD$^+$
   D. FMN　　　　E. NADP$^+$

2. 糖原合成过程的关键酶是　（　　）
   A. 糖原磷酸化酶　　B. 糖原合酶　　C. 分支酶
   D. 己糖激酶　　　　E. 丙酮酸激酶

3. 不参与糖酵解过程的酶是　（　　）
   A. 己糖激酶　　　　　　B. 丙酮酸激酶
   C. 磷酸果糖激酶-1　　　D. 磷酸烯醇式丙酮酸羧激酶
   E. 醛缩酶

4. 糖酵解时下列哪些代谢物提供高能磷酸基团（～P），使 ADP 磷酸化生成 ATP？　（　　）
   A. 甘油醛-3-磷酸及磷酸果糖
   B. 甘油酸-1,3-二磷酸及磷酸烯醇式丙酮酸
   C. 甘油酸-3-磷酸及葡糖-6-磷酸
   D. 葡糖-1-磷酸及磷酸烯醇式丙酮酸
   E. 果糖-1,6-二磷酸及甘油酸-1,3-二磷酸

5. 关于糖酵解的正确描述是　　（　　）
   A. 全过程是可逆的　　B. 在细胞质中进行
   C. 生成32分子ATP　　D. 不消耗ATP
   E. 终产物是CO_2和水

6. 下列哪一种酶不参与糖异生过程？（　　）
   A. 丙酮酸羧化酶
   B. 磷酸烯醇式丙酮酸羧激酶
   C. 果糖-1,6-二磷酸酶
   D. 丙酮酸激酶
   E. 葡糖-6-磷酸酶

7. 戊糖磷酸途径的重要产物是　　（　　）
   A. $NADPH+H^+$和甘油-3-磷酸
   B. $NADPH+H^+$和$FADH_2$
   C. $NADPH+H^+$和核糖-5-磷酸
   D. $NADPH+H^+$和葡糖-6-磷酸
   E. $NADPH+H^+$和葡萄糖

8. 糖酵解途径生成的丙酮酸,在有氧条件下进入线粒体氧化,因为　　（　　）
   A. 乳酸不能通过线粒体
   B. 这样细胞质可保持电中性
   C. 丙酮酸脱氢酶复合体在线粒体内
   D. 丙酮酸与苹果酸交换
   E. 丙酮酸在苹果酸酶作用下转变为苹果酸

9. 果糖-6-磷酸转变为果糖-1,6-二磷酸,需要（　　）
   A. ATP及果糖-1,6-二磷酸酶
   B. ADP及磷酸果糖激酶-1
   C. ATP及磷酸果糖激酶-1

D. ADP 及果糖-1,6-二磷酸酶

E. 磷酸己糖异构酶及醛缩酶

10. 糖酵解时丙酮酸还原为乳酸,所需的 NADH + H⁺ 来自 （　　）

A. 甘油醛-3-磷酸脱氢酶催化脱氢

B. 葡糖-6-磷酸脱氢酶催化脱氢

C. 柠檬酸脱氢酶催化脱氢

D. 乳酸脱氢酶催化脱氢

E. 丙酮酸脱氢酶催化脱氢

11. 三羧酸循环的起始反应是 （　　）

A. 乙酰辅酶 A 与草酰乙酸缩合

B. 丙酮酸与草酰乙酸缩合

C. 乙酰辅酶 A 与二氧化碳缩合

D. 丙酮酸与二氧化碳缩合

E. 乙酰辅酶 A 与磷酸烯醇式丙酮酸缩合

12. 在下列反应中,哪一种与胰岛素的作用无关? （　　）

A. 促进葡萄糖向脂肪和肌肉细胞转运

B. 促进糖的氧化　　　　C. 促进糖转变为脂肪

D. 促进糖原分解　　　　E. 抑制糖原分解

13. 以下哪一组酶为糖酵解的关键酶? （　　）

A. 己糖激酶,磷酸果糖激酶-1,葡糖-6-磷酸酶

B. 己糖激酶,磷酸果糖激酶-1,丙酮酸激酶

C. 己糖激酶,果糖-1,6-二磷酸酶,丙酮酸激酶

D. 己糖激酶,醛缩酶,丙酮酸激酶

E. 磷酸果糖激酶-1,丙酮酸激酶,葡糖-6-磷酸酶

14. 血中葡萄糖可直接来自 （　　）

A. 吸收的糖和肝糖原分解　　B. 吸收的糖和肌糖原分解

C. 肝糖原和肌糖原分解　　D. 肌糖原分解和脂肪酸转变
E. 糖异生和葡萄糖的氧化

15. 具有抑制糖异生作用的激素是　　（　　）
    A. 胰岛素　　　　B. 肾上腺素　　　　C. 胰高血糖素
    D. 肾上腺皮质激素　E. 生长素

16. 关于糖的有氧氧化,下列哪一项是错误的？　　（　　）
    A. 糖有氧氧化的终产物是 CO_2 和 H_2O
    B. 糖有氧氧化是细胞获得能量的主要方式
    C. 三羧酸循环也是三大营养物互变的途径
    D. 有氧氧化可抑制糖酵解
    E. 葡萄糖氧化成 CO_2 及 H_2O 时可生成12分子 ATP

17. 1分子葡萄糖在有氧氧化过程中有几次底物水平磷酸化？
    （　　）
    A. 1次　　B. 2次　　C. 3次　　D. 4次　　E. 6次

18. 1分子乳酸彻底氧化生成的 ATP 分子数是　　（　　）
    A. 1.5 或 2.5　　B. 14 或 15　　C. 12.5 或 10
    D. 30 或 32　　　E. 10 或 20

19. 下列物质彻底氧化生成 ATP 最多的是　　（　　）
    A. 葡糖-6-磷酸　　　　　B. 果糖-1,6-二磷酸
    C. 甘油醛-3-磷酸　　　　D. 磷酸烯醇式丙酮酸
    E. 草酰乙酸

20. 丙酮酸脱氢酶复合体不含有　　（　　）
    A. FAD　　　　B. NAD^+　　　　C. 生物素
    D. 辅酶 A　　　E. 硫辛酸

21. 合成糖原时,葡萄糖单位的直接供体是　　（　　）
    A. CDPG　　　　B. UDPG　　　　C. 葡糖-1-磷酸

D. GDPG E. 葡糖-6-磷酸

22. 下列哪个是糖异生过程的关键酶？　　（　　）
 A. 醛缩酶 B. 烯醇化酶
 C. 果糖-1,6-二磷酸酶 D. 丙酮酸激酶
 E. 磷酸己糖异构酶

23. 糖酵解过程中，下列哪一反应过程为耗能阶段？（　　）
 A. 葡萄糖→果糖-1,6-二磷酸
 B. 果糖-1,6-二磷酸→磷酸丙糖
 C. 磷酸丙糖→丙酮酸
 D. 丙酮酸→乳酸
 E. 丙酮酸→乙酰CoA

24. 在肌肉组织中，葡糖-6-磷酸不能进入下列哪种糖代谢途径？
 （　　）
 A. 糖酵解　　B. 糖的有氧氧化　　C. 戊糖磷酸途径
 D. 糖异生　　E. 糖原合成

25. 1分子葡萄糖经戊糖磷酸途径转变为核糖-5-磷酸过程中，还可产生　　（　　）
 A. 1分子 NADH+H$^+$ B. 2分子 NADH+2H$^+$
 C. 1分子 NADPH+H$^+$ D. 2分子 NADPH+2H$^+$
 E. 2分子 CO$_2$

26. 戊糖磷酸途径　　（　　）
 A. 是体内产生 CO$_2$ 的主要来源
 B. 可生成 NADPH+H$^+$，后者经电子传递可生成 ATP
 C. 是体内生成糖醛酸的途径
 D. 饥饿时葡萄糖经此途径代谢增加
 E. 可生成 NADPH+H$^+$，作为供氢体参与体内某些重要物质的合成

27. 1分子乙酰辅酶A经三羧酸循环氧化可产生ATP的分子数是 (　　)
   A. 9　　B. 11.5　　C. 20　　D. 12.5　　E. 10

28. 在下列分子中含有6个碳的是 (　　)
   A. 苹果酸　　B. 延胡索酸　　C. 柠檬酸
   D. 谷氨酸　　E. 琥珀酸

29. α-酮戊二酸脱氢酶复合体不含有的维生素是 (　　)
   A. 硫胺素　　B. 核黄素　　C. 泛酸
   D. 生物素　　E. 硫辛酸

30. 下列哪种酶是糖酵解和糖异生途径中共有的？ (　　)
   A. 丙酮酸激酶　　　　　　B. 丙酮酸羧化酶
   C. 果糖-1,6-二磷酸酶　　D. 己糖激酶
   E. 甘油醛-3-磷酸脱氢酶

31. 糖原合成需要 (　　)
   A. ATP和GTP　　B. ATP和UTP　　C. ATP和CTP
   D. GTP和CTP　　E. GTP和UTP

32. 下列哪种物质缺乏可引起血液丙酮酸含量升高？ (　　)
   A. 硫胺素　　B. 叶酸　　C. 吡哆醛
   D. 维生素B_{12}　　E. 生物素

33. 丙二酸能阻断糖的有氧氧化,因为它 (　　)
   A. 抑制柠檬酸合成酶　　B. 抑制琥珀酸脱氢酶
   C. 阻断电子传递　　　　D. 抑制丙酮酸脱氢酶
   E. 抑制糖酵解途径

34. 丙酮酸不参与下列哪种代谢过程？ (　　)
   A. 转变为丙氨酸　　B. 异生成葡萄糖
   C. 进入线粒体氧化供能　　D. 还原成乳酸

E．经异构酶催化生成丙酮

35. 1分子α-酮戊二酸彻底氧化成CO_2和H_2O可生成的ATP分子数是 （ ）
   A．7.5　　B．10　　C．6.5　　D．17.5　　E．20

36. 胰岛素降低血糖是多方面的综合作用结果,但不包括（ ）
   A．促进葡萄糖的转运　　　B．加强糖原的合成
   C．加速糖的有氧氧化　　　D．抑制糖原的分解
   E．加强脂肪动员

37. 下列哪种酶缺乏可引起蚕豆病？（ ）
   A．内酯酶　　　　　　　　B．磷酸戊糖异构酶
   C．磷酸戊糖差向酶　　　　D．转酮基酶
   E．葡糖-6-磷酸脱氢酶

38. 以生物素为辅酶的是 （ ）
   A．丙酮酸激酶　　B．丙酮酸脱氢酶　　C．丙酮酸羧化酶
   D．苹果酸酶　　　E．磷酸烯醇式丙酮酸羧激酶

39. 葡糖-6-磷酸→葡糖酸-6-磷酸,需要的辅酶是 （ ）
   A．FMN　　　　　B．FAD　　　　　C．NAD^+
   D．$NADP^+$　　　E．NADPH+H^+

40. 谷胱甘肽还原酶的辅酶是 （ ）
   A．NADPH+H^+　B．NADH+H^+　C．$FMNH_2$
   D．$FADH_2$　　　E．CoASH

41. 在肝细胞中催化葡糖-6-磷酸生成葡萄糖的酶是 （ ）
   A．葡萄糖激酶　　B．己糖激酶　　　C．磷酸化酶
   D．葡糖-6-磷酸酶　E．葡糖-6-磷酸脱氢酶

42. 下列能催化可逆反应的酶是 （ ）

A．糖原磷酸化酶 　　　　　B．甘油酸-3-磷酸激酶
C．己糖激酶 　　　　　　　D．丙酮酸激酶
E．果糖-1,6-二磷酸酶

43. 下列物质在体内氧化成 CO_2 及 H_2O 时,生成 ATP 最多的是（　　）
    A．甘油醛-3-磷酸　B．乳酸　　　　C．丙酮酸
    D．草酰乙酸　　　E．谷氨酸

44. 糖酵解、糖原合成、糖原分解等途径的共同中间产物是（　　）
    A．乳酸　　　　　B．丙酮酸　　　C．葡糖-6-磷酸
    D．果糖-6-磷酸　　E．果糖-1,6-二磷酸

45. 下列物质彻底氧化时,生成 30 或 32 分子 ATP 的是哪一个？（　　）
    A．葡萄糖　　　　B．丙酮酸　　　C．硬脂酸
    D．柠檬酸　　　　E．乙酸 CoA

46. 关于糖原合成下列哪一项是错误的？　（　　）
    A．糖原合成全过程在细胞质中进行
    B．UDPG 是葡萄糖的直接供体
    C．糖原分支的形成需要分支酶催化
    D．糖原合酶能简单地催化 2 个葡萄糖分子以 α-1,4-糖苷键相连
    E．糖原合酶的催化反应是不可逆的

二、多项选择题

1. 糖酵解过程中的关键酶包括　　（　　）
   A．葡糖激酶　　　　　　　　B．磷酸果糖激酶-1

C．甘油酸-3-磷酸激酶　　　　　D．丙酮酸激酶

E．己糖激酶

2. 关于丙酮酸激酶催化的反应，正确的是　　（　　）

　　A．底物是磷酸烯醇式丙酮酸

　　B．产物是磷酸烯醇式丙酮酸

　　C．产物有 ATP

　　D．产物有丙酮酸

　　E．底物是丙酮酸

3. 在下列化合物中与三羧酸循环直接有关的是　　（　　）

　　A．丙酮酸　　　　B．乙酰辅酶 A　　　　C．草酰乙酸

　　D．柠檬酸　　　　E．异柠檬酸

4. 丙酮酸脱氢酶复合体的产物是　　（　　）

　　A．乙酰 CoA　　　　B．CO_2　　　　C．$NADH + H^+$

　　D．$NADPH + H^+$　　E．$FADH_2$

5. 三羧酸循环的关键酶有　　（　　）

　　A．柠檬酸合酶　　　　　　　　B．顺乌头酸酶

　　C．异柠檬酸脱氢酶　　　　　　D．延胡索酸酶

　　E．α-酮戊二酸脱氢酶复合体

6. 在丙酮酸羧化支路中，使丙酮酸转变为磷酸烯醇式丙酮酸，需要的酶是　　（　　）

　　A．丙酮酸羧化酶

　　B．磷酸烯醇式丙酮酸羧激酶

　　C．丙酮酸激酶

　　D．草酰乙酸脱羧酶

　　E．苹果酸酶

7. 三羧酸循环中琥珀酸转化为草酰乙酸的中间产物是　　（　　）

　　A．延胡索酸　　　　B．苹果酸　　　　C．α-酮戊二酸

D. 柠檬酸　　　　E. 异柠檬酸

8. 下列关于糖酵解的叙述,正确的是　　（　　）
   A. 整个过程可以在细胞质或线粒体内进行
   B. 不需氧的参与
   C. 1分子葡萄糖经糖酵解过程净生成2分子ATP
   D. 终产物为乳酸
   E. 糖酵解全过程是可逆的

9. 下列关于糖的有氧氧化的叙述,错误的是　　（　　）
   A. 全过程是在线粒体内进行的
   B. 终产物是CO_2和H_2O
   C. 1分子葡萄糖经有氧分解,产生30或32分子ATP
   D. 需氧的参与
   E. 脱氢反应需要$NADP^+$作为受氢体

10. 在糖的有氧氧化过程中,进行氧化(脱氢)反应的步骤是　　（　　）
    A. 异柠檬酸→α-酮戊二酸
    B. α-酮戊二酸→琥珀酰CoA
    C. 琥珀酸→延胡索酸
    D. 丙酮酸→乙酰CoA
    E. 苹果酸→草酰乙酸

11. 胰岛素的作用是　　（　　）
    A. 促进糖异生　　　　B. 促进糖原合成
    C. 促进葡萄糖进入肌肉细胞　　D. 抑制糖有氧氧化
    E. 抑制糖原合成

12. 下列关于一次三羧酸循环的叙述,正确的是　　（　　）
    A. 消耗1个乙酰基　　　　B. 有4次脱氢
    C. 有2次脱羧　　　　D. 生成1分子$FADH_2$
    E. 生成3分子$NADH + H^+$

13. 可使血糖浓度升高的激素有　　（　　）
    A. 胰岛素　　　　B. 肾上腺素　　　C. 胰高血糖素
    D. 糖皮质激素　　E. 前列腺素

14. NADPH + H$^+$ 的主要功能是　　（　　）
    A. 氧化供能　　　　　　B. 参与脂肪酸的合成
    C. 参与胆固醇的合成　　D. 是谷胱甘肽还原酶的辅酶
    E. 参与肝内生物转化

15. 下列物质中哪些既是糖分解的产物又是糖异生的原料？
    （　　）
    A. 丙酮酸　　　　B. 谷氨酸　　　　C. 乳酸
    D. 乙酰CoA　　　E. 甘油酸-3-磷酸

16. 能转化为糖的非糖物质有　　（　　）
    A. 甘油　　　　　B. 乳酸　　　　　C. 丙酮酸
    D. 丙氨酸　　　　E. 天冬氨酸

17. 丙酮酸脱氢酶复合体含有的维生素有　　（　　）
    A. 硫胺素　　　　B. 核黄素　　　　C. 烟酰胺
    D. 吡哆醛　　　　E. 泛酸

三、填空题

1. 血糖的来源有＿＿＿＿、＿＿＿＿和＿＿＿＿。

2. 糖酵解途径的关键酶除己糖激酶外，还有＿＿＿＿和＿＿＿＿。

3. 糖酵解的终产物是＿＿＿＿；糖有氧氧化的终产物是＿＿＿＿和＿＿＿＿。

4. 糖原合成的关键酶是＿＿＿＿，糖原分解的关键酶是

_____。

5. 柠檬酸是由_____和_____缩合而成的。

6. 在生理条件下，_____是糖异生的主要器官；当饥饿或酸中毒时，_____能加强糖异生作用。

7. 戊糖磷酸途径的生理意义是提供_____和_____。

8. 在糖原合成反应中，活性葡萄糖单位的供体是_____。

9. 催化丙酮酸羧化支路的酶是_____和_____。

10. 丙酮酸脱氢酶复合体包括的辅酶或辅基有_____、_____、硫辛酸、FAD 和_____。

11. 丙酮酸脱氢酶复合体含有的维生素有_____、_____、硫辛酸、_____和维生素 PP。

12. 经糖酵解途径，每分子葡萄糖可净生成_____分子 ATP，如从糖原开始，可净生成_____分子 ATP。

13. 在糖酵解中催化不可逆反应的酶是_____、_____和_____。

14. 在乳酸脱氢酶催化下，丙酮酸与 NADH + H$^+$ 反应生成_____和_____。

15. 果糖-1,6-二磷酸在醛缩酶催化下裂解为 2 分子磷酸丙糖，包括_____和_____。

16. 在催化三羧酸循环反应的酶中，以 FAD 为辅基的酶是_____。

四、名词解释

1. 糖酵解　　2. 糖的有氧氧化　　3. 三羧酸循环　　4. 糖

原合成   5. 乳酸循环   6. 肾糖阈   7. 糖异生作用
8. 底物循环   9. 血糖   10. 葡萄糖耐量

五、简答题

1. 简述糖酵解的四个阶段。
2. 简述糖酵解的生理意义。
3. 糖的有氧氧化包括哪几个阶段?
4. 简述糖有氧氧化的生理意义。
5. 简述戊糖磷酸途径的生理意义。
6. 简述糖异生作用的生理意义。
7. 为什么肌糖原分解不能直接提供血糖,而肌肉剧烈活动时,加强肌糖原酵解可以间接补充血糖?
8. 糖异生过程是否为糖酵解的逆反应,为什么?
9. 简述正常人体内血糖的来源和去路。
10. 简述肾上腺素对血糖含量的影响。
11. 肝脏是怎样调节血糖的?
12. 肾脏是怎样调节血糖的?
13. 糖尿病患者可伴有哪些糖代谢紊乱?

六、问答题

1. 试述糖原合成的反应过程。
2. 试述肝糖原分解的反应过程。
3. 计算1分子葡萄糖在肌肉组织中彻底氧化可净生成多少分子ATP?
4. 计算从糖原开始的1个葡萄糖单位在肝脏彻底氧化可净生成多少分子ATP?
5. 试述葡糖-6-磷酸的糖代谢去向。

6. 试述糖尿病的发病机制和临床表现。
7. 概述B族维生素在糖代谢中的重要作用。
8. 在糖代谢过程中生成的丙酮酸可进入哪些代谢途径？
9. 试比较糖酵解与糖有氧氧化的不同点。
10. 试述胰岛素对血糖含量的调节。
11. 试述耐糖曲线的临床意义。
12. 1分子乳酸彻底氧化时净产生多少分子ATP？请列出简要分解过程。
13. 1分子α-酮戊二酸彻底氧化时净产生多少分子ATP？请列出简要分解过程。
14. 1分子草酰乙酸彻底氧化时净产生多少分子ATP？请列出简要分解过程。
15. 果糖-1,6-二磷酸、甘油醛-3-磷酸、丙酮酸彻底氧化时净产生多少分子ATP？参照12~14题分别列出简要分解过程。

七、案例分析题

患者，男性，61岁。因"多食、多饮、多尿，伴体重下降3个月"入院。患者8年前出现明显口干、多饮、多尿，体重下降症状，被诊断为2型糖尿病，经治疗，血糖控制较好（餐后血糖小于10 mmol/L）。2日前因感冒咽部肿痛，食欲减退，身体疲乏，恶心，呕吐。4小时前神志不清，呼之不应，急查血糖24.8 mmol/L，血pH 7.14，尿酮体(+++)。

分析思考：

1. 试述糖尿病患者可出现的糖代谢紊乱。
2. 利用所学生物化学知识分析糖尿病"三多一少"临床症状的生化机制。
3. 该患者为何尿酮体大量增多，并出现血pH下降？

第九章

生物氧化

一、单项选择题

1. 体内 CO_2 直接来自 （　　）
   A. 碳原子被氧原子氧化　　B. 呼吸链的氧化还原过程
   C. 糖原分解　　　　　　　D. 脂肪分解
   E. 有机酸的脱羧

2. 关于电子传递链叙述，错误的是 （　　）
   A. NADPH 中的氢一般不直接进入呼吸链氧化
   B. 1 分子铁硫蛋白每次传递 2 个电子
   C. NADH 脱氢酶是一种黄素蛋白酶
   D. 在某些情况下电子传递不一定与磷酸化偶联
   E. 电子传递链除了 Q 和 Cyt c 之外，其余各组分组装成四大复合体

3. 在生物氧化中 NAD^+ 的作用是 （　　）
   A. 脱氧　　　　B. 加氧　　　　C. 脱羧
   D. 递电子　　　E. 递氢

4. 下列说法正确的是 （　　）
   A. 呼吸链中氢和电子的传递有严格的方向和顺序

B. 各种细胞色素都可以直接以 O_2 为电子接受体
C. 在呼吸链中 NADH 脱氢酶可催化琥珀酸脱氢
D. 递电子体都是递氢体
E. 呼吸链所产生的能量均用于 ADP 磷酸化为 ATP

5. 关于呼吸链叙述，错误的是 （ ）
   A. 呼吸链中氧化磷酸化的偶联作用可以被解离
   B. $NADH + H^+$ 脱氢酶的受氢体是 FMN
   C. 它是产生 ATP、生成水的主要过程
   D. 各种细胞色素的吸收光谱均不同
   E. 它存在于各种细胞的线粒体和微粒体

6. 下列说法，错误的是 （ ）
   A. 泛醌能将 $2H^+$ 游离于介质而将电子传递给细胞色素
   B. 复合体Ⅰ中含有以 FMN 为辅基的黄素蛋白
   C. CN^- 中毒时，电子传递链中各组分处于还原状态
   D. 复合体Ⅱ中含有以 FMN 为辅基的黄素蛋白
   E. 体内物质的氧化并不都伴有 ATP 的生成

7. β-羟丁酸彻底氧化为 CO_2、H_2O 和能量，其 P/O 比值约为 （ ）
   A. 1　　　B. 1.5　　　C. 2.5　　　D. 3　　　E. 5

8. NADH 脱氢酶可以以下列哪一个辅酶或辅基为受氢体？（ ）
   A. NAD^+　　　B. FMN　　　C. CoQ
   D. FAD　　　E. 以上都不是

9. 细胞色素体系中能与 CO 和氰化物结合使电子不能传递给氧而使呼吸链中断的是 （ ）
   A. 细胞色素 b　　B. 细胞色素 a_3　　C. 细胞色素 c
   D. 细胞色素 b_1　　E. 细胞色素 c_1

10. 与线粒体内膜结合较疏松,容易被提取分离的细胞色素是
   (   )
   A. 细胞色素 b　　　B. 细胞色素 c　　　C. 细胞色素 aa_3
   D. 细胞色素 P450　　E. 细胞色素 b_{560}

11. 在生物氧化中不起递氢作用的是　　(   )
   A. FMN　　　　　B. FAD　　　　　C. NAD^+
   D. 铁硫蛋白　　　E. 泛醌

12. 呼吸链存在于　　(   )
   A. 细胞质　　　　B. 线粒体外膜　　　C. 线粒体内膜
   D. 线粒体基质　　E. 微粒体

13. 细胞色素氧化酶中除含铁卟啉辅基外还含有参与传递电子的
   (   )
   A. 镁离子　　　　B. 锌离子　　　　C. 钙离子
   D. 铜离子　　　　E. 铁离子

14. 生物体内 ATP 的生成方式有　　(   )
   A. 1 种　　　　　B. 2 种　　　　　C. 3 种
   D. 4 种　　　　　E. 5 种

15. 铁硫蛋白中的铁能可逆地进行氧化还原反应,每次可传递多少个电子?　　(   )
   A. 3 个　　　　　B. 2 个　　　　　C. 1 个
   D. 4 个　　　　　E. 以上都不对

16. 下列不是琥珀酸氧化呼吸链成分的是　　(   )
   A. Cyt b_{562}　　　B. Cyt c_1　　　C. Fe-S
   D. FAD　　　　　E. FMN

17. 1 分子 $NADH + H^+$ 经 NADH 氧化呼吸链传递,最后交给 $1/2O_2$ 生成水,在此过程中生成几分子 ATP?　　(   )

A．1分子　　　　B．1.5分子　　　　C．2.5分子
D．3分子　　　　E．5分子

18. 关于苹果酸-天冬氨酸穿梭系统,叙述错误的是　　　（　）
    A．细胞质中的 NADH + H⁺ 使草酰乙酸还原生成苹果酸后被转运入线粒体
    B．线粒体内的草酰乙酸生成天冬氨酸,再穿过线粒体膜进入细胞质
    C．细胞质中生成的 NADH + H⁺ 经苹果酸-天冬氨酸穿梭进入线粒体氧化可生成 1.5 分子 ATP
    D．经过此种机制 1 分子葡萄糖彻底氧化可生成 32 分子 ATP
    E．主要存在于心肌、肝组织内

19. 甘油-3-磷酸穿梭的生理意义在于　　　（　）
    A．将草酰乙酸带入线粒体进行彻底氧化
    B．维持线粒体内外有机酸的平衡
    C．将天冬氨酸转运出线粒体转变成草酰乙酸,继续进行穿梭
    D．将甘油-3-磷酸带入线粒体进行彻底氧化
    E．把线粒体外的 NADH + H⁺ 携带的 2H 带入线粒体经呼吸链氧化

20. 在肌肉、神经等组织的糖有氧氧化过程中,细胞质的 NADH + H⁺ 通过甘油-3-磷酸穿梭进入线粒体经呼吸链氧化,此时 1 分子葡萄糖彻底氧化可生成多少分子 ATP?　　　（　）
    A．28 分子　　　B．32 分子　　　C．30 分子
    D．34 分子　　　E．36 分子

21. 甘油-3-磷酸穿梭机制中,甘油-3-磷酸脱氢酶在细胞质中的辅酶是　　　（　）
    A．NAD⁺　　　　B．FAD　　　　C．FMN

D. CoQ E. NADP⁺

22. 甘油-3-磷酸穿梭机制中,甘油-3-磷酸脱氢酶在线粒体中的辅基是　　（　　）
    A. NAD⁺ B. FAD C. FMN
    D. NADP⁺ E. CoQ

23. 细胞质中 1 mol 乳酸彻底氧化为水和二氧化碳,产生 ATP 的摩尔数可能是　（　　）
    A. 6 或 7 B. 9 或 10 C. 8 或 9
    D. 11 或 12 E. 14 或 15

24. 体内 80% 的 ATP 是通过下列何种方式生成的?　（　　）
    A. 糖酵解 B. 底物水平磷酸化
    C. 肌酸磷酸化 D. 有机酸脱羧
    E. 氧化磷酸化

25. 生物体可以直接利用的能量物质是　（　　）
    A. ADP B. 磷酸肌酸 C. ATP
    D. FAD E. FMN

26. 不能穿过线粒体内膜的物质是　（　　）
    A. 苹果酸 B. 天冬氨酸 C. 草酰乙酸
    D. 谷氨酸 E. 甘油-3-磷酸

27. 琥珀酸氧化时,其 P/O 比值约为多少?　（　　）
    A. 1 B. 1.5 C. 2.5 D. 3 E. 5

28. 抑制 NADH+H⁺ 的氧化而不抑制 FADH₂ 氧化的抑制剂是（　　）
    A. 鱼藤酮 B. 2,4-二硝基苯酚 C. 氰化物
    D. 甲状腺素 E. 抗霉素 A

29. 抗霉素 A 抑制线粒体氧化磷酸化的作用机制是　（　　）

A. 细胞色素 a_3 被还原

B. 细胞色素 a 被还原

C. 与复合体Ⅰ中的铁硫蛋白结合

D. 抑制细胞色素氧化酶

E. 抑制复合体Ⅲ中 Cyt b→c_1 之间的电子传递

30. 麻醉药阿米妥是与什么物质结合从而阻断电子传递影响氧化磷酸化的？（　　）

　　A. 复合体Ⅰ中的铁硫蛋白　　B. FMN

　　C. FAD　　　　　　　　　　D. CoQ

　　E. 抑制细胞色素氧化酶

31. 在心肌和肝组织中,细胞质 $NADH+H^+$ 经过苹果酸-天冬氨酸穿梭机制进入线粒体氧化,此时 1 分子葡萄糖彻底氧化可生成多少分子 ATP？（　　）

　　A. 36 分子　　B. 34 分子　　C. 32 分子

　　D. 30 分子　　E. 26 分子

32. NADH 氧化呼吸链有几个偶联部位,生成几分子 ATP？（　　）

　　A. 1、3　　　B. 2、1.5　　　C. 3、2.5

　　D. 4、4.5　　E. 5、5

33. 可被 2,4-二硝基苯酚抑制的代谢过程是（　　）

　　A. 糖酵解　　B. 糖异生　　C. 糖原合成

　　D. 氧化磷酸化　　E. 底物水平磷酸化

34. 解偶联剂的作用是（　　）

　　A. 阻断呼吸链中某一部位电子传递

　　B. 使呼吸链的氧化与磷酸化的偶联过程解开

　　C. 阻断呼吸链中某一部位氢的传递

　　D. 线粒体内膜损坏作用

E．抑制细胞色素氧化酶

35. 影响氧化磷酸化的因素不包括　　（　　）
    A．ADP 浓度　　　　　　　　B．甲状腺激素
    C．糖皮质激素　　　　　　　　D．2,4-二硝基苯酚
    E．线粒体 DNA 的突变

36. 2,4-二硝基苯酚属于　　（　　）
    A．电子传递抑制剂　　　　　　B．解偶联剂
    C．烟酰胺脱氢酶　　　　　　　D．氢传递抑制剂
    E．Na^+,K^+-ATP 酶激活剂

37. 激活细胞膜 Na^+,K^+-ATP 酶,增加耗氧量的物质是（　　）
    A．鱼藤酮　　　　　　　　　　B．2,4-二硝基苯酚
    C．氰化物　　　　　　　　　　D．甲状腺激素
    E．抗霉素 A

38. 下列不在线粒体中进行的代谢途径是　　（　　）
    A．糖酵解　　　B．三羧酸循环　　C．电子传递链
    D．氧化磷酸化　　E．脂肪酸 β-氧化

39. 细胞内 ATP 浓度升高时,氧化磷酸化　　（　　）
    A．增强　　　　　B．减弱　　　　　C．不变
    D．先增强后减弱　　E．先减弱后增强

40. 关于 ATP 的叙述,错误的是　　（　　）
    A．体内能量的生成、贮存、释放和利用都以 ATP 为中心
    B．ATP 在反应中供出高能磷酸基团后即转变为 ADP
    C．ATP 是生物体的直接供能物质
    D．ATP 的化学能可转变为机械能、渗透能、电能、热能等
    E．ATP 都是由呼吸链中氧化磷酸化产生的

41. 参与糖原合成的核苷酸是　　（　　）
    A．UTP　　　　　　B．CTP　　　　　　C．UMP
    D．GTP　　　　　　E．TTP

42. 肌肉组织中能量贮存的主要形式是　（　　）
    A．ATP　　　　　　B．GTP　　　　　　C．UTP
    D．磷酸肌酸　　　　E．CTP

43. 生物化学中把水解时释出的能量大于多少的含磷酸酯键或硫酯键的化合物统称为高能化合物？（　　）
    A．10 kJ/mol　　　B．15 kJ/mol　　　C．30 kJ/mol
    D．25 kJ/mol　　　E．21 kJ/mol

44. 不在线粒体内传递电子的是　（　　）
    A．Cyt b　　　　　B．Cyt c　　　　　C．Cyt a_3
    D．Cyt P450　　　 E．Cyt c_1

二、多项选择题

1. 物质经生物氧化与体外燃烧的共性是　（　　）
    A．耗氧量相同　　　　　B．终产物相同
    C．释放的能量相同　　　D．氢与氧直接反应
    E．不需要酶催化

2. 下列属于呼吸链主要成分的是　（　　）
    A．烟酰胺脱氢酶类　　　B．黄素蛋白类
    C．铁硫蛋白类　　　　　D．泛醌
    E．细胞色素类

3. 泛醌可以接受下列哪些辅酶或辅基传递来的 2H？（　　）
    A．琥珀酸　　　　　B．NADH+H^+　　　C．$FMNH_2$

D．$FADH_2$ E．细胞色素类

4. 关于呼吸链的叙述正确的是　　（　　）
   A．定位于线粒体内膜上
   B．又称电子传递链
   C．NADH 氧化呼吸链是体内分布最广的呼吸链
   D．$NADPH+H^+$ 一般不直接与呼吸链偶联，而是作为递氢体参与某些重要物质的合成
   E．1 分子 $NADH+H^+$ 经 NADH 氧化呼吸链最终生成 2 分子 ATP

5. 同时传递电子和氢原子的辅酶有　　（　　）
   A．Q   B．Cyt   C．NAD^+
   D．CoA   E．Fe-S

6. 在线粒体中进行的与能量生成有关的代谢过程是　　（　　）
   A．三羧酸循环   B．脂肪酸的 β-氧化
   C．电子传递链   D．糖酵解
   E．氧化磷酸化

7. 下列属于琥珀酸氧化呼吸链成分的是　　（　　）
   A．FMN   B．Q   C．Cyt c
   D．$Cyt\ c_1$ E．铁硫蛋白

8. 可阻断 NADH 氧化呼吸链而不阻断琥珀酸氧化呼吸链的抑制剂是　　（　　）
   A．阿米妥   B．鱼藤酮   C．抗霉素 A
   D．氰化物   E．一氧化碳

9. 将细胞质中 $NADH+H^+$ 转运入线粒体的载体分子有（　　）
   A．草酰乙酸   B．丙酮酸   C．苹果酸
   D．甘油-3-磷酸   E．琥珀酸

10. 下列代谢物脱下的氢,进入 NADH 氧化呼吸链的是（　　）
   A. 异柠檬酸　　　B. 苹果酸　　　C. 丙酮酸
   D. α-酮戊二酸　　E. 脂酰 CoA

11. 下列化合物中含有高能磷酸键的是（　　）
   A. 果糖-1,6-二磷酸　　　　B. ADP
   C. 甘油醛-3-磷酸　　　　　D. 磷酸烯醇式丙酮酸
   E. 甘油酸-1,3-二磷酸

12. 在生物氧化中脱下的氢可被 FAD 接受的底物有（　　）
   A. 甘油-3-磷酸　　B. 苹果酸　　　C. 琥珀酸
   D. 脂酰 CoA　　　　E. 异柠檬酸

13. NADH 呼吸链中氧化磷酸化的三个偶联部位分别是（　　）
   A. $NAD^+ \rightarrow Q$　　　　　　B. Cyt b→Cyt c
   C. Cyt $aa_3 \rightarrow 1/2O_2$　　　D. FMN→Q
   E. 琥珀酸→FAD

14. 下列有关 $NADH+H^+$ 的叙述,正确的是（　　）
   A. 可在细胞质中生成
   B. 可在线粒体中生成
   C. 在呼吸链中,$NADH+H^+$ 可将 2H 传递给 FMN
   D. $NADH+H^+$ 可通过甘油-3-磷酸穿梭从细胞质进入线粒体
   E. 可在细胞质中氧化并生成 ATP

15. 属于氧化磷酸化解偶联剂的是（　　）
   A. 2,4-二硝基苯酚　　　B. 甘草次酸
   C. 解偶联蛋白　　　　　D. 抗霉素 A
   E. 鱼藤酮

16. 生物体中生物氧化的方式有　　（　　）
    A．脱电子　　　　B．脱氢　　　　C．加氧
    D．加氢　　　　　E．得电子

17. 下列关于生物氧化呼吸链的描述,正确的是　　（　　）
    A．组成呼吸链的各个组分按标准氧化还原电位($E^{0'}$)值由小到大的顺序排列
    B．呼吸链中的递电子体同时也是递氢体
    C．电子传递过程中有 ATP 的生成
    D．CN^-、N_3^-、CO 可与细胞色素氧化酶结合阻断呼吸链电子的传递
    E．抑制呼吸链中的 Cyt aa_3,可使所有呼吸功能丧失

18. 可以 FAD 为辅基的酶有　　（　　）
    A．琥珀酸脱氢酶　　　　B．脂酰 CoA 脱氢酶
    C．烟酰胺脱氢酶　　　　D．异柠檬酸脱氢酶
    E．苹果酸脱氢酶

19. 在 NADH 氧化呼吸链中传递氢的组分有　　（　　）
    A．NAD^+　　　　B．FMN　　　　C．Q
    D．细胞色素　　　E．铁硫蛋白

20. 与供能有关的三大营养素是指　　（　　）
    A．无机盐　　　　B．糖　　　　C．脂肪
    D．蛋白质　　　　E．核酸

三、填空题

1. 各种细胞色素在呼吸链中递电子的顺序依次是_____、C_1、_____、_____→$1/2 O_2$。

2. 在离体的线粒体实验中,测得 β-羟丁酸的磷氧比值(P/O)为

2.5,说明β-羟丁酸氧化时脱下来的2H是通过_____呼吸链传递给O_2的;能生成_____分子ATP。

3. 细胞质中的NADH+H^+可以通过_____和_____穿梭机制而进入线粒体进一步氧化。

4. 氰化物致死的原因是与_____结合,使其失去_____的能力,细胞不能利用氧而中断全部呼吸链。

5. 烟酰胺脱氢酶的辅酶有_____和_____,其中_____进入呼吸链氧化产能。

6. 可被2,4-二硝基苯酚抑制的代谢过程是_____,其作用机制是_____。

7. 1 mol琥珀酸脱氢生成延胡索酸时,脱下的1对氢进入_____氧化呼吸链氧化生成水,同时生成_____摩尔ATP。

8. 生物体内ATP生成的方式有_____和_____。

9. 氧化磷酸化的偶联部位可通过测定_____和_____来确定。

10. 正常机体内氧化磷酸化的速率主要受_____的调节,其浓度升高氧化磷酸化的速率_____。

四、名词解释

1. 生物氧化　　2. 电子传递链　　3. 细胞色素氧化酶
4. 能量代谢　　5. NADH氧化呼吸链　　6. 琥珀酸氧化呼吸链　　7. 底物水平磷酸化　　8. P/O比值　　9. 氧化磷酸化
10. 呼吸链抑制剂　　11. 解偶联剂

五、简答题

1. 简述体内、体外物质氧化的共性与区别。
2. 简述生物体内 CO_2 和 H_2O 的生成方式。
3. 简述体内 NADH 氧化呼吸链的排列顺序,并分别列举两种代谢物氧化脱氢形成 ATP 的分子数。
4. 简述体内 $FADH_2$ 氧化呼吸链的排列顺序,并分别列举两种代谢物氧化脱氢形成 ATP 的分子数。
5. 简述 CO 和氰化物中毒的机制。
6. 甲状腺功能亢进患者一般表现为基础代谢率增高,请运用生化知识说明该现象。
7. 简述体内能量的生成、储存与利用。

六、论述题

1. 列表试述人线粒体呼吸链中四大复合体的组成及其作用。
2. 试述呼吸链的主要成分及其作用。
3. 试述生物体内 ATP 的生成方式,并详述之。
4. 影响氧化磷酸化的因素有哪些?分别试述其影响机制。
5. 在体内,ATP 有哪些生物学功能?
6. 试述非线粒体氧化体系的特点。

七、案例分析题

患者,女性,31 岁,农民。因"头晕、四肢无力伴恶心、呕吐 3 小时,意识模糊 1 小时"就诊。3 小时前,患者在家中燃煤取暖,出现头痛、头晕、视物不清,程度逐渐加重,伴恶心、呕吐 2 次,均为胃内容物,总量约 800 ml。1 小时前出现神志不清,被家人送至医院急诊。平素身体健康,无外伤手术史。体格检查:体温 36.8℃,血压 90/60 mmHg,呼吸表浅,意识模糊。辅助检查:头颅 CT 无异常;心电图大致正常;血常规正常;血糖 7.0 mmol/L;血 CO-Hb 浓度 23%。

分析思考:

1. 对患者的诊断及诊断依据是什么?
2. 结合上述病例简述发病的生化机制。

第十章
脂类代谢

一、单项选择题

1. 下列主要在线粒体中进行的生化反应是 （　　）
    A．脂肪酸合成　　B．脂肪酸β-氧化　　C．三酰甘油合成
    D．甘油磷脂合成　　E．胆固醇合成

2. 三酰甘油的主要功能是 （　　）
    A．构成生物膜的成分　　B．体液的主要成分
    C．储能供能　　D．构成神经组织的成分
    E．遗传物质

3. 下列哪种化合物不是血脂的主要成分？ （　　）
    A．三酰甘油　　B．磷脂　　C．游离脂肪酸
    D．糖脂　　E．胆固醇

4. 下列哪种物质与脂类的消化吸收无关？ （　　）
    A．胆汁酸盐　　B．胰脂酶　　C．胆固醇酯酶
    D．脂蛋白酯酶　　E．磷脂酶

5. 下列有关类脂生理功能的叙述，正确的是 （　　）
    A．体内理想的供能和储能物质
    B．保持体温

C. 保护和固定重要脏器
D. 构成机体各种生物膜的重要成分
E. 协助脂溶性维生素的吸收、运输和储存

6. 血浆中脂类物质的运输形式是　　（　　）
   A. 球蛋白　　　　B. 脂蛋白　　　　C. 糖蛋白
   D. 核蛋白　　　　E. 血红蛋白

7. 催化体内储存的三酰甘油水解的脂肪酶是　　（　　）
   A. 激素敏感性脂肪酶　　　　B. 脂蛋白脂肪酶
   C. 肝脂肪酶　　　　　　　　D. 胰脂酶
   E. 磷脂酶

8. 能促进脂肪动员的激素是　　（　　）
   A. 肾上腺素　　　　B. 胰高血糖素　　　C. 生长素
   D. 去甲肾上腺素　　E. 以上都是

9. 下列具有抗脂解作用的激素是　　（　　）
   A. 肾上腺素　　　　B. 胰高血糖素　　　C. 生长素
   D. 胰岛素　　　　　E. 去甲肾上腺素

10. 下列属于必需脂肪酸的是　　（　　）
    A. 软脂酸　　　　B. 油酸　　　　C. 亚油酸
    D. 二十碳脂肪酸　E. 硬脂酸

11. 同量的下列物质在体内经彻底氧化后,释放能量最多的是
    （　　）
    A. 葡萄糖　　　　B. 糖原　　　　C. 蛋白质
    D. 脂肪　　　　　E. 胆固醇

12. 乳糜微粒中含量最多的成分是　　（　　）
    A. 磷脂　　　　　B. 胆固醇　　　C. 蛋白质
    D. 三酰甘油　　　E. 游离脂肪酸

13. 脂肪酸在血中运输的方式是 （   ）
    A. 直接由血液运输　　　　B. 与清蛋白结合运输
    C. 与α-球蛋白结合运输　　D. 与β-球蛋白结合运输
    E. 与载脂蛋白结合运输

14. 血脂的去路不包括 （   ）
    A. 氧化分解供能　B. 转化为胆色素　C. 进入脂库储存
    D. 构成生物膜　　E. 转变成其他物质

15. 下列哪一种酶是脂肪酸活化的关键酶？ （   ）
    A. 脂酰辅酶A合成酶　　　　B. 肉碱脂酰转移酶Ⅰ
    C. 肉碱脂酰转移酶Ⅱ　　　　D. 脂酰辅酶A脱氢酶
    E. 水化酶

16. 下列哪一种组织中缺乏高活性的甘油激酶，不能很好地利用甘油？ （   ）
    A. 肝　　　　　B. 心　　　　　C. 肾
    D. 肠　　　　　E. 脂肪组织

17. 脂肪动员的限速酶是 （   ）
    A. 单酰甘油脂肪酶　B. 二酰甘油脂肪酶　C. 脂蛋白脂肪酶
    D. 组织脂肪酶　　　E. 三酰甘油脂肪酶

18. 脂肪酸β-氧化包括连续的4步反应，其反应顺序是 （   ）
    A. 脱氢、加水、再脱氢、硫解
    B. 加水、脱氢、再脱氢、硫解
    C. 硫解、脱氢、加水、再脱氢
    D. 加水、脱氢、硫解、再脱氢
    E. 硫解、加水、脱氢、再脱氢

19. 乙酰CoA不能由下列哪种物质生成？ （   ）
    A. 葡萄糖　　　B. 脂肪酸　　　C. 酮体
    D. 糖原　　　　E. 胆固醇

20. 下列与脂肪酸氧化无关的物质是 （　　）
    A．肉碱　　　　　　B．CoASH　　　　　C．NAD$^+$
    D．FAD　　　　　　E．NADP$^+$

21. 三酰甘油的合成与下列哪种物质无关？（　　）
    A．脂酰 CoA　　　　B．甘油-3-磷酸　　　C．二酰甘油
    D．CDP-二酰甘油　　E．磷脂酸

22. 在肝脏中生成乙酰乙酸的直接前体是 （　　）
    A．乙酰乙酰 CoA　　B．β-羟丁酸　　　　C．HMG-CoA
    D．β-羟丁酰 CoA　　E．甲羟戊酸

23. 下列关于酮体的叙述,不正确的是 （　　）
    A．酮体包括乙酰乙酸、β-羟丁酸和丙酮
    B．酮体是脂肪酸在肝中氧化分解的正常中间产物
    C．饥饿时可引起血酮体升高
    D．低糖高脂饮食时酮体生成减少
    E．酮体可以随尿液排出体外

24. 乙酰辅酶 A 羧化酶的辅酶是 （　　）
    A．TPP　　　　　　B．NAD$^+$　　　　　C．NADP$^+$
    D．生物素　　　　　E．吡哆醛磷酸

25. 1 分子硬脂酰辅酶 A 经 1 次 β-氧化后,其产物(除十六碳脂酰辅酶 A 外的其他产物)彻底氧化可净生成多少分子 ATP? （　　）
    A．2　　　B．6　　　C．9　　　D．12　　　E．14

26. 胆固醇合成的限速酶是 （　　）
    A．HMG-CoA 还原酶　　　　B．HMG-CoA 合成酶
    C．乙酰乙酸硫激酶　　　　　D．乙酰乙酰 CoA 硫解酶
    E．HMG-CoA 裂解酶

27. 下列化合物中,以胆固醇为前体的是　　　　(　　)
   A. 维生素 A   B. 维生素 E   C. 维生素 D_3
   D. 维生素 K   E. 维生素 C

28. 下列化合物中,不以胆固醇为合成原料的是　　(　　)
   A. 皮质醇   B. 雌二醇   C. 胆汁酸
   D. 胆红素   E. 维生素 D_3

29. 下列化合物中,可转化成胆汁酸的是　　　　(　　)
   A. 胆红素   B. 胆固醇   C. 类固醇激素
   D. 维生素 D   E. 磷脂

30. 1 分子软脂酸彻底氧化分解,净产生多少分子 ATP?
   (　　)
   A. 88   B. 99   C. 106   D. 101   E. 102

二、多项选择题

1. 下列哪些血浆脂蛋白的主要功能是运输胆固醇?　(　　)
   A. CM   B. VLDL   C. LDL   D. HDL   E. IDL

2. 脂肪酸 β-氧化所需的受氢体包括　　(　　)
   A. FMN   B. FAD   C. NAD^+
   D. $NADP^+$ E. CoASH

3. 参与三酰甘油合成的物质有　　(　　)
   A. 脂酰辅酶 A   B. 磷酸
   C. 甘油-3-磷酸   D. 胆碱
   E. 肌醇

4. 下列有对应关系的脂蛋白是　　(　　)
   A. HDL   B. VLDL   C. CM
   D. α-脂蛋白   E. β-脂蛋白

5. 与胆固醇合成有关的亚细胞部位是　（　　）
   A．细胞质　　　　B．线粒体　　　　C．内质网
   D．高尔基体　　　E．溶酶体

6. 肝外组织能够利用酮体，是由于具有哪些酶？（　　）
   A．乙酰乙酸硫激酶　　　　B．脂肪酸硫激酶
   C．琥珀酰 CoA 转硫酶　　 D．HMG-CoA 合成酶
   E．HMG-CoA 裂解酶

7. 以乙酰 CoA 为原料的合成途径有　（　　）
   A．脂肪酸合成　　B．糖原合成　　　C．酮体合成
   D．胆固醇合成　　E．核酸合成

8. 胆固醇可转化为　（　　）
   A．胆汁酸　　　　B．雌二醇　　　　C．糖皮质激素
   D．维生素 D_3　　E．睾酮

9. 与脂肪酸氧化有关的维生素是　（　　）
   A．维生素 PP　　 B．泛酸　　　　　C．维生素 B_2
   D．生物素　　　　E．维生素 B_6

10. 下列哪些因素易导致血中酮体水平增高？（　　）
    A．糖尿病　　　　　　　　B．高蛋白低脂饮食
    C．高脂低糖饮食　　　　　D．高糖低脂饮食
    E．长期饥饿

11. 参与脂肪酸合成的物质有　（　　）
    A．乙酰 CoA　　　B．$NADPH+H^+$　　C．$NADH+H^+$
    D．ATP　　　　　 E．生物素

12. 能产生乙酰 CoA 的物质是　（　　）
    A．脂肪酸　　　　B．葡萄糖　　　　C．胆固醇
    D．甘油　　　　　E．酮体

13. 脂肪酸的氧化分解过程包括下列哪些步骤？　（　　）
    A. 脂肪酸的活化　　　　　B. 脂酰 CoA 进入线粒体
    C. β-氧化　　　　　　　　D. 乙酰 CoA 羧化
    E. 乙酰 CoA 的彻底氧化

14. 下列哪些血浆脂蛋白增高可引起高脂蛋白血症？　（　　）
    A. CM　　　　B. VLDL　　　　C. LDL
    D. HDL　　　E. FFA

15. 导致肥胖的因素有　（　　）
    A. 营养过剩　　　B. 活动过少　　　C. 瘦素抵抗
    D. 内分泌失调　　E. 中枢神经系统异常

16. 1 分子乙酰乙酸彻底氧化分解，可以产生多少分子 ATP？
    （　　）
    A. 16　　B. 18　　C. 20　　D. 22　　E. 24

三、填空题

1. 电泳法可将血浆脂蛋白分为_____、_____、_____和乳糜微粒四种类型。

2. 根据血浆脂蛋白的密度，可将其分为_____、_____、_____和 CM 四种类型。

3. 储存在脂库中的三酰甘油，被_____逐步水解为_____和_____并释放入血以供全身各组织氧化利用的过程，称为脂肪动员。

4. 甘油在_____的催化下可转变为甘油-3-磷酸，后者经脱氢可生成_____。

5. 脂肪酸彻底氧化生成 H_2O 和 CO_2 的全过程，包括_____、

_____、_____和乙酰 CoA 的彻底氧化四个阶段。

6. 脂肪酸 β-氧化经历两次脱氢反应,它们的受氢体分别是 _____和_____。

7. 酮体包括_____、_____、_____三种物质。

8. 在饥饿、糖尿病时,_____加强,_____生成增多,严重时易导致_____症。

9. 脂肪酸合成的原料是_____,反应所需的供氢体是_____,后者主要来源于_____途径。

10. 脂肪酸合成的第一步反应是_____,催化此反应的酶是_____,该酶需_____作为辅酶。

11. _____是胆固醇合成的直接原料,此外,在胆固醇合成过程中还需要_____供氢,_____供能。

12. 催化血浆中胆固醇酯化的酶是_____,此酶在_____合成,可被_____激活。

13. 胆固醇可转化为_____、_____和_____等。

14. 降低_____和_____的水平、提高_____的水平是防治动脉粥样硬化、冠心病的基本原则。

四、名词解释

1. 脂库　　2. 血浆脂蛋白　　3. 脂肪动员　　4. 激素敏感性脂肪酶　　5. 脂肪酸 β-氧化　　6. 酮体　　7. 脂蛋白脂肪酶　　8. 磷脂酰胆碱胆固醇酰基转移酶　　9. 高脂血症　　10. 脂肪肝

五、简答题

1. 脂类有哪些生理功能?
2. 简述血脂的来源和去路。
3. 何谓血脂,血脂包含哪些成分? 其以何种形式在血浆中运输?
4. 胆固醇合成的原料有哪些? 胆固醇能转变成哪些物质?
5. 机体能否利用葡萄糖作为原料合成脂肪? 简述其合成过程。
6. 简述机体内乙酰辅酶 A 的来源和代谢去路。

六、问答题

1. 什么是血浆脂蛋白? 按照密度法可将其分为哪几类? 简述它们的主要作用。
2. 试述各类血浆脂蛋白的主要脂类成分和功能(请列表)。
3. 机体如何利用甘油异生为糖以及甘油如何彻底氧化供能(请列出反应过程)?
4. 试述机体利用脂库中储存的脂肪氧化供能的过程(写出主要反应过程)。
5. 试述酮体生成和利用的过程(包括主要部位、原料、反应过程)。
6. 试述酮体生成的生理意义,并举例说明当酮体产生过多时可能导致的危害。
7. 1分子十八碳脂肪酸彻底氧化分解为 CO_2 和 H_2O 时,需经多少次 β-氧化? 净生成多少分子 ATP? 请写出主要反应过程。
8. 摄入糖过多为什么易导致肥胖? 简述糖转变为脂肪的代谢过程。
9. 1分子甘油彻底氧化时净产生多少分子 ATP? 请列出简要分解过程。

10. 1分子硬脂酸彻底氧化时净产生多少分子ATP？请列出简要分解过程。
11. 1分子β-羟丁酸彻底氧化时净产生多少分子ATP？请列出简要分解过程。
12. 乙酰乙酸、辛酸、软脂酸彻底氧化时净产生多少分子ATP？参照第9、第11题分别列出简要分解过程。

七、案例分析题

患者，男，45岁，身高1.72 m，体重95 kg。因工作繁忙，平时很少运动，而且经常外出应酬，参加各种宴请。近日来常感觉疲乏、困倦、头晕，同时伴有腹胀、便秘。到医院就诊，血生化检查：血清总胆固醇6.75 mmol/L，三酰甘油4.8 mmol/L，低密度脂蛋白胆固醇（LDL-C）4.53 mmol/L，高密度脂蛋白胆固醇（HDL-C）0.92 mmol/L。B超报告：肝内光点增强而细密，未见明显异常回声，肝静脉走向尚清楚。

分析思考：
1. 患者的初步诊断及诊断依据是什么？
2. 试分析患者脂类代谢的变化情况。
3. 试述高脂血症及脂肪肝进一步发展的危害性。
4. 除了进行治疗外，可以给患者哪些日常生活建议？

第十一章
蛋白质的分解代谢

一、单项选择题

1. 下列哪种氨基酸不参与蛋白质的生物合成？　　（　　）
   A. 谷氨酰胺　　B. 半胱氨酸　　C. 脯氨酸
   D. 酪氨酸　　E. 鸟氨酸

2. 蛋白质分子含氮元素的特点是　　（　　）
   A. 平均含氮量为 16%　　B. 平均含氮量为 6.25%
   C. 平均含氮量为 1.0%　　D. 1 g 氮相当于 10 g 蛋白质
   E. 1 g 氮相当于 16 g 蛋白质

3. 一个人摄取 55 g 蛋白质，经过 24 小时后从尿中排出 15 g 氮，请问他处于什么状态？　　（　　）
   A. 氮负平衡　　B. 氮正平衡　　C. 氮总平衡
   D. 无法判断　　E. 需要明确年龄后才能判断

4. 氮总平衡常见于下列哪种情况？　　（　　）
   A. 儿童、孕妇　　B. 长时间饥饿　　C. 健康成年人
   D. 康复期患者　　E. 消耗性疾病

5. 我国营养学会推荐成人每天蛋白质需要量为　　（　　）
   A. 20 g　　B. 30 g　　C. 30～50 g

D. 40～60 g E. 80 g

6. 下列哪组是非必需氨基酸？ （   ）
   A. 亮氨酸和异亮氨酸 B. 脯氨酸和谷氨酸
   C. 缬氨酸和苏氨酸 D. 色氨酸和甲硫氨酸
   E. 赖氨酸和苯丙氨酸

7. 蛋白质的营养价值取决于 （   ）
   A. 氨基酸的数量 B. 氨基酸的种类
   C. 氨基酸的比例 D. 人体对氨基酸的需要量
   E. 必需氨基酸的种类、数量和比例

8. 蛋白质的互补作用是指 （   ）
   A. 糖和脂的混合食用，以提高营养价值
   B. 脂和蛋白质的混合食用，以提高营养价值
   C. 不同种类的蛋白质混合食用，以提高营养价值
   D. 糖和蛋白质的混合食用，以提高营养价值
   E. 糖、脂和蛋白质的混合食用，以提高营养价值

9. 健康成年人每天摄入的蛋白质主要用于 （   ）
   A. 氧化供能 B. 维持组织蛋白的更新
   C. 合成脂肪 D. 合成糖类
   E. 合成 DNA

10. 食物蛋白质的腐败作用 （   ）
    A. 是由于肠道细菌的作用
    B. 生成的产物全部有毒
    C. 绝大部分产物被肠道吸收
    D. 腐败作用产生的毒性产物不能在体内解毒
    E. 肝功能障碍时腐败产物对机体无影响

11. 蛋白质腐败作用产生的胺类进入脑组织生成的假神经递质是
    （   ）

A. 肾上腺素　　　B. 多巴胺　　　　C. β-羟酪胺
D. 去甲肾上腺素　E. 褪黑素

12. 体内最重要的脱氨基方式是　　（　　）
    A. 氧化脱氨基　　　　　　B. 氨基转移
    C. 联合脱氨基　　　　　　D. 还原脱氨基
    E. 直接脱氨基

13. 对转氨基作用的描述正确的是　　（　　）
    A. 反应是不可逆的　　　　B. 只在心肌和肝脏中进行
    C. 反应需要 ATP　　　　　D. 反应产物是 NH_3
    E. 需要吡哆醛磷酸和吡哆胺磷酸作为转氨酶的辅酶

14. 通过转氨基作用可以产生　　（　　）
    A. 非必需氨基酸　B. 必需氨基酸　C. NH_3
    D. 尿素　　　　　E. 吡哆醛磷酸

15. 在谷丙转氨酶和下列哪一个酶的连续作用下，才能产生游离氨？　　（　　）
    A. α-酮戊二酸脱氢酶　　　B. L-谷氨酸脱氢酶
    C. 谷氨酰胺合成酶　　　　D. 谷氨酰胺酶
    E. 谷氨酸脱氨酶

16. 参与联合脱氨基作用的辅酶是　　（　　）
    A. $NADP^+$　　　　　　　B. 吡哆醛磷酸及吡哆胺磷酸
    C. FAD　　　　　　　　　D. 生物素
    E. TPP

17. 鸟氨酸循环的重要意义是　　（　　）
    A. 促进氨基酸脱氨基　　　B. 解除氨毒
    C. 促进氨的转运　　　　　D. 合成尿酸
    E. 促进氨基酸的吸收

18. **转氨酶的辅酶含有下列哪种维生素?** (　　)
    A. 维生素 B_1　　　B. 维生素 B_2　　　C. 维生素 B_6
    D. 维生素 B_{12}　　E. 维生素 PP

19. 下列哪种组织内 ALT 活性最高? (　　)
    A. 骨骼肌　　　B. 心肌　　　C. 肾脏
    D. 肝脏　　　　E. 脑组织

20. 下列哪种组织内 AST 活性最高? (　　)
    A. 骨骼肌　　　B. 心肌　　　C. 肾脏
    D. 肝脏　　　　E. 脑组织

21. **在肌肉组织中,氨基酸脱氨基的主要方式是** (　　)
    A. 转氨基作用联合嘌呤核苷酸循环
    B. 氧化脱氨基作用
    C. 转氨基作用
    D. 直接脱氨基作用
    E. 转氨基作用联合谷氨酸氧化脱氨基作用

22. 下列血氨的主要来源中例外的是 (　　)
    A. 肠菌腐败作用产生氨
    B. 氨基酸脱氨基作用产生氨
    C. 酸性尿时
    D. 胺类物质氧化分解产生氨
    E. 肾小管细胞中谷氨酰胺分解产生氨

23. 肾脏产生的氨主要来自 (　　)
    A. 氨基酸的氧化脱氨基作用　　B. 谷氨酰胺水解
    C. 尿素水解　　　　　　　　　D. 胺的氧化分解
    E. 氨基酸的非氧化脱氨基作用

24. **临床上为高血氨患者做灌肠时常用** (　　)
    A. 弱碱性溶液　　　B. 强碱性溶液　　　C. 强酸性溶液

D．弱酸性溶液　　　E．中性溶液

25．机体内氨的最主要代谢去路是　　（　　）
　　A．合成嘌呤碱　　　　　　B．合成嘧啶碱
　　C．合成非必需氨基酸　　　D．合成尿素
　　E．合成谷氨酰胺

26．肌肉中产生的氨在血液中的主要运输形式是　　（　　）
　　A．NH_3　　　B．谷氨酰胺　　　C．丙氨酸
　　D．尿素　　　　E．尿酸

27．在脑内，NH_3 的主要运输形式是　　（　　）
　　A．苯丙氨酸　　B．丙氨酸　　　　C．天冬氨酸
　　D．尿素　　　　E．谷氨酰胺

28．尿素合成过程中的第一步反应产物是　　（　　）
　　A．鸟氨酸　　　B．瓜氨酸　　　　C．精氨酸
　　D．天冬氨酸　　E．氨基甲酰磷酸

29．尿素合成过程中，尿素分子上的第 2 个氨基直接来源于
　　（　　）
　　A．天冬酰胺　　B．天冬氨酸　　　C．谷氨酰胺
　　D．游离氨　　　E．鸟氨酸

30．鸟氨酸循环的亚细胞部位是　　（　　）
　　A．细胞质和微粒体　　　　B．线粒体和内质网
　　C．线粒体和微粒体　　　　D．线粒体和细胞质
　　E．内质网和细胞质

31．尿素合成过程中，每合成 1 分子尿素消耗几个高能磷酸键？
　　（　　）
　　A．1　　　B．2　　　C．3　　　D．4　　　E．5

32．将鸟氨酸循环与三羧酸循环联系起来的物质是　　（　　）

A. 鸟氨酸 B. 瓜氨酸 C. 延胡索酸
D. 天冬氨酸 E. 精氨酸

33. 血氨升高的最常见原因是 （   ）
    A. 脑功能障碍 B. 肝功能障碍 C. 肾功能障碍
    D. 碱性肥皂水灌肠 E. 蛋白质摄入过多

34. 氨中毒学说认为肝性脑病是由于 NH_3 引起脑细胞内
    （   ）
    A. 戊糖磷酸途径障碍 B. 糖酵解减慢
    C. 尿素合成障碍 D. 脂肪合成障碍
    E. 三羧酸循环障碍

35. 脑中氨的主要代谢去路是 （   ）
    A. 合成谷氨酰胺 B. 合成尿素
    C. 合成必需氨基酸 D. 扩散入血
    E. 合成非必需氨基酸

36. 下列哪个不是 α-酮酸的代谢途径？ （   ）
    A. 还原氨基化,合成非必需氨基酸
    B. 彻底氧化分解,生成 CO_2 和 H_2O
    C. 转化为糖或酮体
    D. 转化为脂类物质
    E. 转化为某些必需氨基酸

37. 下列哪种氨基酸脱去氨基生成的 α-酮酸是三羧酸循环的中间产物？ （   ）
    A. 谷氨酸 B. 丙氨酸 C. 亮氨酸
    D. 赖氨酸 E. 组氨酸

38. 下列哪组氨基酸可使尿酮体排出量增加？ （   ）
    A. 精氨酸和异亮氨酸 B. 赖氨酸和亮氨酸
    C. 缬氨酸和丝氨酸 D. 苏氨酸和酪氨酸

E．天冬氨酸和谷氨酸

39．下列哪种氨基酸羟化、脱羧基后生成的产物能使血管收缩？
（　　）
A．瓜氨酸　　　　B．色氨酸　　　　C．谷氨酸
D．组氨酸　　　　E．精氨酸

40．脑中 γ-氨基丁酸是由下列哪一种氨基酸代谢产生的？
（　　）
A．甘氨酸　　　　B．丝氨酸　　　　C．赖氨酸
D．谷氨酸　　　　E．组氨酸

41．下列形式中不属于一碳单位的是　　（　　）
A．—CH_3　　　B．=CH_2　　　C．CO_2
D．=CH—　　　E．—CH=NH

42．体内转运一碳单位的载体是　　（　　）
A．叶酸　　　　B．SAM　　　　C．四氢叶酸
D．生物素　　　E．二氢叶酸

43．一碳单位代谢异常可引起　　（　　）
A．缺铁性贫血　　　　　　B．地中海贫血
C．溶血性贫血　　　　　　D．再生障碍性贫血
E．巨幼红细胞性贫血

44．影响一碳单位代谢的维生素是　　（　　）
A．叶酸和泛酸　　　　　　B．维生素 B_{12} 和叶酸
C．维生素 B_6 和四氢叶酸　　D．维生素 B_6 和泛酸
E．维生素 B_1 和四氢叶酸

45．N^5—CH_3—FH_4 的功能是　　（　　）
A．转变为 N^5,N^{10}—CH_2—FH_4
B．提供甲基参与合成 dTMP

C. 转变为 $N^5, N^{10}=CH-FH_4$
D. 转变为 $N^{10}-CHO-FH_4$
E. 通过甲硫氨酸循环提供甲基,参与重要甲基化合物的合成

46. 关于甲硫氨酸循环的叙述,错误的是 (　　)
    A. 提供活性甲基
    B. 甲硫氨酸能直接提供甲基
    C. 需要维生素 B_{12}
    D. 再生甲硫氨酸
    E. 再生游离 FH_4

47. 半胱氨酸可转变为下列哪种物质与游离胆汁酸结合生成结合胆汁酸? (　　)
    A. 胱氨酸 B. 牛磺酸 C. 硫酸
    D. 谷氨酸 E. 甲硫氨酸

48. 半胱氨酸参与下列哪种物质的合成? (　　)
    A. 甲硫氨酸 B. 脂肪酸 C. 核酸
    D. 谷胱甘肽 E. 磷酸

49. 下列哪种化合物不能由酪氨酸代谢转变? (　　)
    A. 肾上腺素 B. 多巴胺 C. 甲状腺素
    D. 苯丙氨酸 E. 黑色素

50. 儿茶酚胺类物质是由下列哪种氨基酸转变生成的? (　　)
    A. 谷氨酸 B. 酪氨酸 C. 丙氨酸
    D. 赖氨酸 E. 色氨酸

51. 苯丙氨酸羟化酶缺陷可能导致下列哪种遗传性疾病? (　　)
    A. 白化病 B. 镰状细胞贫血 C. 苯丙酮尿症
    D. 蚕豆病 E. 尿黑酸症

52. 酪氨酸酶的缺陷可能导致下列哪种遗传性疾病？　（　　）
    A．白化病　　　　B．血友病　　　　C．苯丙酮尿症
    D．糖原累积症　　E．尿黑酸症

53. 缺乏甲状腺激素可引起　（　　）
    A．垂体性侏儒　　B．软骨病　　　　C．呆小症
    D．白化病　　　　E．蚕豆病

54. 下列哪种循环与蛋白质分解代谢无关？　（　　）
    A．鸟氨酸循环　　　　　　B．甲硫氨酸循环
    C．三羧酸循环　　　　　　D．嘌呤核苷酸循环
    E．柠檬酸-丙酮酸循环

55. 氨基酸彻底氧化分解的终产物是　（　　）
    A．CO_2、氨　　　　　　B．CO_2、胺
    C．CO_2、H_2O、NH_3　　D．尿素
    E．肌酸

56. 下列哪种物质是糖、脂类和氨基酸三者代谢的重要交叉点？
    （　　）
    A．琥珀酸　　　　B．延胡索酸　　　C．乙酰辅酶A
    D．丙酮酸　　　　E．柠檬酸

二、多项选择题

1. 下列氨基酸中哪些是必需氨基酸？　（　　）
    A．苯丙氨酸　　　B．丙氨酸　　　　C．酪氨酸
    D．缬氨酸　　　　E．亮氨酸

2. 肠道内与消化蛋白质有关的酶有　（　　）
    A．胃蛋白酶　　　B．胰蛋白酶　　　C．糜蛋白酶
    D．弹性蛋白酶　　E．肠激酶

3. 体内氨基酸的来源主要有　　（　　）
   A. 肾脏产生的　　　　　　B. 食物蛋白消化吸收的
   C. 组织蛋白分解的　　　　D. 肠道腐败产生的
   E. 机体合成非必需氨基酸

4. 体内氨基酸的代谢去路主要有　　（　　）
   A. 合成组织蛋白质
   B. 转变成重要的生物活性物质
   C. 合成尿素
   D. 合成尿酸
   E. 合成肌酸

5. 氨基酸的一般分解代谢是指　　（　　）
   A. 合成组织蛋白　　B. 脱氨基作用　　C. 脱羧基作用
   D. 合成活性物质　　E. 氨基转移作用

6. 联合脱氨基作用是将下列哪两个反应联合起来进行的？
   （　　）
   A. 还原脱氨基　　B. 转氨基作用　　C. 直接脱氨基
   D. 脱水脱氨基　　E. 谷氨酸的氧化脱氨基

7. 对转氨基联合氧化脱氨基作用的正确叙述是　　（　　）
   A. 主要在肝、肾组织中进行
   B. 是产生游离氨的主要方式
   C. 不需任何辅酶参与
   D. 逆过程可以合成非必需氨基酸
   E. 需要消耗高能化合物

8. 下列反应中哪些不能产生游离氨？　　（　　）
   A. 氧化脱氨基作用　　　　B. 转氨基作用
   C. 联合脱氨基作用　　　　D. 嘌呤核苷酸循环
   E. 谷丙转氨酶催化的反应

9. 机体内血氨可以来自　　（　　）
   A. 肠道内蛋白质的腐败作用
   B. 胺类物质的氧化分解
   C. 氨基酸的脱氨基作用
   D. 肾小管细胞内谷氨酰胺的分解
   E. 血红素分解

10. 氨的代谢去路有　　（　　）
    A. 合成尿素　　　　　　　B. 合成非必需氨基酸
    C. 合成谷氨酰胺　　　　　D. 合成尿酸
    E. 合成嘌呤、嘧啶

11. 参与血氨运输的主要物质是　　（　　）
    A. 丙氨酸　　　　B. 草酰乙酸　　　　C. 谷氨酰胺
    D. 天冬氨酸　　　E. 天冬酰胺

12. 参与鸟氨酸循环的氨基酸有　　（　　）
    A. 鸟氨酸　　　　B. 瓜氨酸　　　　C. 精氨酸
    D. 赖氨酸　　　　E. 谷氨酰胺

13. 尿素分子中的两个氮原子分别来自　　（　　）
    A. 鸟氨酸　　　　B. 游离氨　　　　C. 天冬氨酸
    D. 瓜氨酸　　　　E. 精氨酸

14. 下列哪些反应在线粒体内进行？　　（　　）
    A. 氨基甲酰磷酸的生成
    B. 鸟氨酸与氨基甲酰磷酸的反应
    C. 瓜氨酸与天冬氨酸的反应
    D. 精氨酸代琥珀酸裂解反应
    E. 精氨酸水解为尿素的反应

15. α-酮酸在体内可参与　　（　　）
    A. 生成葡萄糖　　　B. 生成亚油酸　　　C. 生成脂肪

D．生成酮体　　E．生成甲硫氨酸

16. 关于谷氨酰胺叙述正确的是　　（　　）
   A．是合成蛋白质的 20 种氨基酸之一
   B．只在肝脏合成
   C．是脑内暂时固定氨的方式
   D．是暂时解氨毒的一种方式
   E．参与嘌呤、嘧啶的合成

17. 5-羟色胺有下列哪些重要作用？　（　　）
   A．在脑内是一种抑制性神经递质
   B．在松果体转变为褪黑激素
   C．在外周是一种强烈的血管收缩剂
   D．可代谢转变为其他重要胺类
   E．可使血管扩张

18. 下列关于牛磺酸的叙述，正确的是　（　　）
   A．由半胱氨酸氧化脱羧基生成
   B．参与胆汁酸盐的生成
   C．是抑制性神经递质
   D．由半胱氨酸氧化脱氨基生成
   E．是兴奋性神经递质

19. 一碳单位可参与下列哪些物质的合成？　（　　）
   A．糖　　　　　B．脂肪　　　　C．蛋白质
   D．脱氧胸苷酸　E．嘌呤核苷酸

20. 参与甲硫氨酸循环的维生素是　（　　）
   A．生物素　　　B．硫胺素　　　C．叶酸
   D．泛酸　　　　E．维生素 B_{12}

三、填空题

1. 氮平衡可分为_____、_____、_____三种情况。

2. 我国营养学会推荐健康成人每日蛋白质需要量是_____，最低生理需要量是_____。

3. 体内最重要的转氨酶是_____和_____，其辅酶是_____。

4. 氨在血液中的运输形式有_____和_____。

5. 鸟氨酸循环中氨来源于_____和_____。

6. 肝脏经_____循环将有毒的氨转变成为无毒的_____，这一过程是在肝细胞的_____和细胞质中进行的。

7. 参与鸟氨酸循环的氨基酸有_____、_____和_____。

8. γ-氨基丁酸是由_____脱羧生成的，前者主要作用是_____。

9. 一碳单位是由_____分解产生的，必须被_____携带和转运，参与_____的合成。

10. 儿茶酚胺类物质包括_____、_____和_____，它们是由_____代谢转化来的。

11. 在体内酪氨酸可转变为_____和_____等重要活性物质。

四、名词解释

1. 氮平衡　　2. 氮正平衡　　3. 蛋白质的互补作用

4. 必需氨基酸　　5. 蛋白质的腐败作用　　6. 氧化脱氨基作用　　7. 转氨基作用　　8. 联合脱氨基作用　　9. 鸟氨酸循环　　10. 生糖氨基酸　　11. 一碳单位

五、简答题

1. 人体必需氨基酸有哪些？如何判断蛋白质的营养价值？
2. 简述体内氨基酸的来源和去路。
3. 脑组织是如何通过谷氨酰胺的形成暂时解除 NH_3 毒性的？
4. 简述体内 α-酮酸的来源与进一步代谢的去路。
5. 简述鸟氨酸循环、丙氨酸-葡萄糖循环、甲硫氨酸循环的生理意义。
6. 简述苯丙酮尿症与白化病发生的生化基础。

六、问答题

1. 试述体内氨基酸脱氨基作用的方式及特点。
2. 试述血氨的来源与去路。
3. 为什么临床上对高血氨患者禁用碱性肥皂水灌肠，而对肝硬化产生腹水的患者，不宜使用碱性利尿药？
4. 试述鸟氨酸循环全过程、总结果及意义。
5. 谷氨酸是如何氧化分解的？如果不考虑氨的代谢，1分子谷氨酸氧化分解可生成多少分子ATP？
6. 何谓一碳单位代谢，主要有哪些形式？其生理意义是什么？
7. 试述甲硫氨酸循环的过程及生理意义。
8. 试述叶酸、维生素 B_{12} 缺乏产生巨幼红细胞性贫血的生化机制。
9. 试用所学生化知识解释引起肝性脑病的可能原因。

七、案例分析题

患者,47岁,男性,农民。患者于半个月前,出现乏力、食欲缺乏、恶心、腹胀、小便赤黄,且反复发作性昏迷,自以为是"胃病",自服三九胃泰等,但上述症状未见明显减轻。今发病1小时入院治疗。体格检查:血压24/14 kPa,心率108次/分,神志不清,呼之不应,间断躁动、谵语,皮肤、巩膜明显黄染,腹饱满,肝脾肋下未及,腹部移动性浊音阴性,扑翼样震颤阳性,肝掌阳性。此次发病前因亲友家宴请,吃了很多肉类食物。入院肝功能检查结果显示:血氨155 $\mu mol/L$(参考区间:18~72 $\mu mol/L$),ALT 160 U/L(参考区间:5~40 U/L)。

分析思考:

1. 对患者的诊断是什么,其发病原因是什么?
2. 该病的发病机制是怎样的?
3. 健康人体内的血氨是如何维持动态平衡的?

第十二章
核苷酸代谢

一、单项选择题

1. 合成嘧啶和嘌呤环的共同原料是 （　　）
   A. 一碳单位　　　B. 甘氨酸　　　C. 谷氨酸
   D. 天冬氨酸　　　E. 甲硫氨酸(蛋氨酸)

2. 嘌呤核苷酸的补救合成途径主要在下列哪个器官进行？
   （　　）
   A. 脑　　　　　　B. 肝脏　　　　C. 小肠黏膜
   D. 肾脏　　　　　E. 胸腺

3. 人体内嘌呤碱分解的终产物是 （　　）
   A. 尿酸　　　　　B. 尿素　　　　C. 肌酸
   D. β-丙氨酸　　　E. 尿素氮

4. 嘌呤核苷酸的从头合成途径中，先合成下列哪种核苷酸？
   （　　）
   A. AMP　　　　　B. GMP　　　　C. XMP
   D. UMP　　　　　E. IMP

5. 嘧啶核苷酸的从头合成途径中，先合成下列哪种核苷酸？
   （　　）

A. TMP B. CMP C. UMP
D. UDP E. UTP

6. 体内生成 dTMP 的直接前体是 （ ）
   A. TMP B. dUMP C. dUDP
   D. dCMP E. dCDP

7. 关于嘧啶碱分解的正确叙述是 （ ）
   A. 产生尿酸
   B. 代谢异常可引起痛风
   C. 需要黄嘌呤氧化酶
   D. 产生 NH_3、CO_2 与 α-氨基酸
   E. 产生 NH_3、CO_2 与 β-氨基酸

8. 5-氟尿嘧啶(5-FU)治疗肿瘤的机制是 （ ）
   A. 本身直接杀伤作用 B. 抑制胞嘧啶合成
   C. 抑制尿嘧啶合成 D. 抑制脱氧胸苷酸合成
   E. 抑制四氢叶酸合成

9. 临床常用别嘌呤醇治疗痛风，主要通过抑制下列哪种酶活性而减少尿酸的生成？ （ ）
   A. 磷酸酶 B. 转氨酶 C. 合成酶
   D. 黄嘌呤氧化酶 E. 水解酶

10. 脱氧核苷二磷酸(dNDP)是在下列哪种核苷酸水平上还原生成的？ （ ）
    A. NMP B. NDP C. NTP
    D. dNMP E. dNTP

11. dUMP 分子的 C-5 发生甲基化生成 dTMP，其—CH_3 是由下列哪种形式的一碳单位提供的？ （ ）
    A. N^5-甲基四氢叶酸 B. N^5-亚氨甲基四氢叶酸
    C. N^5,N^{10}-甲炔基四氢叶酸 D. N^5-甲酰基四氢叶酸

E. N^5, N^{10}-甲烯基四氢叶酸

二、多项选择题

1. 合成嘧啶环的原料是 (   )
   A. 谷氨酸　　　　B. 谷氨酰胺　　　　C. 天冬氨酸
   D. CO_2　　　　　E. 一碳单位

2. 合成嘌呤环的原料是 (   )
   A. CO_2　　　　　B. 天冬氨酸　　　　C. 谷氨酸
   D. 谷氨酰胺　　　E. 甘氨酸

3. 下列哪些物质可以作为合成嘌呤环和嘧啶环的共同原料?
   (   )
   A. 甘氨酸　　　　B. 一碳单位　　　　C. 天冬氨酸
   D. 谷氨酰胺　　　E. CO_2

4. 痛风可能与下列哪些情况有关? (   )
   A. 核酸大量摄入　B. 核酸大量分解　　C. 尿酸排泄障碍
   D. 嘌呤碱分解减少　E. 嘧啶碱分解增多

5. 人体内下列哪些核苷酸分解的终产物是尿酸? (   )
   A. AMP　　　　　B. UMP　　　　　　C. IMP
   D. GMP　　　　　E. CMP

6. 6-巯基嘌呤抗代谢物,可以抑制下列哪些核苷酸的合成?
   (   )
   A. AMP　　　　　B. GMP　　　　　　C. CMP
   D. IMP　　　　　 E. XMP

7. 嘧啶核苷酸分解代谢的产物有 (   )
   A. NH_3　　　　　B. 尿酸　　　　　　C. CO_2
   D. α-氨基异丁酸　E. β-氨基酸

8. 下列辅酶或辅基分子中哪些含 AMP 成分？　　（　　）
   A．NAD$^+$　　　B．NADP$^+$　　　C．FMN
   D．HSCoA　　　E．FAD

三、填空题

1. 体内嘌呤核苷酸与嘧啶核苷酸的合成均有两条途径，它们分别为_____与_____。

2. 嘧啶环和嘌呤环进一步合成核苷酸还需要 PRPP 提供_____，后者由_____途径产生。

3. dNTP 和 NTP 分别为合成_____和_____的原料。

4. 嘌呤核苷酸从头合成的主要器官是_____，其次在_____和_____。

5. 补救合成途径是_____和_____等组织内合成核苷酸的重要方式。

6. dUMP 接受由_____提供的甲基生成_____。

7. 核苷酸转变成脱氧核苷酸是在_____水平上进行的，并需要_____提供一对氢原子。

8. 别嘌呤醇结构类似于_____；别嘌呤醇竞争性抑制_____，进而抑制_____的生成以治疗痛风。

四、名词解释

1. 核苷酸的从头合成　　2. 核苷酸的补救合成　　3. 痛风
4. 抗代谢物

五、简答题

1. 脑、骨髓等组织进行嘌呤核苷酸补救合成的生物学意义是什么？
2. 简述 PRPP 在核苷酸合成过程中的作用。

六、问答题

1. 试述核苷酸的主要生物学功能。
2. 嘌呤核苷酸合成的基本原料有哪些？试述嘌呤核苷酸合成的主要过程。
3. 嘧啶核苷酸合成的基本原料有哪些？试述嘧啶核苷酸合成的主要过程。
4. 试从原料、合成过程方面，比较嘌呤核苷酸与嘧啶核苷酸的从头合成。
5. 试述痛风发病的生化机制及临床治疗措施。
6. 何为抗代谢物，常用的有哪几类？试述其抗肿瘤作用机制。

七、案例分析题

患者，男，52岁，某公司销售员。平时常出差、喝酒应酬，膏粱厚味。当旅途劳累、受寒后，双踝关节略感疼痛，休息几天后逐渐缓解。而当食海鲜、饮酒后，疼痛感加剧。这种情况虽有数月，但未引起患者注意，未做检查。前2天回家，又喝酒、食鱼虾，午夜关节疼痛加剧。第2天由家人陪同去医院就诊检查。体格检查：双踝关节疼痛，指（趾）红、肿、热、痛，活动受限。实验室及影像学检查：血清尿酸含量 0.595 mmol/L；X 线片示关节腔有积液，关节稍有畸形。

分析思考:
1. 对患者的初步诊断及诊断依据是什么?
2. 尿酸的产生途径是什么? 为何患者尿酸增高?
3. 对患者的日常饮食安排有何建议?

第十三章
核酸的生物合成

一、单项选择题

1. 关于DNA合成,叙述正确的是 （　　）
   A. DNA的生物合成即DNA的半保留复制
   B. 必须以DNA为模板
   C. 必须由依赖DNA的DNA聚合酶催化
   D. DNA合成是不连续复制
   E. DNA合成包括DNA的半保留复制、损伤DNA的修复与逆转录

2. 证明DNA复制为半保留复制的细菌培养试验,其结果为（　　）
   A. ^{15}N-DNA带增加
   B. ^{14}N-DNA带减少
   C. 一度出现^{15}N-DNA与^{14}N-DNA的中间带
   D. 出现中间带,且随细菌繁殖,比例减少
   E. 出现中间带,且随细菌繁殖,比例增加

3. 关于DNA复制的叙述,下列哪项是错误的？ （　　）
   A. 为半保留复制　　　　B. 为不对称复制
   C. 为半不连续复制　　　D. 新合成链的方向均为$5'\rightarrow 3'$

E. 需要引物

4. 参与 DNA 复制的酶不包括 （　　）
   A. DNA 聚合酶　　　　　　B. 拓扑异构酶
   C. 引物酶　　　　　　　　D. 限制性核酸内切酶
   E. DNA 连接酶

5. 以下是关于原核生物 DNA 聚合酶的叙述，正确的是
   （　　）
   A. DNA-pol Ⅰ活性最高，在 DNA 复制中起重要作用
   B. DNA-pol Ⅱ活性最高，在 DNA 复制中起重要作用
   C. DNA-pol Ⅲ是主要的 DNA 复制酶，且具 $3'\to5'$ 核酸外切酶作用
   D. DNA-pol Ⅲ催化填补空隙的 DNA 聚合反应
   E. DNA-pol Ⅱ活性高，在 DNA 复制中起重要作用，并具 $5'\to3'$ 核酸外切酶作用

6. 关于 DNA 聚合酶的叙述错误的是 （　　）
   A. 需模板 DNA　　　　　　B. 需引物 RNA
   C. 延伸方向 $5'\to3'$　　　　D. 以 NTP 为原料
   E. 具有 $3'\to5'$ 外切酶活性

7. DNA 上某段碱基序列为 $5'$-ACTAGCTCAT-$3'$，其相对应的转录产物碱基序列是 （　　）
   A. TACTCGATCA　　　　　B. ATGAGCTAGT
   C. AUGAGCUAGU　　　　　D. ATGAGCTAGU
   E. UACUCGAUCA

8. 冈崎片段产生的原因是 （　　）
   A. DNA 复制速度太快
   B. 双向复制
   C. 复制中 DNA 有缠绕打结现象

D. 复制与解链方向相反

E. 复制与解链方向相同

9. 为了保证复制中 DNA 的稳定性和高保真性,必须依赖于 DNA 聚合酶的哪种活性?　(　　)

   A. $5'\rightarrow 3'$ 聚合活性　　　　B. 缺口填充活性

   C. $3'\rightarrow 5'$ 核酸外切酶活性　D. $5'\rightarrow 3'$ 核酸外切酶活性

   E. 填补空隙活性

10. 关于拓扑异构酶,以下叙述正确的是　(　　)

    A. 解开 DNA 双螺旋

    B. 通过切断旋转再连接使 DNA 不打结、缠绕

    C. 把 DNA 异构为 RNA,因复制需要引物

    D. 稳定已解开的 DNA 双链

    E. 有 DNA 聚合酶活性

11. 复制起始,还未进入延长阶段时,已经出现的一组物质是
    (　　)

    A. 冈崎片段、复制叉、DNA‑pol Ⅰ

    B. DNA 外切酶、DNA 内切酶、连接酶

    C. RNA 酶、解螺旋酶、DNA‑pol Ⅲ

    D. DnaA 蛋白、引发体、SSB

    E. Tus 蛋白、连接酶、DNA‑pol Ⅰ

12. 关于逆转录病毒在宿主细胞内进行逆转录过程,叙述错误的是　(　　)

    A. 以 RNA 为模板合成 DNA

    B. 以 cDNA 单链为模板合成 DNA 的第二条链

    C. 全过程必须分别由逆转录酶、RNA 酶、DNA 聚合酶催化

    D. 催化的 DNA 合成反应是 $5'\rightarrow 3'$ 合成方向

    E. 全过程均由逆转录酶催化

13. 逆转录过程中遗传信息的传递方向是　　（　　）
   A．DNA→RNA　　B．RNA→DNA　　C．RNA→RNA
   D．DNA→DNA　　E．RNA→蛋白质

14. 镰状细胞贫血患者的血红蛋白β链发生的突变是　　（　　）
   A．点突变　　　B．插入　　　　C．缺失
   D．重排　　　　E．移码突变

15. 下列哪种病症与DNA修复过程的缺陷有关？　　（　　）
   A．痛风　　　　　B．黄疸　　　　C．蚕豆病
   D．着色性干皮病　E．地中海贫血

16. DNA聚合酶Ⅰ具有"切口平移"作用，主要依赖于下列哪种活性？　（　　）
   A．5′→3′聚合酶和5′→3′外切酶活性
   B．5′→3′聚合酶和3′→5′聚合酶活性
   C．5′→3′聚合酶和3′→5′外切酶活性
   D．5′→3′外切酶和3′→5′聚合酶活性
   E．3′→5′聚合酶和3′→5′外切酶活性

17. 紫外线对DNA的损伤主要是　　（　　）
   A．形成嘧啶二聚体　　　B．导致碱基缺失
   C．发生碱基插入　　　　D．使磷酸二酯键断裂
   E．引起碱基置换

18. 下列哪个过程中不需要DNA连接酶？　　（　　）
   A．DNA复制　　B．DNA损伤修复　C．DNA重组
   D．基因工程　　E．逆转录

19. 转录与复制有许多相似之处，但例外的是　　（　　）
   A．均以DNA为模板
   B．所产生的新链中核苷酸之间的连接键均为磷酸二酯键
   C．均需以RNA为引物

D. 所用的酶均为依赖 DNA 的聚合酶

E. 在转录和复制过程中,均遵循碱基配对原则

20. DNA 分子中被转录的链是　　(　　)
    A. 正链　　　　　B. 模板链　　　　C. 编码链
    D. 互补链　　　　E. 前导链

21. 不对称转录是指　　(　　)
    A. 同一 mRNA 分别来自两条 DNA 链
    B. 一条单链 DNA 转录时可从 $5'→3'$ 延长或从 $3'→5'$ 延长
    C. 模板链并非永远在同一条 DNA 单链上
    D. DNA 分子中有一条链不含结构基因
    E. DNA 分子中两条链都被转录

22. 原核生物 RNA 聚合酶识别转录起始点的是　　(　　)
    A. ρ因子　　　　B. 核心酶　　　　C. 聚合酶α亚基
    D. σ因子　　　　E. DnaB 蛋白

23. 转录的核苷酸原料是　　(　　)
    A. AMP、GMP、CMP、UMP
    B. AMP、GMP、CMP、TMP
    C. ATP、GTP、CTP、UTP
    D. ATP、GTP、CTP、TTP
    E. dATP、dGTP、dCTP、dUTP

24. 在真核生物中,经 RNA 聚合酶 II 催化的转录产物是
    (　　)
    A. hnRNA　　　　B. 18 S rRNA　　　C. tRNA
    D. 28 S rRNA　　 E. 45 S rRNA

25. 原核生物中 DNA 指导的 RNA 聚合酶由数个亚单位组成,其核心酶的组成是　　(　　)
    A. $α_2ββ'ω$　　　　B. $α_2ββ'σ$　　　　C. $α_2β'σω$

D. $\alpha_2\beta\sigma$ E. $\alpha\beta\beta'$

26. tRNA 分子上 3'-端序列的功能是　　（　　）
    A. 辨认 mRNA 上的密码子
    B. 剪接修饰作用
    C. 辨认与核糖体结合的组分
    D. 提供—OH 与氨基酸结合
    E. 提供—OH 与糖基结合

27. 以下关于转录的叙述,不正确的是　　（　　）
    A. 不需要引物,RNA 聚合酶可催化形成 RNA
    B. 需要 NTP 做原料
    C. 转录生成 RNA 的碱基需与 DNA 编码链互补
    D. σ 亚基可以辨认 DNA 模板上的转录起始点
    E. 基因 DNA 双链中一条链可转录,另一条链不转录

二、多项选择题

1. 关于 DNA 复制,以下正确的是　　（　　）
   A. 需要 DNA 模板,RNA 引物
   B. DNA 新链延伸方向是 5'→3'
   C. 半不连续复制
   D. 一般是定点开始,双向复制
   E. 阅读模板链碱基的方向为 5'→3'

2. 逆转录酶具有下列哪些酶活性?　　（　　）
   A. 依赖 DNA 的 DNA 聚合酶活性
   B. 依赖 RNA 的 DNA 聚合酶活性
   C. 依赖 DNA 的 RNA 聚合酶活性
   D. RNA 水解酶活性
   E. DNA 水解酶活性

3. DNA 聚合酶 I 是多功能性酶,其作用是 ( )
   A. 参与损伤 DNA 的修复作用
   B. 具有 5′→3′ 外切酶活性
   C. 具有连接酶活性
   D. 切除复制过程中的 RNA 引物
   E. 填补合成片段间的空隙

4. 原核生物和真核生物的 DNA 聚合酶 ( )
   A. 都用 dNTP 做底物
   B. 都需 RNA 引物
   C. 都沿 5′→3′ 方向延伸新链
   D. 都有 pol I、pol II、pol III 三种
   E. 都兼有引物酶活性

5. Klenow 片段含有下列哪些酶活性? ( )
   A. 5′→3′ 聚合酶活性   B. DNA 连接酶活性
   C. 3′→5′ 外切酶活性   D. 5′→3′ 外切酶活性
   E. 3′→5′ 聚合酶活性

6. 关于冈崎片段的叙述,正确的是 ( )
   A. 前导链没有形成冈崎片段
   B. 由于复制中有缠绕打结而生成
   C. 因为有 RNA 引物,就有冈崎片段
   D. 由于复制与解链方向相反,在随后链生成
   E. 复制完成后,冈崎片段被水解

7. 关于 DNA 指导的 RNA 聚合酶,下列说法不正确的是 ( )
   A. 它能利用 NTP 为原料合成 RNA
   B. 需要引物,并在其 5′ 末端添加碱基
   C. 以 RNA 为模板合成 RNA

D. 以 DNA 为模板合成 RNA

E. 催化合成 5′→3′方向的 RNA 链

8. 参与转录的酶或因子有　　（　　）

   A. σ亚基　　　　B. DNA 聚合酶　　C. 核心酶

   D. RNA 连接酶　　E. ρ因子

9. 下列关于 Pribnow 盒的叙述,正确的是　　（　　）

   A. 是真核生物的转录起始点上游的共有序列

   B. 其典型的共有序列为 TATAAT

   C. 是原核生物的转录起始点上游-10 区的共有序列

   D. 其典型的共有序列为 TTGACA

   E. 是 RNA 聚合酶结合后解开双链的部位

10. 真核生物 mRNA 是转录后经以下哪些加工过程而形成的?
    （　　）

    A. 5′端加 m^7GpppN 帽子结构　　B. 3′端加多聚 A 尾

    C. 去掉内含子,连接外显子　　D. 去掉启动子

    E. 3′端加 CCA

三、填空题

1. DNA 复制以_____为模板,还需_____为引物;DNA 复制的原料是_____。

2. 在 DNA 复制起始阶段,起着解开、理顺 DNA 双链,并维持 DNA 单链状态的酶主要有_____、_____和_____三大类。

3. 逆转录酶具有以下三种酶活性:_____、_____和_____。

4. DNA 复制起始时,形成含有解旋酶(DnaB 蛋白)、_____、

_____和_____的复合体结构,即为引发体。

5. 参与 DNA 切除修复过程的酶主要有_____、_____、DNA 聚合酶和 DNA 连接酶等。着色性干皮病患者是缺乏_____酶。

6. DNA 复制时引物 RNA 的合成需_____酶的催化,转录时 RNA 的合成需_____酶的催化,病毒 RNA 逆转录过程中需_____酶的催化。

7. 转录起始阶段,RNA 聚合酶以_____形式与模板结合,其中_____亚基辨认转录起始点。

8. 能转录生成 RNA 的 DNA 区段被称为_____,DNA 双股链中能转录为 RNA 的一条链被称为模板链,对应的另一条链被称为_____,转录的基本方式是_____。

9. 真核生物 mRNA 的前体分子被称为_____,它的加工过程包括 5′端加_____结构,3′端加_____尾,剪接形成成熟 mRNA。

10. 原核生物转录终止分为_____和_____两大类。

四、名词解释

1. 基因　　2. 基因组　　3. 基因表达　　4. 前导链
5. 核心酶　　6. 冈崎片段　　7. 转录　　8. 逆转录
9. 编码链　　10. 切除修复　　11. Pribnow 盒　　12. 遗传信息传递的中心法则

五、简答题

1. 何为半保留复制?

2. 简述原核生物三类 DNA 聚合酶活性及其作用。
3. 参与复制的酶主要有哪几类？它们在复制过程中分别起何作用？
4. 简述参与 RNA 转录过程的主要成分及其作用。
5. 试比较 DNA 的复制、损伤 DNA 修复和逆转录过程中 DNA 合成的异同点。
6. 简述逆转录的概念、基本过程及生物学意义。
7. 原核生物 RNA 聚合酶由哪些亚基组成？σ 因子（亚基）和核心酶各起何作用？

六、问答题

1. 试述 DNA 复制过程，包括参与的酶及其作用。
2. 列表比较复制和转录的异同点（从模板、原料、引物、酶、碱基配对原则、新链延伸方向、产物等方面进行比较）。
3. 何谓点突变？请举例说明。
4. 试比较原核生物与真核生物 RNA 聚合酶的组成及生物学功能。

七、案例分析题

患者，男，18 岁。因面部、颈部、身体躯干和四肢褐色斑多年而就诊。患者 1 岁起，面颊出现针头大小浅褐色斑点，无瘙痒不适，未予诊治。皮疹逐年增多，并扩展至躯干、四肢。日晒后发展较快并伴瘙痒，近 3 年皮疹明显增多，并伴有畏光、流泪等眼部不适，故尽量避免阳光照射。患者父母体健，非近亲婚配。体格检查：发育、智力正常，营养中等。双眼结膜微充血，畏光。皮肤科检查：口周干燥，发红。面颈、胸背、四肢可见较密集褐色斑点且深浅、大小不一，部分融合成片，间有色素减退斑点。胸部"V"形区可见弥漫性浅红斑,毛细血管扩张。实验室检查:血、尿常规正常。皮肤活检:经紫外线照射后标本中 DNA 二聚体形成率大于 95%。心电图、胸透均正常。

分析思考:
1. 该患者的初步诊断及诊断依据是什么?
2. 试分析该病的分子机制。

第十四章
蛋白质的生物合成

一、单项选择题

1. 原核生物中起始氨基酰- tRNA 是　　（　　）
   A. fMet - tRNA$_i^{fMet}$　B. Met - tRNA^{Met}　C. Arg - tRNA^{Arg}
   D. leu - tRNA^{leu}　　E. Asn - tRNA^{Asn}

2. 与 mRNA 上 5′- ACG - 3′密码子相应的 tRNA 反密码子(5′→3′)是　　（　　）
   A. CGA　　　　B. IGC　　　　C. CIG
   D. CGI　　　　E. GGC

3. tRNA 分子具有下列哪个结构特征?　　（　　）
   A. 密码环
   B. 有 5′端- CCA - OH 末端
   C. 有反密码环和 5′端- CCA - OH 末端
   D. 有多聚 A 尾
   E. 有 3′端的- CCA - OH 末端和反密码环

4. 在蛋白质生物合成中催化氨基酸之间形成肽键的酶是（　　）
   A. 氨基酸合成酶　B. 羧基肽酶　　C. 转肽酶

D. 氨基肽酶　　　E. 氨基酸连接酶

5. 原核生物翻译起始复合物有下列哪些组分？　（　　）
   A. DNA 模板 + RNA + RNA 聚合酶
   B. 翻译起始因子 + 核糖体
   C. 核糖体 + fMet - tRNA$_i^{fMet}$ + mRNA
   D. 核糖体 + 起始 - tRNA
   E. 氨基酰 - tRNA 合成酶

6. 催化氨基酸活化的酶是　（　　）
   A. 氨基酸 - tRNA 转移酶　　B. 氨基酰 - tRNA 合成酶
   C. 氨基肽酶　　　　　　　D. 氨基酸转移酶
   E. 羧基肽酶

7. 蛋白质生物合成的终止信号由下列哪种因子识别？
   （　　）
   A. σ　　B. RF　　C. EF　　D. IF　　E. ρ

8. 翻译延长阶段所需的酶是　（　　）
   A. 转肽酶　　　　　　　　B. 磷酸化酶
   C. 肽链聚合酶　　　　　　D. 氨基酰 - tRNA 合成酶
   E. 氨基肽酶

9. 肽链延长时接受氨基酰 - tRNA 的部位是　（　　）
   A. 小亚基　　　B. 大亚基　　　C. A 位
   D. P 位　　　　E. 肽位

10. 氨基酸是通过哪种化学键与 tRNA 结合的？　（　　）
    A. 肽键　　　　B. 磷酸酯键　　C. 酐键
    D. 酯键　　　　E. 氢键

11. 在 mRNA 分子的 5′端，下列哪项密码子具有起始信号作用？
    （　　）

A. UAA B. UAG C. UGA
D. GUA E. AUG

12. 在蛋白质生物合成过程中,下列不参与肽链延长的物质是（　　）
    A. 转肽酶 B. GTP
    C. EF-Tu、EF-Ts D. IF
    E. EF-G

13. 在翻译延长阶段中,成肽是指（　　）
    A. 核糖体在 mRMA 上移动一个密码子
    B. 下一位氨基酸-tRMA 进入核糖体 A 位
    C. 又称为进位
    D. 将 P 位上的肽酰基转移到 A 位形成一个肽键
    E. 又称转位

14. 遗传密码的摆动配对是（　　）
    A. 一个氨基酸有两个或两个以上密码子
    B. 从低等生物到人类都用同一套遗传密码
    C. mRNA 上的密码子与 tRNA 反密码子应完全配对
    D. 线粒体翻译系统有独立的密码子
    E. mRNA 上的密码子第 3 位碱基与 tRNA 反密码子第 1 位碱基不严格配对

15. 遗传密码子的简并性是指（　　）
    A. 一些三联体密码子可缺少一个碱基
    B. 一些密码子适用于一种以上的氨基酸
    C. 一种氨基酸具有两个或两个以上密码子
    D. 密码子中有许多稀有碱基
    E. 2～3 种结构近似的氨基酸共用一个密码子

16. 原核生物起始复合物的沉降系数是（　　）

A. 40 S   B. 70 S   C. 80 S   D. 60 S   E. 30 S

17. 在蛋白质生物合成中,由一个游离氨基酸掺入肽链中成为氨基酸残基,需消耗高能磷酸键的个数为　　　(　　)
    A. 2   B. 3   C. 4   D. 5   E. 6

18. 下列哪种氨基酸是在翻译后加工过程中形成的?　　(　　)
    A. 甲硫氨酸   B. 羟脯氨酸   C. 天冬氨酸
    D. 苯丙氨酸   E. 赖氨酸

二、多项选择题

1. 不编码任何氨基酸的密码子是　　(　　)
   A. AUG   B. UGA   C. UUU
   D. UAG   E. UAA

2. 参与蛋白质生物合成的物质有　　(　　)
   A. 20 种氨基酸   B. DNA   C. RNA
   D. ATP 和 GTP   E. 氨基酰- tRNA 合成酶

3. 参与蛋白质生物合成的酶有　　(　　)
   A. 转位酶   B. 转氨酶   C. 转肽酶
   D. RNA 聚合酶   E. 氨基酰- tRNA 合成酶

4. 下列哪些步骤伴有 GTP 的水解?　　(　　)
   A. 进位   B. 氨基酸的活化   C. 成肽
   D. 转位   E. 核糖体与 mRNA 的解离

5. 原核生物蛋白质生物合成的起始,需要下列哪些物质的参与? (　　)
   A. mRNA   B. fMet - tRNA$_i^{fMet}$
   C. GTP 供能   D. 起始因子 IF
   E. 核糖体的 50 S、30 S 大小两类亚基

6. 参与蛋白质生物合成的蛋白质因子有　（　　）
   A．起始因子　　　B．终止因子　　　C．释放因子
   D．ρ因子　　　　E．延长因子

7. 遗传密码具有下列哪些特点？　（　　）
   A．通用性　　　　B．连续性　　　　C．方向性
   D．不对称性　　　E．简并性

8. RF-1所识别的密码子为　（　　）
   A．AUG　　　　　B．UAA　　　　　C．UAG
   D．UGA　　　　　E．UUA

三、填空题

1. 根据mRNA分子中四个碱基的不同组合，可以形成_____个三联体密码子，其中编码氨基酸的密码子有_____个。

2. 遗传密码AUG既代表_____，又代表_____的密码子。

3. _____、_____和_____三个密码子不代表任何氨基酸，被称为终止密码子。

4. 蛋白质生物合成中参与氨基酸活化与转运的酶是_____酶，参与肽键形成的酶是_____。

5. 翻译过程中mRNA的阅读方向是_____，生成的肽链是由_____端向_____端延长。

6. 翻译延长阶段包括_____、_____和_____三个步骤的反复循环。

7. 蛋白质生物合成中，mRNA起_____作用，tRNA起_____的作用，rRNA与蛋白质结合形成_____，起蛋白质合成场所的作用。

8. 原核生物翻译延长阶段需_____和_____两种蛋白因子的参与。

9. 蛋白质生物合成的终止需要释放因子的参与;其中_____和_____能识别终止密码子,_____能与 GTP 结合,促进前两者的作用。

四、名词解释

1. 翻译　　2. 遗传密码　　3. SD 序列　　4. 反密码子
5. 多聚核糖体　　6. 多顺反子 mRNA　　7. 靶向输送

五、简答题

1. 简述 mRNA、tRNA、rRNA 在蛋白质生物合成中的作用。
2. 简述遗传密码的特点。
3. 简述摆动配对及其生理意义。
4. 简述原核生物翻译起始复合物的生成过程。

六、问答题

1. 试述蛋白质生物合成体系所包含的物质及其作用。
2. DNA 分子中的遗传信息如何传向蛋白质分子?
3. 试述原核生物体内蛋白质合成的全过程,包括参与各阶段的蛋白因子和酶的作用。

第十五章
基因表达调控

一、单项选择题

1. 基因表达产物是　　（　　）
   A. RNA　　　　B. DNA　　　　C. 蛋白质
   D. DNA 和蛋白质　　E. RNA 和蛋白质

2. 基因表达调控可在多级水平上进行,但其基本控制点是　　（　　）
   A. 基因活化　　B. 转录起始　　C. 转录后加工
   D. 翻译　　　　E. 翻译后加工

3. 关于管家基因叙述错误的是　　（　　）
   A. 在生物个体的几乎各生长阶段持续表达
   B. 在生物个体的几乎所有细胞中持续表达
   C. 在生物个体全生命过程的几乎所有细胞中表达
   D. 在生物个体的某一生长阶段持续表达
   E. 在一个物种的几乎所有个体中持续表达

4. 下列这种情况不属于基因表达的阶段特异性:一个基因在　　（　　）
   A. 胚胎发育过程不表达,在出生后表达
   B. 胚胎发育过程表达,在出生后不表达

C. 在分化的骨骼肌细胞表达,在未分化的心肌细胞不表达
D. 在分化的心肌细胞表达,在未分化的心肌细胞不表达
E. 在分化的心肌细胞不表达,在未分化的心肌细胞表达

5. 一个操纵子通常含有　　（　　）
   A. 数个启动序列和一个结构基因
   B. 一个启动序列和数个结构基因
   C. 一个启动序列和一个结构基因
   D. 两个启动序列和数个结构基因
   E. 数个启动序列和数个结构基因

6. 操纵子的基因表达调节系统属于　　（　　）
   A. 复制水平调节　　　　B. 转录水平调节
   C. 逆转录水平调节　　　D. 翻译水平调节
   E. 翻译后水平调节

7. 在乳糖操纵子的基因表达调控中,别乳糖的作用是
   （　　）
   A. 作为阻遏物结合于操纵基因
   B. 作为辅阻遏物结合于阻遏物
   C. 使阻遏物变构而失去结合 DNA 的能力
   D. 抑制阻遏基因的转录
   E. 使 RNA 聚合酶变构而活性增加

8. *Lac* 操纵子的阻遏蛋白由　　（　　）
   A. *Z* 基因编码　　B. *Y* 基因编码　　C. *A* 基因编码
   D. *I* 基因编码　　E. *L* 基因编码

9. 阻遏蛋白识别操纵子的　　（　　）
   A. 启动序列　　　B. 结构基因　　　C. 操纵序列
   D. 内含子　　　　E. 外显子

10. 分解代谢物基因激活蛋白(CAP)对乳糖操纵子结构基因表达

的影响是　　（　　）
A. 正性调控　　B. 负性调控　　C. 正/负调控
D. 无控制作用　　E. 可有可无

11. cAMP 与 CAP 结合、CAP 介导正性调节发生在　　（　　）
A. 葡萄糖及 cAMP 浓度极高时
B. 没有葡萄糖及 cAMP 较低时
C. 没有葡萄糖及 cAMP 较高时
D. 有葡萄糖及 cAMP 较低时
E. 有葡萄糖及 cAMP 较高时

12. 原核生物中,与 DNA 结合阻止转录进行的蛋白质是
（　　）
A. 正调控蛋白　　　　B. 反式作用因子
C. 诱导物　　　　　　D. 分解代谢基因活化蛋白
E. 阻遏物

13. 顺式作用元件是指　　（　　）
A. 非编码序列
B. TATA 盒
C. GC 盒
D. 具有调节功能的特异 DNA 序列
E. 具有调节功能的蛋白质

14. 反式作用因子是指　　（　　）
A. 对自身基因具有激活功能的调节蛋白
B. 对另一基因具有激活功能的调节蛋白
C. 具有激活功能的调节蛋白
D. 具有抑制功能的调节蛋白
E. 对基因转录具有调控作用的一类调节蛋白

15. 关于启动子的叙述下列哪一项是正确的?　　（　　）

A. 开始被翻译的 DNA 序列
B. 开始转录成 mRNA 的 DNA 序列
C. RNA 聚合酶开始识别和结合的 DNA 序列
D. 产生阻遏物的基因
E. 阻遏蛋白结合的 DNA 序列

16. 构成最简单的启动子的常见功能组件是 （   ）
    A. TATA 盒   B. GC 盒
    C. CAAT 盒   D. 上游调控序列(UAS)
    E. UPE 元件

17. 原核细胞中，识别基因转录起始点的是 （   ）
    A. 阻遏蛋白   B. 转录激活蛋白   C. 基础转录因子
    D. 特异转录因子   E. σ因子

18. 与 RNA 聚合酶相识别和结合的 DNA 片段是 （   ）
    A. 增强子   B. 衰减子   C. 沉默子
    D. 操纵子   E. 启动子

19. 真核生物中，影响 RNA 聚合酶转录活性的因素不包括 （   ）
    A. 启动子   B. 增强子   C. 通用转录因子
    D. 衰减子   E. 共调节因子

20. 小干扰 RNA 调节基因表达的主要机制是 （   ）
    A. 封闭 mRNA 上的核蛋白体结合位点
    B. 特异性降解靶 mRNA
    C. 形成局部双链，抑制靶 mRNA 的模板活性
    D. 使翻译出的蛋白质进入泛素化降解途径
    E. 使翻译提早终止

21. 辅调节因子的作用特点是 （   ）
    A. 直接与顺式作用元件结合

B. 先结合其他转录因子并改变其构象和活性

C. 直接结合 RNA 聚合酶

D. 识别并结合 TATA 盒

E. 具有细胞特异性

22. DNA 甲基化主要发生在 （　　）

A. 胞嘧啶碱基(C)上　　　　B. 腺嘌呤碱基(A)上

C. 胸腺嘧啶碱基(T)上　　　D. 鸟嘌呤碱基(G)上

E. 随机选择

二、多项选择题

1. 基因表达调控可以发生在 （　　）

A. 转录水平　　B. 复制水平　　C. 转录起始

D. 翻译水平　　E. 翻译后水平

2. 参与原核基因表达调控的有 （　　）

A. 阻遏蛋白　　B. 激活蛋白　　C. 基本转录因子

D. σ 特异因子　　E. 某些小分子化合物

3. 真核基因表达调控的特点是 （　　）

A. 正性调控占主导　　　　B. 负性调控占主导

C. 转录与翻译分隔进行　　D. 转录与翻译偶联进行

E. 伴有染色体结构变化

4. DNA 甲基化修饰 （　　）

A. 主要发生在 CpG 位点的胞嘧啶上

B. 促进基因表达

C. 需要 DNA 甲基转移酶的催化

D. 属于表观遗传修饰调控

E. 阻碍转录因子与 DNA 特异碱基序列的结合

5. 顺式作用元件必须被下列哪些因子特异结合才能发挥转录调节活性? ( )
   A. 启动子　　　　　B. 增强子　　　　　C. 沉默子
   D. 蛋白因子　　　　E. 反式作用因子

6. 一个操纵子必含有 ( )
   A. 一个编码基因　　B. 数个编码基因　　C. 一个启动序列
   D. 一个操纵序列　　E. 数个启动序列

7. 在 *Lac* 操纵子中起调控作用的是 ( )
   A. *I* 基因　　　　B. *P* 序列　　　　C. *Y* 基因
   D. *O* 序列　　　　E. *Z* 基因

8. 通常组成启动子的元件有 ( )
   A. TATA 盒　　　　B. UAS 序列　　　　C. CAAT 盒
   D. 转录起始点　　　E. GC 盒

9. 在乳糖操纵子中,促进基因转录的因素有 ( )
   A. 阻遏蛋白去阻遏　　　　　B. cAMP 水平升高
   C. 葡萄糖水平升高　　　　　D. cAMP 水平降低
   E. 葡萄糖水平降低

10. 基因表达产物可以是 ( )
    A. tRNA　　　　　B. mRNA　　　　　C. rRNA
    D. 多肽链　　　　E. 蛋白质

11. 乳糖操纵子的诱导剂是 ( )
    A. 葡萄糖　　　　B. IPTG　　　　　C. β-半乳糖苷酶
    D. 透性酶　　　　E. 别乳糖

12. 下面关于启动子的描述,正确的是 ( )
    A. 作为模板转录成 RNA
    B. 属于顺式作用元件部分的特异碱基序列

C. 具有多聚 U 尾和回文结构

D. 作为 RNA 聚合酶结合并启动转录的碱基序列

E. 是 RNA 上的特异碱基序列

13. 参与真核基因表达的反式作用因子,常有下列哪些类型?（　　）

A. 阻遏蛋白　　B. 激活蛋白　　C. 通用转录因子

D. 转录调节因子　E. 辅调节因子

14. 转录因子的作用机制包括（　　）

A. DNA-DNA 相互作用　　B. DNA-RNA 相互作用

C. DNA-蛋白质相互作用　　D. RNA-蛋白质相互作用

E. 蛋白质-蛋白质相互作用

15. 组蛋白赖氨酸残基发生乙酰化修饰后（　　）

A. 中和组蛋白的正电荷

B. 增强与 DNA 的结合

C. 有利于转录因子与 DNA 结合

D. 促进基因转录

E. 不可逆转

三、填空题

1. 基因表达的终产物可以是_____,也可以是_____。

2. 胰岛素在胰岛 β 细胞表达,而在 α 细胞不表达,称为基因表达的_____特异性,又称为_____特异性。

3. 在环境因素刺激下,基因表达水平升高的现象称为_____,引起基因表达水平升高的物质被称为_____。

4. 在环境因素刺激下,基因表达水平降低的现象称为_____,引起基因表达水平降低的物质被称为_____。

5. 基因表达具有严格规律性,即_____特异性、_____特异性。

6. 基因表达调控是发生在_____水平上的复杂事件,据目前认识,_____是基因表达调控的基本环节。

7. 真核基因转录调控主要通过_____、_____和 RNA 聚合酶的相互作用来完成。

8. 乳糖操纵子的调控序列包括_____、_____、_____、_____。

9. 非编码 RNA 包括_____、_____等。

四、名词解释

1. RNA 干扰　　2. 管家基因　　3. 操纵子　　4. 顺式作用元件　　5. 启动子　　6. 增强子　　7. 反式作用因子　　8. 表观遗传修饰　　9. 基因组印记

五、简答题

1. 何谓基因表达,基因表达主要有哪几种方式,有哪些特点?
2. 基因表达调控可有哪些环节,最重要的是哪一环节?
3. 什么是转录后基因沉默,主要有几种作用方式?

六、问答题

1. 试述顺式作用元件与反式作用因子对基因表达调控的作用。
2. 乳糖操纵子有哪些组件?试述乳糖操纵子的正负调控机制。
3. 试述原核生物和真核生物基因表达调控特点的异同。

第十六章
细胞信息传递

一、单项选择题

1. 根据化学组成特点,下列不属于神经递质类型的是（　　）
   A. 胆碱类　　　B. 单胺类　　　C. 氨基酸类
   D. 神经肽类　　E. 固醇类

2. 按化学本质,下列不属于四大类激素的是（　　）
   A. 蛋白质、多肽类　　　B. 氨基酸衍生物
   C. 固醇类　　　　　　　D. 花生四烯酸衍生物
   E. 神经酰胺

3. 下列信息分子不通过膜受体发挥作用的是（　　）
   A. 神经递质　　　　　　B. 细胞因子
   C. 蛋白质、多肽类激素　D. 甲状腺激素
   E. 儿茶酚胺类

4. 绝大部分受体的化学本质为（　　）
   A. 寡糖类　　　B. 磷脂　　　C. 蛋白质
   D. 胆固醇　　　C. 糖脂

5. 细胞内传递信息的第二信使属于（　　）

A. 受体 B. 配体 C. 载体
D. 有机物 E. 小分子化学物质

6. 下列不属于第二信使的是 ( )
   A. IP$_3$ B. DAG
   C. cAMP D. 磷脂酰肌醇衍生物
   E. 白细胞介素(IL)

7. 能够产生 IP$_3$ 和 DAG 双信使的甘油磷脂是 ( )
   A. 磷脂酰肌醇-4,5-二磷酸 B. 磷脂酰胆碱
   C. 磷脂酰乙醇胺 D. 磷脂酰丝氨酸
   E. 磷脂酰甘油

8. 下列不属于受体与配体结合特征的是 ( )
   A. 高度特异性 B. 高度亲和力 C. 可饱和性
   D. 可逆性 E. 以共价键结合

9. 下列哪种受体属于酶活性型受体? ( )
   A. 胰岛素受体 B. G 蛋白偶联受体 C. 离子通道受体
   D. 甲状腺激素受体 E. 维生素 D 受体

10. 下列哪种受体不属于酶活性型受体? ( )
    A. NGF-R B. PDGF-R C. IFN-R
    D. ANF-R E. TGF$_\beta$-R

11. IP$_3$ 与相应受体结合后,可使细胞质内下列哪种离子浓度升高? ( )
    A. K$^+$ B. Na$^+$ C. HCO$_3^-$
    D. Ca^{2+} E. Mg^{2+}

12. 胰高血糖素作用于靶细胞相应受体后,通过哪条途径发挥调节作用? ( )
    A. cGMP-蛋白激酶 G 途径 B. cAMP-蛋白激酶 A 途径

C. Ca^{2+}-CaM 激酶途径 D. JAK-STAT 途径
E. Ras-MAPK 途径

13. 在细胞质内进一步传递信息的小分子化学物质被称为 （　　）
   A. 递质 B. 载体 C. 第一信使
   D. 第二信使 E. 配体

14. 引起离子通道开启与关闭的配体主要是 （　　）
   A. 生长因子 B. 类固醇激素 C. 神经递质
   D. 细胞因子 E. 甲状腺激素

15. 可使胞质内 cAMP 水平增高的酶是 （　　）
   A. 磷酸二酯酶 B. 腺苷酸环化酶 C. 磷脂酶
   D. 磷酸酶 E. 蛋白激酶

16. 可使胞质内 cAMP 水平下降的酶是 （　　）
   A. 磷酸酶 B. 腺苷酸环化酶 C. 磷酸二酯酶
   D. 磷脂酶 E. 蛋白激酶

17. cAMP 能激活 （　　）
   A. 磷脂酶 C B. 蛋白激酶 A C. 蛋白激酶 G
   D. 蛋白激酶 C E. 酪氨酸蛋白激酶

18. 下列哪种物质可作为肾上腺素的第二信使？ （　　）
   A. cGMP B. Ca^{2+} C. cAMP
   D. DAG E. IP_3

19. 下列哪种激素不能调节靶细胞内 cAMP 水平？ （　　）
   A. 胰高血糖素 B. 促甲状腺激素
   C. 促肾上腺皮质激素 D. 促黄体素
   E. 心钠素

20. 使细胞质内 cGMP 水平增高的酶是 （　　）

A．腺苷酸环化酶　　B．磷酸二酯酶　　C．磷脂酶
D．鸟苷酸环化酶　　E．磷酸酶

21. 下列哪种物质不是细胞间信息物质？（　　）
    A．一氧化氮　　　B．乙酰胆碱　　　C．甘氨酸
    D．前列腺素　　　E．葡萄糖

22. 下列哪种激素不是通过 cAMP-蛋白激酶 A 途径传递信息的？（　　）
    A．ACTH　　　　B．TSH　　　　　C．PTH
    D．LH　　　　　E．NGF

23. 下列哪种细胞因子不是通过 Ras-MAPK 途径传递信息的？（　　）
    A．红细胞生成素(EPO)　　B．神经生长因子(NGF)
    C．表皮生长因子(EGF)　　D．胰岛素样生长因子(IGF)
    E．成纤维细胞生长因子(FGF)

24. Ca^{2+}-CaM 调节血管平滑肌松弛的过程中，不需下列哪个信使分子参与传递信息？（　　）
    A．IP_3　　　　B．Ca^{2+}　　　　C．NO
    D．cGMP　　　E．cAMP

25. G 蛋白是指（　　）
    A．活化受体　　　B．鸟苷酸环化酶　　C．膜受体
    D．腺苷酸环化酶　E．鸟苷酸结合蛋白

26. G 蛋白的中介作用主要是以下列哪种活性形式实现的？（　　）
    A．α-GTP　　　B．α-GDP　　　C．βγ 二聚体
    D．αβγ 异三聚体　E．G 蛋白

27. 下列哪种受体主要存在于细胞质中？（　　）

A. 盐皮质激素受体(MR)　　B. 糖皮质激素受体(GR)
C. 孕激素受体(PR)　　　　D. 雄激素受体(AR)
E. 雌激素受体(ER)

28. 下列哪一种蛋白质(或激酶)活性不受胞内相应的第二信使调节？　(　　)
   A. 蛋白激酶 A　　B. 蛋白激酶 C　　C. 蛋白激酶 G
   D. 酪氨酸蛋白激酶　E. 钙调蛋白

29. 下列哪种靶蛋白或酶不受 Ca^{2+} - CaM 活性复合物的调节？(　　)
   A. 一氧化氮合酶(NOS)　　B. 肌动蛋白
   C. 钙调蛋白激酶(CaMK)　　D. 糖原磷酸化酶激酶(GPK)
   E. 肌球蛋白轻链激酶(MLCK)

30. 可以激活蛋白激酶 C 活性的是　(　　)
   A. cAMP　　B. cGMP　　C. DAG
   D. NO　　　E. IP_3

31. 蛋白激酶的作用是使靶蛋白或酶发生　(　　)
   A. 脱磷酸　　B. 磷酸化　　C. 水解
   D. 还原　　　E. 抑制

32. 下列关于癌基因的叙述，错误的是　(　　)
   A. 其在正常细胞中处于静止状态或低表达状态
   B. 处于静止状态或低表达状态的细胞癌基因又被称为原癌基因
   C. 癌基因表达产物与细胞信息传递过程关系密切
   D. 没有癌基因及其表达产物，细胞不能正常生长
   E. 生物的生存依赖于癌基因的大量表达

33. 癌基因的名称一般用下列哪种形式的三个字母来表示？
   (　　)

A. 英文字母 B. 大写英文字母
C. 小写英文字母 D. 斜体小写英文字母
E. 第一个大写,后两个小写

34. 关于抑癌基因的叙述,正确的是 (　　)
    A. 人类正常细胞中不存在抑癌基因
    B. 具有抑制细胞过度增殖的作用
    C. 维持细胞的正常生长,只要抑癌基因正常表达即可
    D. 抑癌基因只存在于肿瘤细胞中
    E. 抑癌基因表达过量可引起肿瘤的发生

35. 关于 Rb 蛋白的叙述,错误的是 (　　)
    A. 磷酸化型的 Rb-P 无抑癌活性
    B. 非磷酸化的 Rb 与 E_2F 结合而使之失活,使细胞停止于 G_1 期
    C. 高度磷酸化的 Rb-P 不与 E_2F 结合,后者促使细胞从 G_1 进入 S 期
    D. 高度磷酸化的 Rb-P 失去抑癌作用,使细胞增殖失控
    E. 非磷酸化的 Rb 失去抑癌作用,使细胞增殖失控

36. 关于 TP53 基因及其蛋白的叙述,正确的是 (　　)
    A. 突变型 TP53 是抑癌基因
    B. 野生型 TP53 是癌基因
    C. 野生型 TP53 是抑癌基因
    D. 野生型 P53 蛋白可以促进细胞生长
    E. 突变型 P53 蛋白可以抑制肿瘤细胞生长

37. 不属于癌基因表达产物类型的是 (　　)
    A. 生长因子类　B. 生长因子受体类　C. 蛋白激酶类
    D. GTP 结合蛋白　E. Ras 蛋白

38. 下列致癌因素可使细胞癌基因发生异常化的是 (　　)

A. 点突变　　　　B. 插入突变　　　　C. 基因重排
D. 基因扩增　　　E. 化学诱变剂

二、多项选择题

1. 下列哪些为常见的兴奋性氨基酸递质？　　（　　）
   A. 谷氨酸　　　　B. 谷氨酰胺　　　　C. 天冬氨酸
   D. 天冬酰胺　　　E. 丙氨酸

2. 下列哪些为常见的抑制性氨基酸递质？　　（　　）
   A. γ-氨基丁酸　　B. 甘氨酸　　　　　C. 牛磺酸
   D. 组氨酸　　　　E. 肾上腺素

3. 属于单胺类递质的有　　（　　）
   A. 苯丙氨酸　　　B. 酪氨酸　　　　　C. 去甲肾上腺素
   D. 多巴胺　　　　E. 5-羟色胺

4. G蛋白活化后可以直接影响下列哪些酶的活性？　　（　　）
   A. 腺苷酸环化酶　B. 磷脂酶C　　　　C. 蛋白激酶A
   D. 蛋白激酶G　　E. 蛋白激酶C

5. 磷脂酶C_β作用于PIP_2,可以产生下列哪些第二信使？
   （　　）
   A. Ca^{2+}　　　　B. IP_3　　　　　C. cGMP
   D. cAMP　　　　 E. DAG

6. 细胞质内cAMP的合成与降解,在下列哪些酶的作用下维持动态平衡？　　（　　）
   A. 腺苷酸环化酶　B. 鸟苷酸环化酶　　C. 磷酸二酯酶
   D. 磷脂酶C　　　E. 磷酸酶

7. PKA可使靶蛋白（或酶）肽链中下列哪些氨基酸残基发生磷酸化修饰？　　（　　）

A．酪氨酸　　　　B．丝氨酸　　　　C．苏氨酸
D．甲硫氨酸　　　E．组氨酸

8. Ca^{2+}-CaM 参与调节细胞质内 cAMP 水平,与下列哪些酶活性变化有关?　(　　)
   A．PLC　　　　B．AC　　　　　C．PDE
   D．GC　　　　 E．NOS

9. 关于 TP53 基因的叙述,正确的是　(　　)
   A．突变型 TP53 是抑癌基因　　B．野生型 TP53 是癌基因
   C．突变型 TP53 是癌基因　　　D．野生型 TP53 是抑癌基因
   E．TP53 是癌基因

10. 关于 Rb 蛋白的叙述,正确的是　(　　)
    A．非磷酸化的 Rb 蛋白有抑癌活性
    B．高度磷酸化的 Rb 蛋白有抑癌活性
    C．非磷酸化的 Rb 蛋白无抑癌活性
    D．高度磷酸化的 Rb 蛋白无抑癌活性
    E．Rb 蛋白可以不同程度的磷酸化形式存在于细胞核内,调节细胞周期的进程

三、填空题

1. 细胞因子的作用常具有_____、_____和_____等特点。

2. NO 是由_____酶催化_____分解释出,NO 发挥信使分子作用后可被氧化为_____而失活。

3. 受体与配体结合具有_____、_____和_____等特征。

4. 细胞膜受体常有_____、_____和_____等类型。

5. 常见的第二信使有 cAMP、cGMP、IP₃、DAG、_____、_____和_____等小分子化学物质。

6. 大多数生长因子受体，如_____和_____等都属于_____型受体。

7. 受 G 蛋白介导的膜中效应蛋白（或酶）有_____、_____和_____等。

8. G 蛋白的 α-GTP 和 α-GDP 两种形式的变换受_____和_____酶的作用，从而实现 G 蛋白的中介作用。

9. 细胞质内 cAMP 浓度受_____和_____的协调作用而维持稳态水平，这两种酶活性又受_____活性复合物的交替调节。

10. 在基础状态下，NF-κB 与_____结合成无活性的异三聚体形式存在于细胞质中，当后者发生_____、_____、蛋白酶体降解后，才使 NF-κB 游离出来，进入核而发挥调节作用。

11. 磷脂酶 C_β（PLC_β）可以催化细胞膜内_____水解，产生 IP₃ 和 DAG 两种第二信使；其中 IP₃ 主要引起细胞内_____浓度增高，DAG 可以通过激活_____活性，将信号下传。

12. 核内 Rb 蛋白以_____形式与 E₂F 结合，使后者失去_____功能，阻断细胞从 G₁ 期进入 S 期。

13. 被誉为"基因卫士"的是_____型 TP53，_____型 TP53 具有致癌作用。

四、名词解释

1. 信号转导途径　　2. 受体　　3. G 蛋白偶联型受体

4. 酪氨酸蛋白激酶型受体 5. 第二信使 6. G 蛋白
7. cAMP 依赖性蛋白激酶 A 8. CRE 结合蛋白(CREB)
9. 钙调蛋白(CaM) 10. 核受体 11. 原癌基因 12. 癌基因 13. 抑癌基因

五、简答题

1. 简述水溶性激素经 Gs 蛋白介导，循 cAMP-蛋白激酶 A 途径传递信号的基本过程。
2. 分述 Gs、Gi、Gq、Gt 和 Go 的效应蛋白(或酶)及其后的第二信使变化。
3. 简述 IP_3 和 DAG 的产生过程及双信使传递途径的主要作用。
4. 胞外信息分子作用于靶细胞膜受体后，经过多种跨膜机制，可循哪些途径继续将信号下传？

六、问答题

1. 试述 Gs 蛋白在活性受体(GPCRs)激活腺苷酸环化酶过程中的中介作用。
2. 试述胰高血糖素调节肝糖原代谢的信息传递过程。
3. 试述肽类激素(如胰高血糖素)经 cAMP-蛋白激酶 A 途径调节基因(*PEPCK*)转录的信息传递过程。
4. 试述乙酰胆碱(Ach)作用于血管内皮细胞 M 型受体，调节血管平滑肌松弛作用的信息传递过程。
5. 糖皮质激素如何通过胞内受体调节靶基因转录，以发挥抗炎和诱导凋亡作用？
6. 试述 Rb 蛋白和 P53 蛋白调节细胞周期进程的主要机制。

第十七章
重组 DNA 技术

一、单项选择题

1. 限制性核酸内切酶切割 DNA 后产生　（　　）
   A. 5′磷酸基和 3′羟基基团的末端
   B. 5′磷酸基和 3′磷酸基团的末端
   C. 5′羟基和 3′羟基基团的末端
   D. 3′磷酸基和 5′羟基基团的末端
   E. 3′,5′既无磷酸又无羟基的 DNA 片段

2. 可识别并切割特异 DNA 序列的酶是　（　　）
   A. 非限制性核酸外切酶　　B. 限制性核酸内切酶
   C. 限制性核酸外切酶　　　D. 非限制性核酸内切酶
   E. DNA 酶

3. 有关限制性核酸内切酶，以下哪个描述是错误的？
   （　　）
   A. 识别和切割位点通常是 4~8 bp 长度
   B. 大多数酶的识别序列具有回文结构
   C. 在识别位点或其附近切割磷酸二酯键
   D. 只能识别和切割原核生物 DNA 分子
   E. 只能切割含识别序列的双链 DNA 分子

4. 在重组 DNA 技术中催化形成重组 DNA 分子的酶是
   ( )
   A. 解链酶　　　B. DNA 聚合酶　　C. DNA 连接酶
   D. 内切酶　　　E. 拓扑酶

5. 对基因工程载体的描述,下列哪个不准确?　( )
   A. 可以转入宿主细胞　　B. 有限制酶的识别位点
   C. 可与目的基因相连　　D. 是环状 DNA 分子
   E. 有筛选标志

6. 克隆所依赖的 DNA 载体的最基本性质是　( )
   A. 卡那霉素抗性　B. 青霉素抗性　　C. 自我复制能力
   D. 自我表达能力　E. 自我转录能力

7. 重组 DNA 技术中常用的质粒 DNA 是　( )
   A. 病毒基因组 DNA 的一部分
   B. 细菌染色体外的独立遗传单位
   C. 细菌染色体 DNA 的一部分
   D. 真核细胞染色体外的独立遗传单位
   E. 真核细胞染色体 DNA 的一部分

8. 下列哪种物质一般不用作基因工程的载体?　( )
   A. 质粒　　　　　　　　B. 噬菌体
   C. 哺乳动物的病毒　　　D. 细菌人工染色体
   E. 大肠杆菌基因组

9. 关于 pBR322 质粒,描述错误的是　( )
   A. 有一些限制酶的酶切位点
   B. 含有 1 个 ori
   C. 含有来自大肠杆菌的 *lacZ* 基因片段
   D. 含个氨苄青霉素抗性基因
   E. 含四环素抗性基因

10. 以 mRNA 为模板催化 cDNA 合成需要的酶是 （   ）
    A. RNA 聚合酶   B. DNA 聚合酶   C. Klenow 片段
    D. 逆转录酶   E. DNA 酶

11. 限制性核酸内切酶切割 5′- GGAATTCC -3′/3′- CCTTAACC - 5′序列后可产生 （   ）
    A. 5′突出末端   B. 3′突出末端   C. 5′或 3′突出末端
    D. 平端   E. 以上均不是

12. 在重组 DNA 技术中，将外源 DNA 导入真核细胞的方式称为 （   ）
    A. 转化   B. 转导   C. 转染
    D. 转座   E. 转换

13. 在基因工程中，DNA 重组体不是指 （   ）
    A. 不同来源的两段 DNA 单链的复性
    B. 目的基因与载体的连接物
    C. 不同来源的 DNA 分子的连接物
    D. 原核 DNA 与真核 DNA 的连接物
    E. 两个不同的结构基因形成的连接物

14. 基因工程操作中转导是指 （   ）
    A. 把重组质粒导入宿主细胞
    B. 把 DNA 重组体导入真核细胞
    C. 把 DNA 重组体导入原核细胞
    D. 把外源 DNA 导入宿主细胞
    E. 以噬菌体或病毒为载体构建的重组 DNA 导入宿主细胞

15. 重组 DNA 的筛选与鉴定不包括下面哪一种方法？ （   ）
    A. 限制酶酶切图谱鉴定   B. PCR 扩增鉴定
    C. 显微注射   D. 蓝白筛选
    E. 抗药筛选

二、多项选择题

1. 在分子克隆中,目的 DNA 可来自 （   ）
   A. 原核细胞染色体 DNA　　B. 真核细胞染色体 DNA
   C. 人工合成的 DNA　　　　D. 聚合酶链反应扩增的 DNA
   E. 真核细胞 mRNA 逆转录获得的 cDNA

2. 重组 DNA 技术基本过程包括 （   ）
   A. 目的基因的获取　　　　B. 克隆载体的构建
   C. 目的 DNA 与载体的连接　D. 将重组体导入受体菌
   E. 重组 DNA 分子转化受体菌的筛选

3. 分子克隆又称 （   ）
   A. 基因克隆　　　　　　　B. DNA 克隆
   C. 单克隆抗体制备　　　　D. 构建基因组 DNA 文库
   E. 基因重组

4. 重组 DNA 技术中,常用到的酶是 （   ）
   A. 拓扑异构酶　　　　　　B. DNA 连接酶
   C. 限制性核酸外切酶　　　D. Taq DNA 聚合酶
   E. 逆转录酶

5. 有关载体和目的基因连接方法的叙述,正确的是 （   ）
   A. 可用黏性末端连接
   B. 平末端也可直接连接,但连接效率低
   C. 载体与目的基因通过非共价键连接
   D. 利用人工接头也可连接
   E. 需要 DNA 连接酶参与

6. 可用作克隆基因载体的 DNA 有 （   ）
   A. 细菌质粒 DNA　　　　　B. 真核细胞基因组 DNA

C. 病毒 DNA D. 任意 DNA 片段
E. 噬菌体 DNA

7. 将重组 DNA 分子导入受体细菌的方法有 (　　)
A. 接合 B. 转座 C. 转导
D. 感染 E. 转化

8. 下述操作可能用于基因工程过程的是 (　　)
A. DNA 的制备和酶解 B. 不同来源 DNA 的拼接
C. 重组 DNA 导入受体细胞 D. 细菌的生长和繁殖
E. 核酸分子杂交

9. 关于质粒 DNA 的叙述正确的是 (　　)
A. 是基因组 DNA 的组成部分 B. 具有独立复制功能
C. 含有抗生素抗性基因 D. 可以容纳外源 DNA
E. 具有编码蛋白质的功能

三、填空题

1. DNA 重组技术主要包括两大环节：_____和_____。

2. 重组 DNA 技术是指在体外将_____分子进行"切割"并重新"_____"形成一个_____分子,然后将它导入细菌或动物细胞内使之表达。

3. 限制性核酸内切酶是由_____产生的一类识别_____,并在识别位点切割_____键的核酸内切酶。

4. 目的基因可来自_____、_____、_____、人工合成 DNA 等几种途径。

5. 常用的目的基因与载体连接的方式有_____、_____、_____、同源多聚尾连接法等。

6. 根据采用的克隆载体性质不同,将重组 DNA 分子导入细菌的方法有_____、_____等。
7. 基因组文库含有组织或细胞的_____信息,cDNA 文库含有组织或细胞的_____信息。
8. 载体的本质是_____,常见的载体有_____、_____和病毒 DNA 等。

四、名词解释

1. 基因工程 2. DNA 重组 3. DNA 克隆 4. 基因载体 5. 质粒 6. 限制性核酸内切酶 7. 基因组文库 8. cDNA文库 9. 转化

五、简答题

1. 载体应具备哪些基本条件?
2. 重组 DNA 技术常包括哪些基本步骤?
3. 常用的目的基因的获取方法有哪些?

六、问答题

1. 常用的工具酶(限制酶、聚合酶、DNA 连接酶)有哪些,其主要用途是什么?
2. 何谓目的基因?常用的目的基因与载体的连接方法有哪些?
3. 何谓限制性核酸内切酶?写出大多数限制性核酸内切酶识别和切割 DNA 序列的结构特点。
4. 何谓质粒,为什么质粒可作为基因载体?

第十八章
基因诊断和基因治疗

一、单项选择题

1. 当检测基因组 DNA 中特异基因的一级结构是否异常时,下列哪种方法比较好?　(　　)
   A. Southern blotting　　　　B. 原位杂交
   C. Northern blotting　　　　D. Q-PCR
   E. 基因芯片技术

2. 当检测 mRNA 的一级结构和表达水平是否异常时,下列哪种分析方法比较好?　(　　)
   A. Southern blotting　　　　B. 组织原位杂交
   C. Northern blotting　　　　D. 点杂交
   E. PCR 技术

3. 关于 PCR 的描述下列哪项不正确?　(　　)
   A. 是一种酶促反应
   B. 引物决定了扩增的特异性
   C. 扩增产物量大
   D. 扩增的对象是 DNA 序列
   E. 扩增的对象是 RNA 序列

4. 分子杂交技术中的探针的化学本质是　(　　)

A. 核酸 B. 脂质体 C. 蛋白质
D. 质粒 E. 病毒

5. 把 mRNA 作为原始模板，以扩增产物的量推测分析起始模板的水平，从而分析某特异基因表达水平的检测方法是
（ ）
A. Southern blotting B. Northern blotting
C. RT-PCR D. Western blotting
E. PCR-RFLP

6. 对 Southern blotting，描述正确的是 （ ）
A. 相当于 RNA 电泳与探针点杂交结合
B. 相当于蛋白质电泳与免疫化学技术的结合
C. 相当于蛋白质电泳与探针点杂交结合
D. 相当于 DNA 酶切电泳与探针点杂交结合
E. 相当于 RNA 电泳与免疫化学技术结合

7. 较适合多基因变异疾病诊断的基因诊断技术是 （ ）
A. 杂交技术 B. RT-PCR 技术 C. DNA 测序技术
D. 电泳技术 E. Q-PCR 技术

8. 从原理看，基因芯片技术实质上是一种 （ ）
A. 反向点杂交技术 B. PCR 技术 C. 测序技术
D. 电泳技术 E. 免疫化学技术

9. 下列哪种不是 DNA 印迹杂交分析的成分？ （ ）
A. 靶 DNA B. 探针 C. 标记抗体
D. 尼龙膜 E. 硝酸纤维素膜

10. 下列不是聚合酶链反应体系组分的是 （ ）
A. DNA 引物 B. 目的 DNA
C. 三磷酸脱氧核苷 D. Taq DNA 聚合酶
E. RNA 聚合酶

11. Southern blotting 检测中,电泳分离分子后把特定目标分子显示出来的原理是 （   ）
    A. 特定分子与标记探针杂交,标记物可显色或显影
    B. 抗原-抗体反应,再与标记的二抗(抗抗体)反应
    C. 变性与复性作用
    D. 在 NC 膜上进行考马斯亮蓝染色
    E. 在 NC 膜上进行丽春红染色

12. 对分子印迹杂交技术的描述,错误的是 （   ）
    A. 特定核酸分子与标记探针进行杂交的原理是碱基互补配对
    B. 印迹是指把凝胶电泳分离后的区带位置原样转移到 NC 膜或尼龙膜上
    C. 印迹的具体操作方法为毛细管作用转移、电转移和真空吸引转移
    D. 目标分子是核酸时,必须用聚丙烯酰胺凝胶电泳分离而不能用琼脂糖电泳分离
    E. 把目标核酸分子显示出来的方法之一是探针的放射自显影

13. 基因诊断技术有下列特点,不正确的是 （   ）
    A. 诊断灵敏度高   B. 属于病因诊断,针对性强
    C. 有很高特异性   D. 适用性强,诊断范围广
    E. 技术简单易学,对操作人员要求低

14. PCR 技术常用的酶是 （   ）
    A. DNA 聚合酶 I   B. Taq DNA 聚合酶
    C. DNA 聚合酶 III   D. 连接酶
    E. 逆转录酶

15. 最为准确的基因诊断方法是 （   ）
    A. 原位杂交   B. 基因 PCR   C. 基因测序

D. Northern 杂交   E. Southern 杂交

16. PCR 技术的本质是   (   )
    A. 基因大量表达   B. DNA 片段的连接
    C. 扩增 RNA   D. DNA 片段的无性克隆
    E. RNA 的体外克隆

17. 普通 PCR 的反应循环数一般为   (   )
    A. 15 次   B. 30 次   C. 45 次
    D. 50 次   E. 10 次

18. PCR 的退火温度主要取决于   (   )
    A. 模板 DNA 大小   B. 引物的 Tm 值   C. Taq 酶种类
    D. 引物的量   E. Mg^{2+}

19. Taq 酶属于   (   )
    A. RNA 聚合酶   B. DNA 聚合酶   C. 逆转录酶
    D. 连接酶类   E. 内切酶类

20. 通常 PCR 产物的生成量与下列哪种因素正相关?   (   )
    A. 模板起始浓度   B. 引物浓度   C. 退火温度
    D. 酶浓度   E. 延伸时间

二、多项选择题

1. 基因诊断技术中常用于标记探针的标记物是   (   )
   A. 放射性核素   B. 脂质体   C. 生物素
   D. 地高辛   E. 荧光素

2. PCR 技术最适用于   (   )
   A. 进行基因诊断检测遗传病
   B. 检测病原体
   C. 扩增已知部分序列的功能基因

D．扩增 RNA

E．检测恶性肿瘤的基因突变

3. 下列哪些载体可通过转染把目的治疗基因转移到人的细胞中？（　　）

　　A．噬菌体　　　　B．质粒　　　　　C．逆转录病毒

　　D．腺病毒　　　　E．人工染色体

4. 对特异 mRNA 分子进行定量的方法有　　（　　）

　　A．Northern blotting　　　　B．Southern blotting

　　C．Q-PCR　　　　　　　　D．Western blotting

　　E．第二代、第三代测序

5. PCR 反应中不需要的是　　（　　）

　　A．转膜　　　　B．模板　　　　　C．聚合酶

　　D．限制性内切酶　　E．探针

6. 对 PCR 技术及其衍生技术的描述正确的是　　（　　）

　　A．PCR 技术实际上是在试管中模拟活细胞的半保留复制扩增 DNA

　　B．PCR 技术需要用免疫化学法或免疫荧光法才能把特异分子显示出来

　　C．应用 Q-PCR 技术进行核酸分子定量时要特别注意防范 RNA 模板被 RNase 水解

　　D．PCR 技术中引物与模板结合的原理与分子印迹杂交技术中核酸与标记探针杂交的原理是不同的

　　E．real time PCR 比普通 RT-PCR 定量更准确,是因为每一轮扩增都进行了实时监测

7. 对基因芯片技术描述正确的是　　（　　）

　　A．基因芯片的实质是全数或系列的核酸探针点阵

　　B．基因芯片技术实际上是一种高通量的反向点杂交技术

C. 基因芯片技术可同时检测很多待测样本中同一目标基因或 RNA 的变化

D. 基因芯片技术与分子印迹杂交技术比较,优势主要是高通量

E. 基因芯片技术可同时检测同一样本中很多目标基因或 RNA 的变化

8. 下列哪些方法通常用来做多种病原菌的检测?　　(　　)
   A. PCR 技术　　　　　　　B. Southern blotting
   C. RNA 干扰技术　　　　　D. RFLP
   E. 基因芯片

9. 基因治疗时把目的基因转移进入哺乳动物细胞内的方法有 (　　)
   A. 转化　　　B. 转导　　　C. 转染
   D. 感染　　　E. 转膜

10. 下面哪些是目前基因治疗的常用策略?　　(　　)
    A. PCR - RFLP　　B. 免疫基因治疗　　C. 基因编辑技术
    D. 自杀基因技术　　E. RNA 干扰技术

三、填空题

1. Q-PCR 与分子灯标杂交设计上均利用了两种基团:荧光报告基团和_____,当两个基团分离时就会_____。

2. 基因诊断常用技术方法有_____、_____、_____和_____等。

3. 常用核酸印迹杂交方法有_____、_____和_____等。

4. Southern 印迹杂交是用于检测_____的方法,是_____和_____的结合。

5. PCR 一次循环的反应过程由_____、_____和_____步骤组成。

6. RT-PCR 可分为_____、_____和_____三大阶段。

7. 生物芯片技术大致过程包括_____、_____和_____。

8. 目前肿瘤免疫基因治疗已取得较好疗效的是_____、_____等技术。

9. 第三代基因测序技术的优点是超长的_____、较短的_____、无 GC 偏好等。

10. 基因治疗是运用_____技术,更换、校正或增补靶细胞内有缺陷的基因,抑制、敲除_____基因,导入外源或经修饰的治疗性基因等,以达到治病目的。

四、名词解释

1. 基因诊断　　2. 基因治疗　　3. 核酸分子杂交　　4. 探针　　5. 基因芯片　　6. 免疫基因治疗　　7. 自杀基因　　8. PCR　　9. 基因编辑　　10. DNA 的多态性

五、简答题

1. 简述 Southern blotting 的原理及用途。
2. 简述 DNA 测序作为诊断技术的优点。
3. 简述 PCR 技术的用途。

六、问答题

1. 试述基因诊断的特点、优点。

2. PCR 相对于体内 DNA 半保留复制有何不同？简述 PCR 技术的基本原理。
3. 试述基因诊断的临床应用。
4. 试述基因治疗的概况（包括适用于哪些疾病、有哪几种策略、目前存在哪些问题）。

第十九章
肝胆生化

一、单项选择题

1. 下列哪一项不是肝脏组织结构和化学组成上的特点？（   ）
   A. 有肝动脉和门静脉双重血液供应
   B. 有丰富的肝血窦,有利于物质交换
   C. 肝细胞是肝脏多种反应进行的场所
   D. 肝脏有两条输出通路,即肝静脉与体循环相连、胆道与肠道相通
   E. 肝脏有丰富的亚微结构

2. 肝功能障碍时,血浆蛋白的主要改变是（   ）
   A. 球蛋白的含量下降
   B. 清蛋白的含量升高
   C. 清蛋白的含量升高,球蛋白的含量下降
   D. 清蛋白的含量下降,球蛋白的含量升高
   E. 清蛋白与球蛋白的含量均下降

3. 肝脏化学组成的特点是（   ）
   A. 糖原含量高　　B. 脂类含量高　　C. 蛋白质含量高
   D. 氨基酸含量高　E. 核酸含量高

4. 胆红素是下列哪种物质的分解产物？ （　　）
   A．胆汁酸　　　　B．胆素原　　　　C．胆素
   D．血红素　　　　E．胆固醇

5. 胆红素在肝脏中的转化主要是 （　　）
   A．与清蛋白结合　　　　B．与 Y 蛋白结合
   C．与葡糖醛酸结合　　　D．与葡萄糖酸结合
   E．与 Z 蛋白结合

6. 血红素加氧酶主要存在于肝细胞 （　　）
   A．线粒体　　　　B．微粒体　　　　C．细胞核
   D．细胞质　　　　E．细胞膜

7. 下列对结合胆红素的论述，错误的是 （　　）
   A．主要是双葡糖醛酸胆红素酯
   B．与重氮试剂呈直接反应阳性
   C．随正常人尿液大量排出
   D．不易透过生物膜
   E．结合胆红素无毒性

8. 血中哪一种胆红素增加会使尿胆红素定性实验呈阳性反应？
   （　　）
   A．未结合胆红素　　　　B．结合胆红素
   C．游离胆红素　　　　　D．间接反应胆红素
   E．血胆红素

9. 关于胆汁酸的说法错误的是 （　　）
   A．由胆固醇生成　　　　B．是乳化剂
   C．是胆色素的成分　　　D．能经肠肝循环被重吸收
   E．胆汁酸有很多种类

10. 参与肝脏结合型初级胆汁酸生成的氨基酸是 （　　）
    A．甘氨酸　　　　B．丙氨酸　　　　C．亮氨酸

D. 组氨酸　　　　E. 甲硫氨酸

11. 肝脏中合成量最多的蛋白质是　　（　　）
    A. 清蛋白　　　B. α球蛋白　　　C. β球蛋白
    D. 纤维蛋白原　E. 凝血酶原

12. 下列引起脂肪肝的可能原因,例外的是　　（　　）
    A. 肝功能受损　　　　　B. 磷脂合成原料不足
    C. 糖转变为脂肪过多　　D. VLDL合成过多
    E. 肝内脂肪不能及时输出

13. 胆固醇转变为胆汁酸的限速酶是　　（　　）
    A. 1α-羟化酶　　　　　B. 25α-羟化酶
    C. 7α-羟化酶　　　　　D. HMG-CoA还原酶
    E. HMG-CoA合成酶

14. 下列肝脏在脂肪酸分解、合成和改造中的作用,例外的是
    （　　）
    A. 脂肪动员释放的脂肪酸可在肝内分解为乙酰CoA
    B. 乙酰CoA在生酮酶系作用下生成酮体
    C. 酮体可在肝内进一步分解利用
    D. 乙酰CoA可在脂肪酸合成酶系作用下合成脂肪酸
    E. 脂肪酸可经改变碳链长度和饱和度,进一步加工成各种脂肪酸

15. 下列只能在肝外合成的蛋白质是　　（　　）
    A. 清蛋白　　　B. α球蛋白　　　C. β球蛋白
    D. γ球蛋白　　E. 凝血酶原

16. 血氨升高的主要原因是　　（　　）
    A. 体内合成非必需氨基酸过多　B. 谷氨酸摄入过多
    C. 肝功能严重受损　　　　　　D. 尿液酸度增加
    E. 支链氨基酸在肝内分解增多

17. 严重肝病可引起下列哪种维生素储存量下降而导致夜盲症？
    ( )
    A. 维生素 C   B. 维生素 B_2 C. 维生素 K
    D. 维生素 A   E. 维生素 E

18. 肝性脑病前后，机体各器官有出血倾向，主要是由于   ( )
    A. 维生素 C 少   B. 维生素 E 少   C. 凝血酶原少
    D. 纤维蛋白原多   E. 维生素 A 少

19. 饥饿时肝中哪个代谢途径加强？   ( )
    A. 糖酵解   B. 糖有氧氧化   C. 糖异生
    D. 脂肪的合成   E. 糖原合成

20. 下列肝脏在蛋白质代谢中的作用，例外的是   ( )
    A. 肝内合成的蛋白质约占全身蛋白质合成总量的 40% 以上
    B. 肝内蛋白质更新速度快
    C. 肝脏可以合成大部分血浆蛋白
    D. 所有氨基酸（包括支链氨基酸）都在肝内进行分解代谢
    E. 肝脏是合成尿素以解氨毒的重要器官

21. 血液中胆红素的主要运输形式是   ( )
    A. 胆红素-清蛋白   B. 胆红素-Y 蛋白
    C. 胆红素-Z 蛋白   D. 葡糖醛酸-胆红素
    E. 胆红素-球蛋白

22. 苯巴比妥治疗新生儿生理性黄疸的机制主要是   ( )
    A. 使 Y 蛋白合成减少   B. 使 Z 蛋白合成增加
    C. 肝细胞摄取胆红素能力增强   D. 使 Y 蛋白生成增加
    E. 抑制葡糖醛酸转移酶的生成

23. 肝脏可以通过下列机制维持血糖浓度恒定，错误的是
    ( )
    A. 进食后将部分糖合成为肝糖原

B. 多余的糖转变为脂肪,进而输出肝细胞
C. 不进食时肝糖原分解为葡萄糖,并释放入血
D. 饥饿时经糖异生作用向血液持续提供血糖
E. 糖供应不足时,由脂肪转变为糖

24. 结合胆红素中葡糖醛酸的主要来自　(　　)
    A. GA　　　　　B. UDPG　　　　C. UDPGA
    D. UTPG　　　　E. UTPGA

25. 胆红素的主要来源是　(　　)
    A. 肌红蛋白分解　　　　B. 血红蛋白分解
    C. 细胞色素分解　　　　D. 过氧化氢酶分解
    E. 过氧化物酶分解

26. 溶血性黄疸时　(　　)
    A. 直接胆红素升高　　　　B. 间接胆红素升高
    C. 直接、间接胆红素均升高　　D. 直接、间接胆红素均下降
    D. 直接、间接胆红素均无变化

27. 肝细胞性黄疸时　(　　)
    A. 直接胆红素升高　　　　B. 间接胆红素升高
    C. 直接、间接胆红素均升高　　D. 直接、间接胆红素均下降
    E. 直接、间接胆红素均无变化

28. 阻塞性黄疸时,与重氮试剂反应为　(　　)
    A. 直接反应阴性　　　　B. 直接反应强阳性
    C. 间接反应强阳性　　　　D. 双向反应阳性
    E. 双向反应阴性

29. 将胆红素从肝细胞胞质运至滑面内质网,主要由下列哪种蛋白运载?　(　　)
    A. α蛋白　　　　B. Y蛋白　　　　C. Z蛋白
    D. 清蛋白　　　　E. β蛋白

30. 正常人血浆中下列哪种胆红素含量很低？（ ）
   A. 胆红素-清蛋白 B. 游离胆红素
   C. 间接胆红素 D. 结合胆红素
   E. 未结合胆红素

31. 正常人血浆中的 A/G 比值是（ ）
   A. <1.0 B. 0.5～1.5 C. 1.5～2.5
   D. 2.5～3.5 E. 0.2～0.8

32. 肝功能障碍时，血浆胆固醇的主要改变是（ ）
   A. 血中胆固醇的总量增加
   B. 血中自由胆固醇的含量下降
   C. 血中胆固醇酯／胆固醇的值下降
   D. 血中胆固醇酯／胆固醇的值升高
   E. 血中胆固醇量无变化

33. 肝内胆固醇的主要去路是（ ）
   A. 转变为 7-脱氢胆固醇 B. 转变为性激素
   C. 转变为肾上腺皮质激素 D. 转变为胆汁酸
   E. 转变为胆红素

34. 糖异生、酮体合成和尿素合成都在下列哪个组织中进行？
   （ ）
   A. 心脏 B. 脑组织 C. 肝脏
   D. 肾脏 E. 以上各组织均可以

35. 次级胆汁酸（ ）
   A. 在肝内由初级游离胆汁酸转变生成
   B. 在肠内由初级胆汁酸转变生成
   C. 在肝内由初级结合胆汁酸转变生成
   D. 在肠内由胆固醇转变生成
   E. 在肝内由胆固醇直接转变生成

36. 严重肝病患者出现"肝掌""蜘蛛痣"以及男性乳房发育等,主要是由于 （　　）
   A. 雌激素分泌过多　　　　B. 雌激素分泌过少
   C. 雌激素灭活作用减弱　　D. 雄激素分泌过多
   E. 雄激素灭活作用减弱

37. 肝内胆红素的主要运输形式是下列哪一种? （　　）
   A. 胆红素-清蛋白　B. 胆红素-Y 蛋白　C. 胆红素-Z 蛋白
   D. 胆红素-阴离子　E. 胆红素-球蛋白

38. 胆汁中出现沉淀可能是由于 （　　）
   A. 胆汁酸盐过多　　　　B. 胆固醇过多
   C. 磷脂酰胆碱过多　　　D. 次级胆汁酸盐过多
   E. 胆固醇过少

39. 以下不属于胆色素的物质是 （　　）
   A. 胆红素　　　　B. 胆绿素　　　　C. 胆素
   D. 胆碱　　　　　E. 胆素原

40. 肝胆汁与胆囊胆汁比较,前者的特征是 （　　）
   A. 含有较多的黏蛋白　　　B. 含有较多的胆红素
   C. 黄褐色、清澈透明　　　D. 比重较高
   E. 暗褐色、不透明

41. 肝可将乳酸改造转变为下列物质,其中错误的是 （　　）
   A. 转变为糖原贮存　　　　B. 转变为血中葡萄糖
   C. 转变为营养必需氨基酸　D. 转变为三酰甘油
   E. 转变为脂肪酸

二、多项选择题

1. 肝功能严重受损时,可出现 （　　）

A. 尿素合成减少 B. 性激素减少
C. 醛固酮含量减少 D. 25-OH-VitD$_3$减少
E. 清蛋白含量减少

2. 严重肝功能障碍时,可能的表现是 （   ）
   A. 血氨降低 B. 血中清蛋白降低
   C. 血中性激素水平增加 D. 血中尿素增加
   E. 血中醛固酮水平增加

3. 肝脏合成的血浆脂蛋白包括 （   ）
   A. CM B. VLDL C. LDL
   D. HDL E. IDL

4. 主要在肝脏进行的物质代谢有 （   ）
   A. 尿素生成 B. 酮体生成 C. 激素灭活
   D. 胆固醇酯化 E. 糖异生

5. 肝脏参与调节血糖浓度相对恒定的途径有 （   ）
   A. 肝糖原的合成 B. 肝糖原的分解 C. 肌糖原的分解
   D. 糖异生作用 E. 肌糖原的合成

6. 下列哪些酶只存在于肝脏中? （   ）
   A. 葡糖-6-磷酸酶 B. 葡萄糖激酶
   C. 己糖激酶 D. 鸟氨酸氨基甲酰移换酶Ⅰ
   E. 琥珀酰 CoA 转硫酶

7. 未结合胆红素的特点是 （   ）
   A. 与重氮试剂呈直接反应阳性
   B. 与重氮试剂呈间接反应阳性
   C. 脂溶性很强的胆红素
   D. 可进入脑组织产生毒性
   E. 与葡糖醛酸结合的胆红素

8. 结合胆红素的特点是 （　　）
   A. 与重氮试剂呈直接反应阳性
   B. 与重氮试剂呈间接反应阳性
   C. 与血浆清蛋白结合的胆红素
   D. 与葡糖醛酸结合的胆红素
   E. 不进入脑组织产生毒性

9. 结合胆红素又称 （　　）
   A. 血胆红素　　　B. 直接胆红素　　　C. 肝胆红素
   D. 直接反应胆红素　E. 间接胆红素

10. 未结合胆红素又称 （　　）
    A. 游离胆红素　　B. 血胆红素　　　　C. 间接胆红素
    D. 肝胆红素　　　E. 直接胆红素

11. 溶血性黄疸时出现 （　　）
    A. 血中未结合胆红素不变　　B. 尿中尿胆素原增加
    C. 血中未结合胆红素增加　　D. 粪便颜色加深
    E. 血中结合胆红素增加

12. 阻塞性黄疸时出现 （　　）
    A. 血中未结合胆红素不变　　B. 尿中尿胆素原增加
    C. 粪便颜色呈灰白色　　　　D. 血中结合胆红素增加
    E. 尿胆红素定性实验呈阳性反应

13. 肝细胞性黄疸时出现 （　　）
    A. 血中未结合胆红素减少　　B. 尿中胆红素增加
    C. 粪便颜色变浅　　　　　　D. 血中结合胆红素增加
    E. 与重氮试剂呈双相反应阳性

14. 检测下列哪些血清酶可反映肝功能情况？（　　）
    A. MAO　　　　B. ALT(GPT)　　　C. γ-GT
    D. LDH$_5$　　　E. BSP

15. 苯巴比妥治疗新生儿高胆红素血症的机制主要是 （　　）
    A．诱导 Y 蛋白合成增加
    B．使清蛋白合成增加
    C．促进肝细胞对胆红素的处理
    D．促进血浆清蛋白对胆红素的转运
    E．抑制肝细胞对胆红素的摄取

16. 可抑制胆固醇吸收的物质是 （　　）
    A．胆汁酸　　　　B．植物固醇　　　　C．食物脂肪
    D．果胶　　　　　E．纤维素

17. 下列哪些物质是次级胆汁酸? （　　）
    A．胆酸　　　　　B．脱氧胆酸　　　　C．鹅脱氧胆酸
    D．石胆酸　　　　E．牛磺胆酸

18. 肝脏具有很强的生物转化功能,主要由于富含下列哪些酶系?
    （　　）
    A．加单氧酶系　　　　　B．葡糖醛酸转移酶
    C．单胺氧化酶系　　　　D．醇脱氢酶系
    E．水解酶和还原酶

三、填空题

1. 在肝脏功能受损时,伴随血浆清蛋白水平_____,球蛋白水平_____。

2. 只在肝内合成的血浆蛋白有_____、_____和_____。

3. 当肝功能严重损害时,由于某些血浆蛋白合成障碍而易出现_____和_____等症状。

4. 肝脏通过_____、_____和_____来维持血糖浓度的相对恒定。

5. 肝脏在脂类的_____、_____和运输中均起着重要作用。

6. 肝脏在维生素的_____、_____和_____等方面都有重要作用。

7. 肝脏在蛋白质代谢中的作用是合成_____、合成_____和分解氨基酸。

8. 肝脏是激素_____的重要器官;当肝功能损害时,血中抗利尿激素和醛固酮水平异常增高,可引起_____过多滞留而出现_____等症状。

9. 肝脏可以将_____转变成维生素 A;使维生素 D_3 转化为_____,进而在肾脏进一步羟化而活化。

10. 初级胆汁酸是在_____内由_____转变生成的。

11. 胆汁酸的功能有_____和_____。

12. 胆色素包括_____、_____、胆素原和胆素。

13. 衰老红细胞被_____系统破坏,释出_____;后者进一步释出珠蛋白和_____并转变为胆红素。

14. 胆红素在血浆中以_____形式存在和运输。

15. 测定血清 GPT/ALT 活性变化可以帮助诊断_____,测定血清 A/G 比值变化可以帮助诊断_____。

16. 结合胆红素是在肝细胞内受_____催化生成,进入血循环后易随_____排出体外。

17. 胆汁酸合成的限速酶是_____,其活性受_____的负反馈调节。

18. 肝细胞对胆红素的处理包括_____、_____和_____三个连续过程。

四、名词解释

1. 生物转化　　2. 黄疸　　3. 激素灭活　　4. 隐性黄疸
5. 结合胆红素　　6. 未结合胆红素　　7. 胆色素

五、简答题

1. 简述胆汁酸的主要生理功能。
2. 为什么甲亢患者血清胆固醇浓度会降低？
3. 溶血性黄疸患者尿中能否查出胆红素，为什么？
4. 肝细胞性黄疸患者尿中能否查出胆红素，为什么？
5. 结合胆红素与未结合胆红素有什么区别，对临床诊断有何用途？

六、问答题

1. 肝脏在蛋白质代谢中有何特殊作用？严重肝病可引起哪些相关症状？
2. 肝脏在维生素代谢中有何特殊作用？严重肝病可引起哪些相关症状？
3. 肝脏在激素代谢中有何特殊作用？严重肝病可引起哪些相关症状？
4. 简述胆固醇和胆汁酸之间的代谢关系，及临床口服考来烯胺（消胆胺）降低血清胆固醇的药理作用。
5. 胆色素主要包括哪些化合物？简述胆色素的正常代谢过程。
6. 论述正常人尿液、粪便、血液中胆色素的变化概况。
7. 列表比较三类黄疸（溶血性黄疸、阻塞性黄疸、肝细胞性黄疸）患者的血清、尿液和粪便中胆色素的变化（以正常人作为参照)。
8. 何谓生物转化,主要有哪些反应类型?参与生物转化的酶有哪些?

七、案例分析题

患者,男,41岁。一次与朋友聚餐,大量饮酒(白酒,42度,约700 ml),后出现面色苍白、呕吐,呼气和呕吐物中有浓浓的酒精味,昏睡、意识欠清,伴头痛、躁动不安、语无伦次、大小便失禁。3小时后家人陪同去医院就诊:血压95/60 mmHg,呼吸24次/分,脉搏96次/分。实验室检查:尿常规尿胆原(UBG)、尿胆红素(BIL)均为阳性。血常规全血比黏度8.1,纤维蛋白原(Fb)3.2(g/L),红细胞沉降率(ESR,血沉)16 mm/h,血钾3.0 mmol/L。肝肾功能总胆红素30 μmol/L、肌酐105 μmol/L;AST 90 U/L,ALT 42 U/L,AST/ALT值>2,ALP和γ-GT活性均增高。

分析思考:
1. 对患者的初步诊断及诊断依据是什么?
2. 从生化角度简述乙醇进入体内后的可能代谢途径。
3. 对患者还需要补充检测哪些生化指标?

第二十章
水盐代谢

一、单项选择题

1. 成人每天最低需水量为 （ ）
   A. 500 ml B. 1 000 ml C. 1 500 ml
   D. 2 000 ml E. 2 500 ml

2. 既能降低神经肌肉兴奋性，又能提高心肌兴奋性的离子是
   （ ）
   A. Na^+ B. K^+ C. OH^-
   D. Ca^{2+} E. Mg^{2+}

3. 组成细胞内液的主要阴离子是 （ ）
   A. HCO_3^- B. Cl^- C. HPO_4^{2-}
   D. PO_4^{3-} E. 蛋白质

4. 细胞间液与血浆最主要的差异是 （ ）
   A. Na^+ 含量 B. K^+ 含量 C. HCO_3^- 含量
   D. 有机酸含量 E. 蛋白质含量

5. 正常成人每天需水量为 （ ）
   A. 500 ml B. 1 000 ml C. 1 500 ml
   D. 2 000 ml E. 2 500 ml

6. 下列不属于水的生理功能的是　　（　　）
   A．运输物质　　　　　　　　B．参与化学反应
   C．调节体温　　　　　　　　D．维持组织正常兴奋性
   E．维持渗透压

7. 不属于无机盐生理功能的是　　（　　）
   A．维持酸碱平衡　　　　　　B．维持渗透压平衡
   C．维持酶的活性　　　　　　D．维持神经肌肉应激性
   E．维持肠肝循环

8. 关于静脉补钾的说法，错误的是　　（　　）
   A．每日总量不超过 4 g
   B．液体浓度一般为 0.3%
   D．见尿才能补钾
   C．一天补钾量应在 6～8 小时以上滴完
   E．缺钾时，应立即静脉补钾

9. 正常血钙浓度为　　（　　）
   A．2.25～2.75 mmol/L　　　　B．3.5～5.5 mmol/L
   C．98～106 mmol/L　　　　　D．0.97～1.61 mmol/L
   E．135～145 mmol/L

10. 抑制 ADH 分泌的因素是　　（　　）
    A．血容量减少　　　　　　　B．血液渗透压升高
    C．血压下降　　　　　　　　D．大量饮水
    E．脱水

11. 下列哪种物质不利于钙的肠吸收？　　（　　）
    A．葡萄糖酸　　　B．乳酸　　　　　C．柠檬酸
    D．草酸　　　　　E．维生素 C

12. 下列为肾脏排钾的特点，错误的是　　（　　）
    A．多吃多排　　　　　　　　B．少吃少排

C．不吃不排　　　　　　D．不吃也排

E．长期不能进食者,如果有尿,易引起缺钾

13. 水分在血管与细胞间液之间的交换取决于　　（　　）

A．细胞间液胶体渗透压

B．血浆胶体渗透压

C．血浆中小分子物质引起的渗透压

D．细胞间液小分子物质引起的渗透压

E．毛细血管血压和血浆有效胶体渗透压之差

14. 正常血钠浓度为　　（　　）

A．2.25～2.75 mmol/L　　　B．3.5～5.5 mmol/L

C．98～106 mmol/L　　　　D．0.97～1.61 mmol/L

E．135～145 mmol/L

15. 下列哪种不属于有效胶体渗透压降低引起的水肿？
（　　）

A．肝性水肿　　B．心衰水肿　　C．肾性水肿

D．营养不良性水肿　E．血浆蛋白浓度低于细胞间液

16. ADH 的主要生理功能是　　（　　）

A．提高肾小管对 K^+ 的重吸收

B．它是调节水代谢的一种类固醇激素

C．促进肾小管对 Na^+ 的重吸收

D．促进肾小管对水的重吸收

E．抑制肾小管对 Na^+ 和水的重吸收

17. 醛固酮的主要作用是　　（　　）

A．促进肾远曲小管对 Na^+ 的重吸收

B．提高肾小管对 K^+ 的重吸收

C．由肾上腺髓质分泌的一种类固醇激素

D．主要促进糖异生作用

E. 是一种调节体液平衡的糖蛋白

18. 正常血钾浓度为　　　　（　　）
　　A. 2.25～2.75 mmol/L　　　　B. 3.5～5.5 mmol/L
　　C. 98～106 mmol/L　　　　　D. 0.97～1.61 mmol/L
　　E. 135～145 mmol/L

19. 调节钙磷代谢的活性维生素 D 是　　　　（　　）
　　A. 25-OH-VitD$_3$　　　　　　B. 1,25-(OH)$_2$-VitD$_3$
　　C. 1,24-(OH)$_2$-VitD$_3$　　　　D. 1-OH-VitD$_3$
　　E. VitD

20. 分泌减少会产生尿崩症的物质是　　　　（　　）
　　A. 肾素　　　　B. 醛固酮　　　　C. 抗利尿激素
　　D. 心钠素　　　E. 血管紧张素

21. 下列心钠素的调节作用中,例外的是　　　　（　　）
　　A. 抑制醛固酮和抗利尿激素的分泌
　　B. 抑制肾对钠和水的重吸收
　　C. 增加肾小球滤过率
　　D. 促进肾素的分泌
　　E. 具有强而持久的扩张血管和降低血压的作用

22. 下列关于钙的生理功能,错误的是　　　　（　　）
　　A. 血钙能降低神经肌肉的兴奋性
　　B. 钙可降低心肌的兴奋性
　　C. 钙可降低毛细血管通透性
　　D. 钙是细胞内重要的第二信使
　　E. 钙有参与血液凝固的作用

23. 引起手足抽搐的原因可以是血浆中　　　　（　　）
　　A. 血液偏酸　　　　　　　　B. 蛋白结合钙浓度↓
　　C. 不溶性钙盐浓度↓　　　　D. 离子钙浓度↑

E．离子钙浓度↓

24. 具有升血钙、降血磷作用的激素是　（　　）
 A．1,25-(OH)$_2$-VitD$_3$　　B．甲状腺素
 C．醛固酮　　　　　　　　D．降钙素
 E．甲状旁腺素

25. 体内含量最多的元素是　（　　）
 A．钙,钾　　　B．钠,钾　　　C．钙,磷
 D．钾,氯　　　E．钠,钙

26. 治疗原则为既要补水,又要补盐的缺水是　（　　）
 A．高渗性缺水　　B．低渗性缺水　　C．等渗性缺水
 D．轻度缺水　　　E．重度缺水

27. 下列哪种因素与钙磷的吸收无直接关系？　（　　）
 A．CT　　　　　　　　　　B．pH
 C．PTH　　　　　　　　　D．1,25-(OH)$_2$-VitD$_3$
 E．食物中的钙磷含量

28. 血中钙、磷的溶度积是一个常数,常在下列哪个范围？
 （　　）
 A．2.5～3.5　　B．25～35　　　C．30～35
 D．35～40　　　E．30～40

29. 降低血钙和血磷的激素是　（　　）
 A．降钙素　　　B．甲状腺素　　C．甲状旁腺素
 D．心钠素　　　E．抗利尿激素

30. 下列哪一项不属于体液电解质含量和分布的特点？　（　　）
 A．体液呈电中性
 B．血浆蛋白浓度远高于细胞间液
 C．各种体液渗透压不等

D. 细胞内外液电解质分布差异大

E. 无论胞内还是胞外，电解质按 mEq/L 计，正负离子基本相等

31. 下列哪一项不属于调节体液平衡的因素？　（　　）
    A. 醛固酮的调节　　　　　　B. ADH 的调节
    C. 甲状旁腺素的调节　　　　D. 心钠素的调节
    E. 神经系统的调节

32. 下列哪一项不属于水的排出？　（　　）
    A. 尿液　　　　B. 代谢水　　　　C. 呼吸
    D. 皮肤蒸发　　E. 粪便

二、多项选择题

1. 下列哪些器官参与维生素 D_3 的活化过程？　（　　）
   A. 肝　　　　B. 小肠　　　　C. 肾
   D. 骨骼　　　E. 脾

2. 最易引起高血钾的情况是　（　　）
   A. 摄入较多的植物性食物
   B. 蛋白质及糖原合成代谢增强
   C. 静脉补钾过多
   D. 输血引起红细胞溶血
   E. 输入大量陈旧血液

3. 调节钙、磷代谢的主要因素有　（　　）
   A. $1,25-(OH)_2-VitD_3$　　　　B. 甲状腺激素
   C. 甲状旁腺素　　　　　　　　D. 降钙素
   E. 心钠素

4. 与神经肌肉应激性呈负相关的离子是　（　　）

   A. Cl^- B. K^+ C. OH^-
   D. Ca^{2+} E. Mg^{2+}

5. 下列哪些情况会引起低血钾？（　　）
   A. 因输血红细胞破坏过多　　B. 糖原大量合成
   C. 胃肠引流　　　　　　　　D. 轻度呕吐腹泻
   E. 体内大量合成蛋白质

6. 能促进钙吸收的物质有（　　）
   A. 氨基酸　　　　B. 草酸　　　　C. 植物酸
   D. 柠檬酸　　　　E. 乳酸

7. 低血钾常出现（　　）
   A. 神经肌肉应激性提高　　B. 全身软弱无力，反射减弱
   C. 心率加快　　　　　　　D. 心率变慢
   E. 出现异位搏动

8. 导致神经肌肉应激性增强的因素有（　　）
   A. 血浆[H^+]升高　　　　B. 血浆[Ca^{2+}]升高
   C. 血浆[K^+]升高　　　　D. 血浆[Ca^{2+}]下降
   E. 血浆[Mg^{2+}]下降

三、填空题

1. 体内水的主要来源有_____、_____、_____。

2. 血钙以_____和_____两种形式存在。

3. 影响钙吸收的主要因素有_____、_____和_____等。

4. 以_____为界把体液分为细胞内液和细胞外液两部分，水总是从渗透压_____的一侧流向渗透压_____的一侧。

5. 引起高渗性脱水的主要原因有_____或_____；严重腹

泻或呕吐患者,如果只注意补充水而忽视补充盐,易引起_____性脱水。

6. 根据水和钠缺失的比例不同,可有_____、_____和_____三种脱水类型。

7. 当血浆清蛋白合成减少或丢失过多时,血浆_____下降,导致细胞间液回流减少而易引发水肿。

8. 抗利尿激素(ADH)的主要生理功能是增强肾对_____的重吸收;醛固酮的主要作用是增强肾对_____的重吸收,进而维持体液渗透压的相对恒定。

9. 细胞外液的主要阳离子和阴离子是_____,细胞内液的主要阳离子和阴离子是_____。

10. K^+的排泄途径有_____、_____和_____。

四、名词解释

1. 体液　　2. 血钙　　3. 高血钾　　4. 钙磷浓度积(K_{sp})
5. 低渗性脱水　　6. 内生水　　7. 非蛋白氮

五、简答题

1. 比较细胞内液、细胞外液中电解质分布与含量的主要差别。
2. 简述钙的生理功能。
3. 简述血磷的生理功能。
4. 简述心肝肾等疾病引起水肿的原因。
5. 简述肾脏的排钠、排钙和排钾特点。
6. 简述调节钙磷代谢的主要因素、作用及其靶组织。
7. 简述体内水的来源和去路。

六、问答题

1. 对低血钾患者的治疗原则是什么？
2. 试述水和无机盐的生理功能。
3. 试述影响抗利尿激素和醛固酮分泌的因素，及它们对水和电解质的主要调节作用。
4. 试述血液 pH 变化对血钙的影响及临床出现的症状。
5. 试述引起高血钾的可能原因，高血钾的危害及临床抢救高血钾的生化措施。

七、案例分析

患儿，女，1 岁 5 个月，体重 10 kg。因呕泻 5 天入院，大便 5~6 次/天，呈蛋花汤样，量多，呕吐 3~4 次/天，尿少。体格检查：精神萎靡，皮肤松弛，面色苍白，抬头无力，眼窝极度凹陷，哭无泪，唇黏膜干裂、樱红色，心音低钝，腹胀，肠鸣音减弱，四肢厥冷。体温 38.5℃，脉搏 140 次/分，血压 80/50 mmHg（10.68/6.67 kPa），呼吸 50 次/分。实验室检查：血清 Na^+ 129 mmol/L，血清 K^+ 3.1 mmol/L。

分析思考：

1. 该患儿的初步诊断是什么？
2. 说明诊断依据。
3. 建议治疗措施（参考）。

第二十一章
微量元素

一、单项选择题

1. 缺铁主要会引起 （   ）
   A. 呆小症　　　　B. 骨质疏松症　　　C. 甲亢
   D. 贫血　　　　　E. 眼干燥症

2. 在下列元素中,属于生物体内微量元素的是 （   ）
   A. C　　　B. H　　　C. O　　　D. Mn　　　E. N

3. 医生建议某甲状腺肿大的患者多食海带,这是由于海带中含有较丰富的 （   ）
   A. 铁元素　　　　B. 钙元素　　　　C. 碘元素
   D. 维生素　　　　E. 硒元素

4. 克山病是一种心肌病为主的疾病,亦称地方性心肌病。1935年首先在黑龙江克山县发现,故以克山病命名。克山病患者主要缺少 （   ）
   A. 铁元素　　　　B. 碘元素　　　　C. 钙元素
   D. 硒元素　　　　E. 钼元素

5. 参与血红蛋白组成的是 （   ）
   A. 铁元素　　　　B. 碘元素　　　　C. 钙元素

D. 硒元素　　　　　　E. 铬元素

6. 人体缺锌会导致　　（　　）
   A. 坏血病　　　　B. 生长发育缓慢　　C. 佝偻病
   D. 呆小症　　　　E. 钙磷代谢障碍

7. 成人缺碘会导致　　（　　）
   A. 地方性甲状腺肿　B. 呆小症　　　　C. 佝偻病
   D. 甲亢　　　　　E. 接触性皮炎

8. 下列关于铜的生理功能描述错误的是　　（　　）
   A. 含铜金属酶的辅基
   B. 促进铁与运铁蛋白的结合
   C. 参与自由基清除
   D. 铜摄入过多可导致指甲变形
   E. 在体内作为酶的辅基参与机体多种生化代谢过程

9. 钴缺乏可导致哪种维生素缺乏？　　（　　）
   A. 维生素 B_{12}　　B. 维生素 B_2　　C. 叶酸
   D. 泛酸　　　　　E. 维生素 PP

10. 下列有关钼的描述不正确的是　　（　　）
    A. 参与氧化还原反应
    B. 钼过多还可导致钙磷代谢紊乱
    C. 钼和铜相互有拮抗作用
    D. 促进靶细胞对葡萄糖的吸收
    E. 钼缺乏可导致受孕率下降

11. 关于铁在人体中的功能描述不正确的是　　（　　）
    A. 参与血红蛋白的形成
    B. 是构成细胞色素的成分之一
    C. 过氧化物酶及过氧化氢酶的组成部分
    D. 参与机体的生物氧化过程

E. 与机体运输 CO_2 有关

12. 锌的主要生理功能,不包括下列哪项? ( )
    A. 多种酶的组成成分或激动剂
    B. 参与体内多种物质的代谢
    C. 导致伤口愈合缓慢
    D. 促进生长发育
    E. 参与调节基因表达

13. 胎儿、婴幼儿时期缺碘会导致 ( )
    A. 克山病　　　　B. 克汀病　　　　C. 佝偻病
    D. 小细胞性贫血　E. 甲状腺功能亢进

14. 对硒的主要生理作用的描述,错误的是 ( )
    A. 硒在体内构成各种含硒蛋白质,具有广泛的生物学效应
    B. 具有抗氧化作用
    C. 可增强机体免疫力
    D. 调节甲状腺激素的代谢
    E. 与重金属的结合促进其吸收

15. 关于铬的描述,正确的是 ( )
    A. 可增强胰岛素的生物学效应
    B. 体内的铬主要通过肝脏排泄
    C. 铬缺乏主要表现为血糖降低
    D. 过量不会引起中毒
    E. 健康人常常存在铬缺乏现象

二、多项选择题

1. 下列有助于体内铁吸收的物质为 ( )
    A. 维生素 C　　　B. 氨基酸　　　　C. 谷胱甘肽

D．草酸　　　　　　E．苹果酸

2. 下列哪些描述属于锌的生理功能？　（　　）
   A．促进生长发育　　　　　B．构成锌指蛋白
   C．合成甲状腺激素　　　　D．拮抗重金属毒性
   E．参与抗氧化作用

3. 有关铜的描述正确的是　（　　）
   A．铜促进纤维蛋白的交联
   B．铜的缺乏可导致小细胞低色素性贫血
   C．肝脏是调节体内铜代谢的主要器官
   D．铜的缺乏可导致铜代谢性疾病
   E．钼和铜可互相拮抗

4. 以下对硒的描述正确的是　（　　）
   A．硒能提高机体的体液免疫
   B．硒摄取过多会导致中毒
   C．缺硒可导致克山病
   D．硒能调节甲状腺激素的代谢
   E．烹调会导致硒挥发损失

5. 下列描述正确的是　（　　）
   A．微量元素绝大部分为金属元素，多以化合物或络合物的形式分布于全身组织中
   B．补铬可以使2型糖尿病患者糖代谢异常得到改善
   C．Zn能影响精液的质量
   D．微量元素是维持人体正常生理功能必不可少的
   E．所有人群均需适量补充各种微量元素

三、填空题

1. 铁是人体需要量最多的微量元素，在人体中主要储存于

_____中,人体内的含铁化合物主要分为两类,即_____和_____。

2. 碘的吸收部位主要在小肠,吸收入血的碘与蛋白质结合而被送输,70%~80%被_____摄取利用。

3. 体内大部分铜的存在形式是_____,少数以_____存在。

4. 硒在生物体内主要以有机硒化合物的形式存在,即以_____和_____两种形式存在。

5. _____是维生素 B_{12} 的组成成分,_____是血红素的组成成分,_____是铬调素的组成成分。

6. 微量元素绝大部分为_____,在体内含量相对稳定,且多以_____的形式分布于全身组织中。

四、名词解释

微量元素

五、简答题

1. 肝豆状核变性(又称 wilson 病)的发病机制是什么?
2. 硒蛋白的生物学功能主要有哪些?
3. 铜作为酶的辅基参与机体哪些生化代谢过程?

第二十二章
酸碱平衡

一、单项选择题

1. 下列属于酮体酸的是　（　　）
   A．乙酰乙酸　　B．磷酸　　　　C．乳酸
   D．丁酸　　　　E．碳酸

2. 下列哪种不属于固定酸？（　　）
   A．硫酸　　　　B．磷酸　　　　C．乙酰乙酸
   D．乳酸　　　　E．碳酸

3. 下列哪种食物为碱性食物？（　　）
   A．肉类　　　　B．蛋类　　　　C．牛奶
   D．面包　　　　E．水果类

4. 下列哪种食物不是酸性食物？（　　）
   A．蛋类　　　　B．油脂　　　　C．大米
   D．牛奶　　　　E．蔬菜

5. 机体在代谢过程中产生最多的酸性物质是（　　）
   A．碳酸　　　　B．磷酸　　　　C．尿酸
   D．酮体　　　　E．硫酸

6. 正常体液中 H^+ 主要来自（　　）

A. 食物摄入的 H^+
B. 碳酸释放的氢
C. 酮体和乳酸
D. 含硫氨基酸分解
E. 含磷化合物分解代谢

7. 下列哪个是挥发性的酸性物质？　（　　）
   A. 碳酸　　　　B. 乳酸　　　　C. 乙酰乙酸
   D. 磷酸　　　　E. β-羟丁酸

8. 核酸分解产生的固定酸是　（　　）
   A. 硫酸　　　　B. 乳酸　　　　C. 磷酸
   D. 乙酰乙酸　　E. β-羟丁酸

9. 血浆内存在的主要缓冲对是　（　　）
   A. $KHCO_3 / H_2CO_3$
   B. $KHbO_2 / HHbO_2$
   C. KHb / HHb
   D. Na_2HPO_4 / NaH_2PO_4
   E. $NaHCO_3 / H_2CO_3$

10. 下列说法中，错误的是　（　　）
    A. 蔬菜和瓜果为碱性食物
    B. 体内代谢也能产生某些碱性物质
    C. 糖和油脂的代谢产物也是碱性食物
    D. 正常饮食条件下，体内以产生酸性代谢物为主
    E. 碱性食物主要使体内碳酸氢钠和碳酸氢钾增多

11. 关于肾脏在酸碱平衡中的作用，下列哪种叙述是错误的？
    （　　）
    A. 肾小管泌氢及钠的重吸收
    B. 肾远曲小管和集合管的泌氨作用
    C. 尿液酸化时 Na_2HPO_4 含量增多
    D. 肾小管分泌 K^+ 和 H^+
    E. $H^+ - Na^+$ 交换与 $K^+ - Na^+$ 交换相互竞争

12. 关于肾小管上皮细胞泌氨作用，下列哪种说法是错误的？

( )

A. 肾远曲小管泌氨来自谷氨酰胺

B. 酸中毒时尿中铵盐增多

C. 碱中毒时尿中铵盐减少

D. 血液中 pH 增高时谷氨酰胺酶活性降低

E. 血液中 $NaHCO_3$ 增高可使泌氨作用增强

13. 下列有关肾小管泌 H^+ 作用的说法,错误的是 ( )

A. 肾小管细胞内碳酸酐酶活性增强,分泌 H^+ 增多

B. 肾小管细胞分泌 K^+ 作用增强,分泌 H^+ 作用减弱

C. 醛固酮能促进泌 H^+ 排 K^+

D. 高血钾可促进肾小管泌氢

E. 血中 PCO_2 升高促进肾小管细胞内碳酸合成和分泌 H^+

14. 有关碳酸酐酶的说法,错误的是 ( )

A. 通常情况下细胞内碳酸酐酶活性很低

B. 能使 $CO_2 + H_2O \longleftrightarrow H_2CO_3$

C. 血红蛋白缓冲挥发性酸的过程中需要碳酸酐酶的参与

D. 血浆 CO_2 含量增高使碳酸酐酶活性增强

E. 它在保持酸碱平衡、CO_2 运输中起重要作用

15. 下列哪种物质是缓冲挥发性酸的主要成分? ( )

A. $H_2PO_4^-$ B. HCO_3^- C. H_2CO_3

D. NH_4^+ E. Hb^-

16. 肾脏主要通过调节下列哪种物质以维持血浆 pH 的恒定?

( )

A. Cl^- B. HCO_3^- C. Hb^-

D. $H_2PO_4^-$ E. H_2CO_3

17. 肺主要通过调节下列哪种物质以维持血浆 pH 的恒定?

( )

A. HCO_3^- B. H_2CO_3 C. Hb^-
D. NH_4^+ E. HPO_4^{2-}

18. 血浆中缓冲碱性物质的主要成分是 （   ）
    A. HCO_3^- B. H_2CO_3 C. Hb^-
    D. $H_2PO_4^-$ E. HPO_4^{2-}

19. 血液中缓冲固定酸的主要缓冲碱是 （   ）
    A. $NaHCO_3$ B. Na_2HPO_4 C. NaPr
    D. KHHb E. $KHbO_2$

20. 机体缓冲固定酸的主要缓冲系统是 （   ）
    A. 碳酸氢盐缓冲系统 B. 磷酸氢盐缓冲系统
    C. 血红蛋白缓冲系统 D. 血浆蛋白缓冲系统
    E. 有机酸盐缓冲系统

21. 机体缓冲挥发性酸的主要缓冲系统是 （   ）
    A. 碳酸氢盐缓冲系统 B. 磷酸氢盐缓冲系统
    C. 血红蛋白缓冲系统 D. 血浆蛋白缓冲系统
    E. 有机酸盐缓冲系统

22. 血浆 pH 主要决定于下列哪个缓冲对的浓度比？ （   ）
    A. $NaHCO_3 / H_2CO_3$ B. Na_2HPO_4 / NaH_2PO_4
    C. NaPr / HPr D. KHb / HHb
    E. $KHbO_2 / HHbO_2$

23. 正常人动脉血 pH 为 （   ）
    A. 7.35～7.45 B. 7.25～7.35 C. 7.15～7.25
    D. 7.45～7.55 E. 7.55～7.65

24. 代谢性酸中毒时调节速度最快的是 （   ）
    A. 血浆缓冲 B. 细胞缓冲 C. 肾调节
    D. 肺调节 E. 骨骼缓冲

25. 严重腹泻的患者会引起　　（　　）
　　A．血中 $NaHCO_3$ 增加　　　　B．血钾增高
　　C．血液 pH 升高　　　　　　　D．代谢性碱中毒
　　E．血中碱储备增加

26. 以 pH 来表示的指标是　　（　　）
　　A．实际碳酸氢盐　　B．二氧化碳分压　　C．血液酸碱度
　　D．缓冲碱　　　　　E．碱不足

27. 下列哪个指标变化可以反映血浆中 H_2CO_3 的量？　　（　　）
　　A．碱不足　　　　　　　　　B．二氧化碳分压
　　C．标准碳酸氢盐含量　　　　D．缓冲碱
　　E．血液酸碱度

28. 血浆 PCO_2 原发性升高可见于　　（　　）
　　A．呼吸性酸中毒　　B．代谢性酸中毒　　C．呼吸性碱中毒
　　D．代谢性碱中毒　　E．以上都不是

29. 血浆 HCO_3^- 浓度原发性降低可见于　　（　　）
　　A．代谢性碱中毒　　B．呼吸性碱中毒　　C．代谢性酸中毒
　　D．呼吸性酸中毒　　E．以上都不是

30. 呼吸性酸中毒可出现　　（　　）
　　A．碳酸氢钠下降　　　　　　B．标准碳酸氢盐增高
　　C．血钾下降　　　　　　　　D．细胞内 pH 下降
　　E．细胞内 pH 升高

31. 代谢性酸中毒可出现　　（　　）
　　A．碳酸氢钠升高　　B．血钾降低　　C．血浆 pH 升高
　　D．血钾升高　　　　E．细胞内 pH 升高

32. 有关肾小管的作用，下列说法是错误的是　　（　　）
　　A．远曲小管是调节酸碱平衡的主要部位

B. 肾小管调节酸碱平衡是通过 $H^+ - Na^+$、$NH_4^+ - Na^+$、$K^+ - Na^+$ 交换实现的

C. 肾小管对 $NaHCO_3$ 和 H_2CO_3 含量均能起能调节作用

D. 碳酸氢钠主要在近曲小管重吸收

E. 远曲小管壁有碳酸酐酶存在

33. 下列情况可引起血 K^+ 下降、血氨升高的是 （　　）
   A. 肝性昏迷　　B. 肝硬化　　C. 代谢性碱中毒
   D. 代谢性酸中毒　E. 尿毒症

34. 引起血浆 $[NaHCO_3]/[H_2CO_3]$ 变小，pH 下降的酸中毒是 （　　）
   A. 代偿性呼吸性酸中毒　　B. 失代偿性呼吸性酸中毒
   C. 代偿性代谢性酸中毒　　D. 失代偿性代谢性碱中毒
   E. 以上都不是

35. 可使肾小管上皮细胞调节酸碱作用增强的因素是 （　　）
   A. 血中 $NaHCO_3$ 升高　　B. 尿液呈碱性
   C. 血液 pH 高于 7.45　　D. 血中固定酸丢失过多
   E. 血液 pH 低于 7.35

36. 在下列体液中，丢失过多会引起碱中毒的是 （　　）
   A. 胃液　　B. 胰液　　C. 唾液
   D. 胆汁　　E. 小肠液

37. HCO_3^- 呈代偿性增加可见于下列哪种情况？ （　　）
   A. 代谢性酸中毒　B. 代谢性碱中毒　C. 呼吸性酸中毒
   D. 呼吸性碱中毒　E. 以上都不是

38. PCO_2 呈代偿性减少可见于下列哪种情况？ （　　）
   A. 代谢性酸中毒　B. 代谢性碱中毒　C. 呼吸性酸中毒
   D. 呼吸性碱中毒　E. 以上都不是

39. 下列哪种情况为失代偿性代谢性酸中毒？　　(　　)
    A. 血浆 pH 正常,HCO_3^- 下降,PCO_2 下降
    B. 血浆 pH 下降,HCO_3^- 上升,PCO_2 下降
    C. 血浆 pH 正常,HCO_3^- 下降,PCO_2 上升
    D. 血浆 pH 下降,HCO_3^- 下降,PCO_2 上升
    E. 血浆 pH 正常,HCO_3^- 上升,PCO_2 上升

40. 下列哪种情况为代偿性呼吸性酸中毒？　　(　　)
    A. 血浆 pH 升高,HCO_3^- 下降,PCO_2 下降
    B. 血浆 pH 下降,HCO_3^- 上升,PCO_2 下降
    C. 血浆 pH 下降,HCO_3^- 下降,PCO_2 下降
    D. 血浆 pH 正常,HCO_3^- 上升,PCO_2 上升
    E. 血浆 pH 正常,HCO_3^- 下降,PCO_2 上升

41. 代谢性酸中毒时,尿中会升高的离子有　　(　　)
    A. Na^+　　　　B. HCO_3^-　　　　C. NH_4^+
    D. K^+　　　　E. Cl^-

42. 酮症酸中毒可发生于　　(　　)
    A. 糖尿病　　　　B. 酒精中毒　　　　C. 水杨酸中毒
    D. 腹泻　　　　E. 缺氧

二、多项选择题

1. 可在体内构成氧合血红蛋白缓冲对的是　　(　　)
   A. $NaHCO_3$　　　　B. $KHCO_3$　　　　C. $HHbO_2$
   D. KH_2PO_4　　　　E. $KHbO_2$

2. 碳酸氢盐缓冲对是缓冲固定酸最重要的缓冲对,其主要原因有　　(　　)
   A. 浓度高　　　　　　　　B. 缓冲容量大

C. 肺和肾都能补充 HCO_3^-　　D. 比例波动范围大

E. 广泛存在于细胞内外

3. 肾脏在调节酸碱平衡时，相互间具有竞争性调节作用的是
（　　）

A. $H^+ - Na^+$ 交换　　　　B. $NH_4^+ - Na^+$ 交换

C. $K^+ - Na^+$ 交换　　　　D. 谷氨酰胺水解

E. 尿液酸化

4. 下列哪些情况会引起代谢性酸中毒？　　（　　）

A. 蛋白质合成加强　　　　B. 糖原大量合成

C. 糖尿病　　　　　　　　D. 严重腹泻

E. 长时间饥饿

5. 在酸碱平衡中起调节作用的器官是　　（　　）

A. 胃　　　　B. 肾　　　　C. 小肠

D. 肺　　　　E. 皮肤

6. 代谢性酸中毒时机体主要代偿方式有　　（　　）

A. 血浆缓冲系统的作用　　B. 肺的调节作用

C. 红细胞缓冲系统的作用　D. 肾的调节作用

E. 血红蛋白缓冲系统的作用

7. 代谢性碱中毒时机体主要代偿方式有　　（　　）

A. 血浆缓冲系统的作用　　B. 肺的调节作用

C. 红细胞缓冲系统的作用　D. 肾的调节作用

E. 组织细胞的调节作用

8. 血浆中 HCO_3^- 浓度降低，可见于　　（　　）

A. 代谢性酸中毒　B. 呼吸性酸中毒　C. 呼吸性碱中毒

D. 代谢性碱中毒　E. 以上都不是

9. 血浆 PCO_2 增高常见于　　（　　）

A. 呼吸性酸中毒　B. 代谢性酸中毒　C. 呼吸性碱中毒
D. 代谢性碱中毒　E. 以上都不是

10. 代偿性代谢性酸中毒的特点是　　（　　）
    A. 血浆 pH 正常
    B. 血浆 pH 降低
    C. 血浆 $NaHCO_3$ 原发性减少
    D. 血浆 H_2CO_3 呈代偿性减少
    E. 血浆 $NaHCO_3$ 原发性增加

三、填空题

1. 血浆中最重要的缓冲系统是_____，它主要是缓冲_____和碱。红细胞内存在的主要缓冲系统是_____ _____，其主要是缓冲挥发性酸。

2. 血浆 pH 主要取决于_____的比值，比值增大为_____中毒，比值减小为_____中毒。

3. 成酸食物常指的是_____、_____、_____。

4. 体内调节酸碱平衡主要通过_____、_____、_____来完成。

5. 肾脏对酸碱平衡调节的原则是排出_____酸，维持并保留血中的_____量。

6. 肾脏对酸碱平衡的调节主要是通过_____交换、_____交换、_____交换来实现。

7. 代谢性酸中毒时，血液 pH_____，肺呼吸_____，呼出较多的_____。

8. 血浆中的_____成分，它在一定程度上代表血浆对

_____的缓冲能力,故称为_____。

9. 酸中毒时肾小管_____交换加强,_____交换减弱,故易引起_____症。

10. 高血钾者,肾脏_____交换加强,_____交换减弱,故易引起_____中毒。

11. 呼吸性酸中毒时,PCO_2_____,肾小管泌氢泌氨_____,$NaHCO_3$重吸收_____。

12. 代谢性碱中毒时,血浆中 $NaHCO_3$ 原发性_____,肺呼出 CO_2_____,肾小管泌氢泌氨_____。

四、名词解释

1. 固定酸　2. 成酸食物　3. 呼吸性酸中毒　4. 代谢性酸中毒　5. 代谢性碱中毒　6. 碱储备　7. 酸碱平衡　8. 氯转移

五、简答题

1. 机体内物质代谢可产生哪些酸性物质?
2. 血浆中有哪些缓冲对?其中哪一对最主要,有何作用?
3. 简述代谢性酸中毒和呼吸性酸中毒的发病原因。
4. 长时间饥饿可引起何种酸碱平衡紊乱,为什么?
5. 举例说明 $NaHCO_3/H_2CO_3$ 对固定酸或碱是如何进行缓冲的?
6. 简述肺对酸碱平衡的调节。
7. 简述肾脏调节酸碱平衡的作用。
8. 简述呼吸性酸中毒时机体的主要调节作用。

六、问答题

1. 试述代谢性碱中毒引起血钾降低的机制。
2. 肾脏如何通过 $H^+ - Na^+$ 交换、$NH_4^+ - Na^+$ 交换和 $K^+ - Na^+$ 交换机制以调节酸碱平衡?
3. 试述酸碱平衡与血钾浓度变化的关系。
4. 严重糖尿病患者会并发何种类型的酸碱平衡紊乱? 机体如何调整酸碱平衡?
5. 严重呕吐可引起何种酸碱平衡紊乱? 机体如何调整酸碱平衡?

七、案例分析题

患者,男,50岁,贸易公司职工,身体健康。平时应酬较多,一次应酬中,突然胃部胀痛,头昏,剧烈呕吐多次,脸色苍白,家人陪同速去医院就诊。血液化验结果:pH 7.50, Cl^- 90 mmol/L, AB 28 mmol/L, SB 28 mmol/L, BB 55 mmol/L, BE 3.30 mmol/L。

分析思考:
1. 对患者的初步诊断及诊断依据是什么?
2. 试用所学生化知识简述患者酸碱平衡紊乱的可能机制。
3. 建议治疗措施(参考)。

第二十三章
药物代谢

一、单项选择题

1. 构成生物膜的脂类中,含量最多的是　　(　　)
   A. 磷脂　　　　B. 糖脂　　　　C. 胆固醇
   D. 胆固醇酯　　E. 脂肪

2. 以下关于生物膜脂质双分子层结构的描述,正确的是
   (　　)
   A. 两表层疏水、中间亲水　　B. 内表层疏水、外表层亲水
   C. 两表层亲水、中间疏水　　D. 内表层亲水、外表层疏水
   E. 两表层与中间均疏水

3. 细胞膜功能的主要承担者是　　(　　)
   A. 膜磷脂　　　　B. 膜蛋白　　　　C. 寡糖链
   D. 膜胆固醇　　　E. 膜胆固醇酯

4. 大部分跨膜蛋白穿过脂质双层的方式为　　(　　)
   A. α-螺旋　　　　B. β-折叠　　　　C. β-转角
   D. 无规卷曲　　　E. 线性氨基酸链

5. 下列说法正确的是　　(　　)
   A. 生物膜脂质固定不变

B．蛋白质均匀分布于脂双层的内侧层
C．蛋白质均匀分布于脂双层的外侧层
D．寡糖类分布在脂双层的内侧层
E．生物膜脂质、蛋白质都是可流动的

6. 有关相变温度的说法正确的是　　　（　　）
   A．脂肪酸链越短,相变温度越高
   B．相变温度越低,膜的流动性越小
   C．脂肪酸不饱和程度越高,相变温度越低
   D．在相变温度以上,胆固醇能增加膜的流动性
   E．相变温度与膜的流动性无关

7. 磷脂分子在膜上最主要的运动方式是　　（　　）
   A．侧向运动　　　B．旋转运动　　　C．弯曲运动
   D．翻转运动　　　E．固定不动

8. 有关 Na^+,K^+-ATP 酶的说法,正确的是　（　　）
   A．是一种外周蛋白
   B．Na^+、K^+ 结合位点位于膜外侧
   C．K^+ 和 ATP 结合点位于膜内侧
   D．Na^+ 和 ATP 结合点位于膜内侧
   E．Na^+ 和激素结合位点位于膜外侧

9. 最易通过被动扩散跨过细胞膜的物质是　　（　　）
   A．脂溶性的药物　B．解离状态药物　C．极性分子
   D．蛋白质　　　　E．多糖

10. 红细胞膜对葡萄糖的转运属于　（　　）
    A．被动扩散　　　　　　　B．需要通道蛋白的帮助扩散
    C．需要载体蛋白的帮助扩散　D．主动转运
    E．胞吞

11. K^+ 通过 Na^+,K^+-ATP 酶从胞外转运至胞内属于　　　（　　）

A. 被动扩散 B. 通过通道蛋白的帮助扩散
C. 通过载体蛋白的帮助扩散 D. 主动转运
E. 胞吞

12. 有关主动转运说法正确的是 ( )
   A. 从高浓度向低浓度方向转运,需要载体和消耗能量
   B. 从低浓度向高浓度方向转运,不需要载体也不消耗能量
   C. 转运方向不能逆浓度梯度进行,且需要载体和消耗能量
   D. 从高浓度向低浓度方向转运,不需要载体也不消耗能量
   E. 从低浓度向高浓度方向转运,需要载体和消耗能量

13. 以下关于药物生物转化说法正确的是 ( )
   A. 大多数药物经生物转化后,脂溶性增大而易于排泄
   B. 生物转化降低了药物毒性或药效
   C. 生物转化主要在肾脏进行
   D. 生物转化的酶主要在肝细胞内
   E. 加单氧酶系是存在于肺、肾细胞微粒体中最重要的氧化酶

14. 以下属于生物转化的第二相反应的是 ( )
   A. 醇、醛氧化反应 B. 羟化反应 C. 还原反应
   D. 水解反应 E. 结合反应

15. 胆红素进行的第二相反应主要是 ( )
   A. 与葡糖醛酸结合 B. 与乙酰辅酶A结合
   C. 与硫酸盐结合 D. 与谷胱甘肽结合
   E. 与甘氨酸结合

16. 甲基化结合反应中活性甲基的供体是 ( )
   A. UDPGA B. PAPS C. Met
   D. SAM E. 维生素B_{12}

17. 有关生物转化的特点,说法正确的是 ( )
   A. 一种药物在体内一般只进行一种反应

B. 一种药物在尿中的排出物一般只有一种
C. 药物常需要连续进行多种反应,产生多种产物
D. 药物在体内经生物转化后,毒性消失
E. 药物在体内经生物转化后,毒性增大

18. 安眠药服用量越来越大是因为　　(　　)
    A. 药物的诱导　　　　　　B. 药物的抑制
    C. 药物影响机体营养状态　　D. 药物导致肝功能受损
    E. 药物吸收减少了

19. 非营养物质经生物转化后　　(　　)
    A. 毒性减弱　　　　　　　B. 毒性增加
    C. 毒性减弱或增加　　　　D. 水溶性下降
    E. 脂溶性增强

二、多项选择题

1. 有关膜中磷脂说法正确的是　　(　　)
   A. 膜磷脂含量最多的是磷脂酰胆碱
   B. 磷脂为两亲性分子,磷酸和醇类化合物部分为疏水头部,脂肪酸链为亲水尾
   C. 磷脂中的脂肪酸常为高级偶数碳脂肪酸
   D. 磷脂中的不饱和脂肪酸几乎全为反式
   E. 磷脂双分子层是生物膜的基本骨架

2. 有关膜蛋白说法正确的是　　(　　)
   A. 膜蛋白是膜功能的主要承担者
   B. 大部分跨膜蛋白以β-折叠的方式穿过脂质双层
   C. 膜外在蛋白常通过离子键等较弱的化学键与膜脂或膜表面的其他蛋白质分子相结合
   D. 大多数整合蛋白利用盐类破坏离子键即可溶解

E. 要提取膜外在蛋白必须使用如十二烷基硫酸钠一类的强去垢剂

3. 有关被动扩散说法正确的是　　(　　)
   A. 从高浓度向低浓度方向跨膜转运
   B. 需要载体蛋白帮助
   C. 扩散速度主要取决于物质在膜两侧的浓度差、分子大小、电荷性及亲脂性等因素
   D. 多数解离状态的药物通过被动扩散透过脂双层
   E. 大分子物质很难通过被动扩散透过脂双层

4. 有关帮助扩散说法正确的是　　(　　)
   A. 从高浓度向低浓度方向跨膜转运
   B. 需要载体蛋白帮助
   C. 需要消耗能量
   D. 参与帮助扩散的膜转运蛋白主要有通道蛋白和载体蛋白
   E. 红细胞膜对葡萄糖的转运属于帮助扩散

5. 有关主动转运说法正确的是　　(　　)
   A. 从高浓度向低浓度方向跨膜转运
   B. 需要载体蛋白帮助
   C. 需要消耗能量
   D. 主动转运方向不能逆浓度梯度进行,且需要载体和消耗能量
   E. K^+ 通过 Na^+, K^+ - ATP 酶从胞外转运至胞内属于主动转运

6. 以下关于药物的生物转化,说法正确的是　　(　　)
   A. 大多数药物经生物转化后,水溶性增大而易于排泄
   B. 生物转化降低了药物毒性
   C. 主要包括药物分子本身发生的初步化学反应和与特殊的

结合剂反应两相

　D．生物转化主要在肝细胞内进行

　E．大多数药物经生物转化后活性降低

7. 以下属于加单氧酶系构成成分的是　　（　　）

　A．Cyt P450　　　B．Cyt b_{560}　　　C．Cyt b_{566}

　D．NADPH－Cyt P450 还原酶

　E．NADH－Cyt b_5 还原酶

8. 以下属于生物转化的第一相反应的是　　（　　）

　A．醇、醛氧化反应　B．羟化反应　　C．还原反应

　D．水解反应　　　　E．结合反应

9. 下列有关生物转化作用的叙述，正确的是　　（　　）

　A．被转化的是非营养物质

　B．被转化的是营养物质

　C．转化后的物质极性改变，易被排出

　D．转化后的物质溶解度降低，易被排出

　E．被转化后的物质毒性减弱，并促使其排出体外

10. 有关生物转化的特点，说法正确的是　　（　　）

　A．同一种药物在体内可以进行多种不同反应

　B．药物在体内的生物转化常需要连续进行多种反应

　C．一种药物在体内经生物转化，尿中可出现多种转化产物

　D．药物在体内经生物转化后，毒性未必消失

　E．药物在体内经生物转化后，药效一般下降

三、填空题

1. 构成生物膜的脂类以_____含量最多。

2. 生物膜功能的主要承担者是_____，一般根据其

与膜脂的结合方式将其分为_____和_____
_____。

3. 生物膜的液态镶嵌模型最大特点是_____和_____。

4. 磷脂在膜中最常见的运动方式是_____。

5. 药物通过细胞膜的转运主要有_____、_____、_____和胞吞、胞吐等方式。

6. 参与帮助扩散的膜转运蛋白主要有_____和_____。

7. 主动转运与帮助扩散的相似之处是两者都需要_____，差别在于前者是_____方向转运，并需要_____。

8. 被称为第一相反应的生物转化反应类型有_____、_____、_____。

9. 葡糖醛酸结合剂的活性形式是_____，硫酸盐结合剂的活性形式是_____。

10. 药物生物转化具有_____、_____、_____等特点。

11. 可促进药物代谢酶生物合成的物质称为_____，这些物质是造成_____的重要原因。

12. 胎儿、新生儿以及老年人药酶功能_____，因此，他们对药物较为敏感，临床使用剂量要比健康成人_____。

四、名词解释

1. 生物膜　　2. 液态镶嵌模型　　3. 被动扩散　　4. 帮助

扩散　　5. 主动转运　　6. 第一相反应　　7. 第二相反应
8. 药酶的诱导剂

五、简答题

1. 简述药物在体内的代谢过程。
2. 简述生物膜的化学组成。
3. 何谓生物膜的液态镶嵌模型,其主要特点是什么?
4. 比较帮助扩散和主动转运的异同点。
5. 简述影响药物生物转化的因素。
6. 药物代谢有何意义?

六、问答题

1. 何谓加单氧酶系?试述加单氧酶系的存在部位、组成及其催化药物反应的方程式。
2. 药物代谢中常见的结合剂有哪些?以葡糖醛酸为例,说明结合剂与药物反应的意义。
3. 举例说明药物生物转化的特点。

七、案例分析题

患者,男,60岁,刚退休,原职业是卡车司机。由于职业原因,患有消化性溃疡,一直服用西咪替丁缓解病情。退休后,每日心神不宁,老伴便将自己服用的用于治疗失眠的地西泮片给他服用了3片(7.5 mg)。吃药之前,患者刚刚吃了西咪替丁,晚饭时饮了几杯白酒。几天没有休息好的患者,一觉睡到第二天中午还没有醒,家人吓得不轻,赶快到社区卫生服务中心求医。

分析思考：

1. 指出药物在体内代谢转化的主要部位及药物代谢转化的反应类型。
2. 结合文献资料说明地西泮如何在体内代谢转化。
3. 患者久睡不醒的原因是什么？
4. 该病例对临床用药特别是联合用药有何启示？

参考答案

第一章 绪 论

一、名词解释

1. 是指构成蛋白质、核酸、多糖等生物大分子的基本单位,如 20 种氨基酸是构成蛋白质的构件分子,4 种核苷酸是构成核酸的构件分子,单糖是构成多糖的构件分子等。
2. 研究基因组的结构、功能及其相互关系的科学称为基因组学。
3. 在整体水平上研究基因转录情况及其调控规律的科学被称为转录组学。
4. 研究调节性的小分子非编码 RNA 在不同时间和空间上的表达情况及其生物学功能,属于 RNA 组学。
5. 研究细胞或组织在特定时间和空间上的所有蛋白质表达谱,被称为蛋白质组学。
6. 开展蛋白质功能与基因及其表达的相关性,即为基因功能组学或称后基因组学。
7. 测定一个生物或细胞在特定环境下所有的小分子($Mr \leqslant 1\,000$)代谢物的组成,描绘其动态变化规律,建立系统代谢图谱,确定这些变化与生物过程的关系的科学,被称为代谢组学。
8. 把整体内不同性质的构成要素包括基因 DNA、RNA、蛋白质、小分子代谢物等整合在一起进行系统研究、细胞信息传递和基因表达调控网络研究等,从整体上阐明生物体的组成、结构与功能及相互之间的作用和关系,称为系统生物学。

9. 主要是针对生命物质的化学组成、性质以及含量的研究,因为这些研究属于静止性的,故称为静态生物化学或叙述生物化学。
10. 研究各种物质在体内的代谢变化,由于代谢处于动态变化过程,故称为动态生物化学。
11. 从一个完整的生物机体角度来研究其化学组成及其化学变化与生理功能的关系,称为机能生物化学。
12. 精准医学以个体化医疗为基础、通过基因组、蛋白质组等组学技术和医学前沿技术,精确寻找到疾病的原因和治疗的靶点,并对一种疾病不同状态和过程进行精确分类,最终实现对于疾病和特定患者进行个性化精准治疗。

二、问答题

1. 生物化学主要是从分子水平研究生物体的化学组成,探讨生命活动过程中化学变化的一门科学,又称生命的化学。
2. 生物化学研究内容十分广泛,本教材主要集中在以下几方面:① 生物体的物质组成及生物分子的结构与功能;② 物质与能量代谢及其调节;③ 遗传信息传递及其调控;④ 专题医药学生化(如肝胆生化、水盐代谢、酸碱平衡和药物代谢等)。目的意义:学习生物化学可以帮助我们从分子水平研究人体生命的规律,如人体生长、发育、分化以及组织细胞结构、功能;观察人与病原体以及人与自然环境之间的关系;分析疾病发生发展的机制并开发有效的预防、诊断和治疗手段。因此生物化学是一门重要的医药学基础课程,对于医药学学生,学好生物化学知识具有重要而深远的意义。
3. 生物化学与分子生物学的理论和技术已渗透到医药卫生的各个领域。无论是基础医学还是临床医学各学科的研究都涉及物质分子变化问题,并应用生物化学的理论与技术从分子水平解决各学科存在的更深层次的问题。如:① 从分子水平阐明疾病发生、发展的机制;② 临床利用生化技术对疾病进行诊断;③ 临床利用生化药物治疗疾病;④ 生化代谢途径的研究为探索药物作用的分子机制及新药的研究提供依据;⑤ 重组 DNA 技术的运用,可以生产人类所需要的生物药或改造新的生物品种;⑥ 基因诊断与基因治疗,可以从基因水平对疑难杂症做出早期、特异的诊断,并从基因水平对以往难以治愈的肿瘤、遗传病等进行有效的治疗等。

第二章 糖类化学

一、单项选择题
1. D 2. A 3. B 4. B 5. C 6. E 7. B 8. B 9. D 10. A
11. E 12. B 13. B 14. B 15. A 16. E 17. E 18. D
19. E 20. B 21. B 22. B 23. D 24. E 25. B 26. B
27. B 28. E 29. A 30. A

二、多项选择题
1. BCD 2. BC 3. BDE 4. BC 5. ABCDE 6. AB

三、填空题
1. 糖·能量
2. 多羟基酮·缩聚物或衍生物
3. 寡糖(或称低聚糖)·多糖
4. α-1,4-糖苷·α-1,6-糖苷
5. 糖苷·性质与功能
6. 甘油醛·离羰基最远的
7. C-5·C-1
8. 吡喃·呋喃
9. 椅式·船式
10. 吡喃糖·呋喃糖
11. 羟基·酸
12. D-果糖·α-1,2-β-糖苷
13. 同多糖·杂多糖

四、名词解释
1. 糖是一类多羟基醛或多羟基酮及其缩聚物或衍生物的统称。
2. 是最简单的糖,只含一个多羟基醛或多羟基酮单位。
3. 又称低聚糖,是由 2～10 个糖单位通过糖苷键连接形成的短链缩聚物。
4. 环式单糖的半缩醛羟基与其他分子中的羟基(或活泼氢原子)缩合,生成糖苷。
5. 在碱性条件下,含有游离半缩醛羟基的糖能被碱性弱氧化剂氧化成糖酸等复杂产物,称为还原糖。
6. 是由硫酸铜、碳酸钠和柠檬酸钠配制而成的一种深蓝色溶液,临床常用该试剂检验尿糖(尿液中的葡萄糖)含量。
7. 由同一种单糖成分组成的多糖,包括淀粉、糖原和纤维素等。
8. 由一条或多条糖链与蛋白质通过共价结合形成的糖蛋白或蛋白聚糖,称为糖复合物,或称复合糖。

五、简答题
1. 单糖是最简单的糖,只含一个多羟基醛或多羟基酮单位。按分子中

所含碳原子的数目,单糖可分为丙糖、丁糖、戊糖和己糖等。自然界中最丰富的单糖是含 6 个碳原子的葡萄糖。按分子中羰基的特点,单糖又分为醛糖和酮糖,如葡萄糖是醛糖,果糖是酮糖。

2. 在溶液状态下,D-葡萄糖的 C-5 羟基与 C-1 醛基发生分子内缩醛反应,形成环式半缩醛结构,使 C-1 成为手性碳原子,形成两种立体异构体,命名为 α-构型和 β-构型。在水溶液中,开链结构与两种环式结构的葡萄糖形成一个动态平衡。

3. 环式单糖的半缩醛羟基可与其他分子中的羟基(或活泼氢原子)缩合,生成糖苷。例如,葡萄糖和甲醇缩合生成 α-D-甲基葡萄糖苷和 β-D-甲基葡萄糖苷。糖苷分子包括糖基部分和非糖部分,一般将糖基部分称为糖苷基,非糖部分称为糖苷配基。连接糖苷基和糖苷配基的化学键称为糖苷键,通常有氧糖苷键和氮糖苷键。糖苷无还原性。

4. 重要双糖包括麦芽糖、蔗糖和乳糖等。① 麦芽糖由 2 分子 D-葡萄糖以 α-1,4-糖苷键结合而成,其中一个葡萄糖在溶液中可以开环形成醛基。麦芽糖具有还原性。② 蔗糖是由 1 分子 α-D-葡萄糖和 1 分子 β-D-果糖以 α-1,2-β-糖苷键结合而成的,在溶液中不能开环形成醛基。因此,蔗糖没有还原性。③ 乳糖由 1 分子 β-D-半乳糖和 1 分子 D-葡萄糖以 β-1,4-糖苷键结合而成。其中 D-葡萄糖在溶液中可以开环形成醛基。因此,乳糖具有还原性。

5. ① 淀粉和纤维素都是植物多糖,但功能不同,淀粉是糖的储存形式,纤维素是植物细胞壁的结构成分。② 淀粉和纤维素由葡萄糖构成,但结构不同,葡萄糖以 α-1,4-糖苷键和 α-1,6-糖苷键结合形成淀粉,以 β-1,4-糖苷键结合形成纤维素。淀粉包括直链淀粉和支链淀粉,后者有分支;纤维素都是直链结构,没有分支。③ 两者性质不同。直链淀粉溶于水,溶液与碘有呈色反应,较易水解。纤维素不溶于水,与碘无呈色反应,有较强的韧性和化学稳定性。

6. 多糖类药物来源广泛,根据其来源不同可分为三类:① 动物多糖类药物,如肝素、透明质酸、硫酸软骨素等;② 植物多糖类药物,如人参多糖、枸杞多糖、黄芪多糖等;③ 微生物多糖类药物,如右旋糖酐类、云芝多糖、香菇多糖等。

六、论述题

1. 多数单糖分子所含原子或基团的空间排布是不对称的,我们说这种单糖存在构型,是手性分子。手性分子的构型以甘油醛作为参照物表示。甘油醛是最简单的单糖,其 C-2 为手性碳原子,其所结合的醛基、羟基、羟甲基和氢有两种排布方式,因而甘油醛存在两种构型异构体,分别称为 D-甘油醛和 L-甘油醛。单糖的构型根据其离羰基最远的手性碳原子连接的—OH 来确定,与 D-甘油醛一致的、—OH 在右侧的单糖为 D-构型,与 L-甘油醛一致的、—OH 在左侧的单糖为 L-构型。生物体内的单糖多数具有 D-构型。

2. 单糖既能发生醇的反应,也能发生醛或酮的反应,环式单糖的半缩醛羟基还能发生特殊反应。① 成苷反应:环式单糖的半缩醛羟基可与其他分子中的羟基(或活泼氢原子)缩合,生成糖苷。② 成酯反应:单糖分子中所有的羟基都能与酸成酯,其中重要的是形成磷酸酯。③ 氧化反应:一定条件下,单糖分子中的醛基和羟甲基可被氧化,氧化条件不同则氧化产物不同。④ 还原反应:单糖可以被还原为相应的糖醇。

3. 一定条件下,单糖分子中的醛基和羟甲基可被氧化,氧化条件不同则氧化产物不同。① 与碱性弱氧化剂反应:单糖的醛基能被氧化成酸,同时生成金属单质或低价金属氧化物。醛糖也能被氧化成糖酸等复杂产物,称为还原糖。酮糖可通过醛酮异构生成醛糖,所以无论是醛糖还是酮糖,都能被碱性弱氧化剂氧化成糖酸等复杂产物,都是还原糖。② 与非碱性弱氧化剂反应:醛糖能被氧化,生成相应的糖酸。例如葡萄糖与溴水反应生成葡萄糖酸。③ 酶促反应:在肝脏内,葡萄糖经酶催化可氧化生成葡糖醛酸。④ 与较强氧化剂反应:单糖与较强氧化剂(如稀 HNO_3)作用生成糖二酸。⑤ 彻底氧化:在体内,单糖(主要指葡萄糖)在酶的作用下,可以完全氧化分解生成 CO_2 和 H_2O。

4. 杂多糖由两种或两种以上不同的单糖或单糖衍生物组成,如糖胺聚糖(由氨基糖和糖醛酸等组成)和阿拉伯胶(由半乳糖和阿拉伯糖组成)等,以糖胺聚糖最为重要。后者又称为氨基多糖,一般由 N-乙酰氨基己糖和糖醛酸聚合而成。因其溶液具有较大黏性,又称为黏多糖。有的糖胺聚糖还有硫酸基团,因而具有酸性。糖胺聚糖链还原端的半缩醛羟基与蛋白质结合形成蛋白聚糖。糖胺聚糖广泛分布于动物体内,是许多结缔组织基质的重要成分,腺体与黏膜的分泌液、血及尿等体液都含有少量糖胺聚糖。常见的有透明质酸、硫酸软骨素、肝素及血型物质等。

第三章 脂类化学

一、单项选择题
1. B 2. B 3. C 4. D 5. A 6. C 7. A 8. A 9. A 10. E
11. E 12. C 13. D 14. C 15. E 16. B 17. E 18. C

二、多项选择题
1. BCD 2. BDE 3. ABDE 4. BC 5. DE

三、填空题
1. 脂肪酸盐·氢氧化钾
2. 二十二碳六烯酸(DHA)·二十碳五烯酸(EPA)
3. 饱和脂肪酸·不饱和脂肪酸
4. 甘氨酸·牛磺酸
5. 睾丸·卵巢·肾上腺皮质网状带

四、名词解释
1. 脂肪和类脂的总称。
2. 由甘油与脂肪酸形成的三酰甘油(TAG)，又称甘油三酯。
3. 单酰甘油、二酰甘油和三酰甘油统称为油脂。
4. 在多不饱和脂肪酸中，亚油酸、亚麻酸和花生四烯酸是维持人和动物正常生命活动所必需的，但体内又不能合成或合成量不足，必须由食物提供，称为必需脂肪酸。
5. 脂肪长期暴露在空气中会产生难闻的气味，这种现象称为酸败。

五、简答题
1. 由1分子甘油与3分子脂肪酸通过酯键结合生成三酰甘油，即为脂肪，习惯上称为甘油三酯。形成脂肪的3个脂酰基可以相同或不同：完全相同的为单纯三酰甘油，不完全相同的为混合三酰甘油。绝大多数天然脂肪是混合三酰甘油。
2. 脂肪中不饱和脂肪酸的碳-碳双键在催化剂存在下加热与氢发生加成反应，称为氢化。通过氢化反应可使液态植物油中的不饱和脂肪酸发生加成反应转变为饱和脂肪酸，同时也会产生一定比例的反式脂肪酸，从而使液态植物油"硬化"为固态或半固态的"植物奶油"或称"人造脂肪",即为氢化油。反式脂肪酸对健康有危害作用,使低密度脂蛋白(LDL)升高、高密度脂蛋白(HDL)降低,从而增加冠心病的危险性。
3. 类固醇激素包括肾上腺皮质激素和性激素两大类。肾上腺皮质激素有醛固酮、皮质醇和皮质酮等。皮质醇和皮质酮具有很强的调节糖代谢的作用,故称为糖皮质激素;醛固酮对盐和水的平衡具有较强的调节作用,被称为盐皮质激素。性激素分为雄激素、雌激素和孕激素,它们对人及动物的生长、发育、第二性征(如声音、体型等)的发生和成熟都有着重要的调节作用。

六、问答题

1. 动物、植物和微生物体内的大多数脂肪酸是含偶数碳原子的直链一元羧酸,碳原子数目一般在 4～26 之间,尤以 C_{16} 和 C_{18} 为最多。高级脂肪酸指 C_6～C_{26} 的直链一元羧酸。人体内脂肪酸主要为偶数碳的高级脂肪酸。

   脂肪酸的分类:根据碳原子数目分为短链(C_2～C_4)脂肪酸、中链(C_6～C_{10})脂肪酸和长链(C_{12}～C_{26})脂肪酸;根据其是否含有碳-碳双键分为饱和脂肪酸和不饱和脂肪酸。

   不饱和脂肪酸:① 有顺式和反式两种形式,天然不饱和脂肪酸都是顺式结构。② 只含有一个碳-碳双键的称为单不饱和脂肪酸,含有 2 个或 2 个以上碳-碳双键的长链不饱和脂肪酸称为多不饱和脂肪酸。③ 在多不饱和脂肪酸中,亚油酸、亚麻酸和花生四烯酸是维持人和动物正常生命活动所必需的,但体内又不能合成或合成量不足,必须由食物提供,称为必需脂肪酸。

2. 磷脂由醇(甘油或鞘氨醇)、脂肪酸、磷酸及含氮有机化合物组成,是生物膜的重要组成成分。根据所含醇的不同分为甘油磷脂和鞘磷脂。① 甘油磷脂:由甘油、脂肪酸和磷酸等构成的磷脂,又称磷酸甘油酯。最简单的甘油磷脂是磷脂酸,其母体结构磷脂酸中的磷酸基与不同的取代基团连接,得到各种甘油磷脂。天然存在的甘油磷脂均为 L-构型。常见的有磷脂酰胆碱、磷脂酰乙醇胺等。② 鞘磷脂:由鞘氨醇、脂肪酸与磷脂酰胆碱组成,又称神经鞘磷脂。鞘氨醇以酰胺键与脂肪酸结合成神经酰胺,即 N-脂酰鞘氨醇,其末端羟基再通过酯键与磷酸胆碱结合,构成鞘磷脂。

3. 胆汁酸(胆盐)种类:游离型胆汁酸和结合型胆汁酸。游离型胆汁酸包括胆酸、鹅脱氧胆酸、脱氧胆酸及石胆酸等;结合型胆汁酸由游离型胆汁酸与甘氨酸或牛磺酸结合而成,包括甘氨胆酸或牛磺鹅脱氧胆酸等多种。胆汁酸性质:胆汁酸分子既含极性基团,又含非极性基团,且在空间位置上完全分布在骨架环的两侧,使分子具有亲水和疏水两个侧面,故为很强的乳化剂,促进脂类消化吸收。

第四章 蛋白质化学

一、单项选择题

1. E 2. C 3. B 4. A 5. D 6. A 7. D 8. E 9. C 10. B
11. A 12. E 13. B 14. C 15. D 16. B 17. C 18. D
19. E 20. A 21. B 22. B 23. E 24. E 25. C 26. C
27. D 28. D 29. E 30. A 31. C 32. D 33. C 34. B
35. B 36. E 37. A 38. E 39. B 40. A

二、多项选择题

1. ABCDE 2. ABCD 3. ABC 4. BC 5. ABC 6. ABC
7. AD 8. ACD 9. ABC 10. AC 11. AC 12. CDE
13. BCD 14. ABCE 15. ACE

三、填空题

1. N·80
2. 兼性离子·等电点
3. 氨基酸·排列顺序
4. 羧基·氨基·肽键(酰胺键)
5. 同种电荷·水化膜
6. 空间结构·生物学活性·理化
7. 氢键·盐键·疏水键
8. 精氨酸·组氨酸·赖氨酸
9. 谷氨酸·天冬氨酸
10. 谷氨酸·精氨酸·丙氨酸
11. 盐析·重金属盐沉淀法
12. 丝氨酸·苏氨酸·酪氨酸
13. 苯丙氨酸·酪氨酸·色氨酸

四、名词解释

1. 具有相应的遗传密码、用于合成蛋白质的20种氨基酸。
2. 当氨基酸或蛋白质在溶液中所带正负电荷相等时,此时溶液的pH即氨基酸或蛋白质的等电点。
3. 一个氨基酸的α-羧基与另一氨基酸的α-氨基脱水缩合形成的酰胺键。
4. 多个氨基酸通过肽键连接而成的分子。

5. 由于肽键具有部分双键的性质,使得与肽键相连的 6 个原子($C_α$、C、O、N、H、$C_α$)构成一个刚性的肽键平面,或称肽单元。
6. 多肽链中的氨基酸因脱水而分子不完整,被称为氨基酸残基。
7. 多肽链中氨基酸的组成和排列顺序。
8. 蛋白质分子中由于肽键平面的相对旋转构成的局部空间构象,如 α-螺旋、β-折叠、β-转角等。
9. 两条或两条以上具有独立三级结构的多肽链,通过非共价键连接形成的空间构象。
10. 在蛋白质分子的四级结构中,具有独立三级结构的多肽链被称为亚基。
11. 由于蛋白质分子的变异或缺失而产生的疾病,称为分子病。
12. 在理化因素的作用下,使蛋白质的空间结构破坏,导致理化性质改变和生物学活性丧失的过程。
13. 在蛋白质溶液中加入高浓度的中性盐使蛋白质从溶液中析出沉淀的方法。
14. 带电粒子在电场中向相反电极移动的现象。

五、简答题

1. 组成蛋白质的元素有 C、H、O 和 N 等,其中 N 是蛋白质的特征性元素,平均含量为 16%。氨基酸是组成蛋白质的基本单位,组成蛋白质的 20 种氨基酸,都属于 L-α-氨基酸(脯氨酸和甘氨酸除外)。
2. 高热可以引起人体组织细胞内蛋白质或酶的活性发生不可逆的变性,导致细胞内各种生化反应能力的损伤。
3. 变性后的蛋白质:① 生物学活性丧失;② 溶解度下降;③ 黏度增加;④ 结晶能力消失;⑤ 易被蛋白酶水解。
4. 蛋白质的变性与沉淀的区别:变性强调蛋白质空间构象破坏,活性丧失,但不一定沉淀;沉淀强调蛋白质溶液的稳定因素被破坏,构象不一定改变,活性也不一定丧失,所以不一定变性。
5. 右手螺旋;螺旋一圈包含 3.6 个氨基酸残基,螺距为 0.54 nm,R 基分布在螺旋的外侧,每个肽键的 C=O 的氧与第四个肽键的 H—N 的氢形成氢键,R 侧链的大小、形状、带电状态等均可影响 α-螺旋的形成。

六、问答题

1. 在蛋白质分子可电离的基团中,除每条肽链上的氨基末端和羧基末端外,侧链上还有可电离的基团,它们有的呈酸式电离,有的呈碱式电离。因此,蛋白质和氨基酸一样是两性电解质,在溶液中可进行两性电离,改变溶液 pH 可影响蛋白质的电离程度及其带电性质。当向溶液里加酸时,溶液 pH 减小,促使蛋白质碱式电离而带正电荷;当向溶液里加碱时,溶液 pH 增大,促使蛋白质酸式电离而带负电荷。这种现象称蛋白质的两性电离。

2. 一级结构是指多肽链中氨基酸的组成和排列顺序;二级结构是指肽键平面的相对旋转所形成的局部空间结构;三级结构是指在二级结构基础上,多肽链中相距较远的侧链通过相互作用进一步盘绕折叠所形成的空间构象;四级结构是指多个亚基间的相互作用形成的空间结构。维持蛋白质一级结构的作用力是肽键;维持二级结构的作用力是氢键;维持三级结构的作用力是氢键、盐键、疏水键、范德瓦尔斯力、二硫键;维持四级结构的作用力是氢键、盐键、疏水键、范德瓦尔斯力。

3. 在某些理化因素作用下,使蛋白质特定的空间结构破坏,引起蛋白质理化性质改变和生物学活性丧失的现象,称为蛋白质变性。引起蛋白质变性的因素有:物理因素,如紫外线照射、加热煮沸等;化学因素,如强酸、强碱、重金属盐、有机溶剂等。临床上常利用加热或某些化学试剂使病原微生物的蛋白质变性,从而达到消毒的目的。在分离、纯化或保存活性蛋白质制剂时,应采取防止蛋白质变性的措施。

4. 沉淀蛋白质的主要方法有:盐析、有机溶剂沉淀、重金属盐沉淀、生物碱试剂沉淀。盐析特点:利用高浓度中性盐破坏蛋白质的胶体稳定性(电荷和水化膜)而使其从溶液中析出。其优点是蛋白质不变性,对不同蛋白质还可进行分段盐析。有机溶剂沉淀的特点:与水亲和性强,破坏蛋白质表面的水化膜,但不能中和电荷,因此需在等电点附近沉淀蛋白质,且需在低温下进行以防止蛋白质变性。重金属盐沉淀的特点:调节溶液 pH 大于蛋白质的等电点,蛋白质带负电,与重金属离子结合而沉淀,一般使蛋白质变性。生物碱试剂沉淀的特点:调节溶液 pH 小于蛋白质的等电点,蛋白质带正电,与某些酸的酸根结合而沉淀,一般使蛋白质变性。

5. 蛋白质的构象决定功能。如蛋白质天然构象被破坏,蛋白质的生物活性就丧失。正常情况下,很多蛋白质的构象不是固定不变的。如人体内有很多蛋白质往往存在着不止一种构象,但只有一种构象能显示出高活性,因而,常可通过构象的变化来影响蛋白质功能活性。如血红蛋白,没有结合氧时呈紧张态,当一个亚基血红素与氧分子结合,可引起其他亚基构象依次变构为松弛态,进而增大对氧的亲和力。因此,血红蛋白往往通过构象的变化来完成对氧的运输。

6. 离子交换层析是利用蛋白质所带电荷与固相基质(离子交换剂)之间相互作用达到分离纯化的目的。基质是由带有电荷的树脂或纤维素组成,带有正电荷的称为阴离子交换树脂,可结合带有负电荷的蛋白质;而带有负电荷的称为阳离子交换树脂,可结合带有正电荷的蛋白质。由于蛋白质的氨基酸组成不同,在某一 pH 条件下其带电状况不同,与离子交换剂结合的亲和力不同。当用不同离子强度和 pH 的缓冲液洗脱时,可根据亲和力、分子、形状、扩散速度等差异,将蛋白质彼此分离开来。

7. 凝胶过滤层析又称分子筛层析。其原理是利用多孔的固相载体(葡聚糖凝胶、聚丙烯酰胺凝胶、琼脂糖凝胶等制成)装填到层析柱中,加入待分离的蛋白质混合样本,然后进行洗脱。当不同大小和形状的蛋白分子流经固相载体时所受到的排阻力不等,颗粒直径较大的蛋白质,不能进入凝胶颗粒微孔而先被洗脱下来,直径小的则易进入凝胶颗粒微孔内使流程延长而被后洗脱下来,从而将混合物中的不同蛋白质组分彼此分离开。

七、案例分析题

1. 诊断为镰状细胞贫血。诊断依据:贫血貌,中度黄疸,肝、脾略肿大。实验室检查:血红蛋白 71 g/L,血细胞比容 9.7%,红细胞总数 3.3×10^{14}/L,白细胞总数 6×10^9/L,白细胞分类正常;网织红细胞计数 0.13;血清铁 22 μmol/L,次亚硫酸氢钠试验阳性;红细胞形态镰形。

2. 分子基础为血红蛋白 β 链的 N 端第 6 个氨基酸残基由亲水的谷氨酸变异成疏水的缬氨酸,其与第 1 位的缬氨酸残基形成局部连接。HbS 结构变化对其功能的影响是,在低氧情况下异常血红蛋白聚合成长棒状聚合物而从红细胞中析出,使整个红细胞扭曲成镰刀状,以致氧结合能力降低,很容易破裂溶血。

3. ① 血红蛋白电泳;② 基因检测;③ 限制性内切酶分析法。

第五章 核酸化学

一、单项选择题
1. E 2. B 3. C 4. D 5. B 6. A 7. E 8. C 9. E 10. A
11. D 12. E 13. B 14. E 15. A 16. B 17. C 18. D

二、多项选择
1. DE 2. DE 3. BC 4. AC 5. CDE

三、填空题
1. 核苷酸、3′,5′-磷酸二酯键
2. C、T
3. 戊糖、碱基、糖苷键
4. β-D-核糖、β-D-2′-脱氧核糖
5. mRNA、tRNA、rRNA
6. 双螺旋、三叶草
7. 碱基堆积力、氢键
8. 0.53 mol、0.25 mol
9. 2、3、4、10
10. 外、内
11. 260、280
12. 不发生断裂、增高、降低

四、名词解释
1. 由4种脱氧核苷酸(dAMP、dCMP、dGMP、dTMP)彼此间通过3′,5′-磷酸二酯键连接而成的多聚脱氧核苷酸链。
2. 加热或用酸碱处理使双链DNA解开,氢链断裂,双螺旋松散变成无规则单链结构,此为DNA的变性。
3. DNA变性解链达50%时的温度称为解链温度,又称变性温度、熔点或融解温度。
4. DNA变性使其双链解开、碱基对暴露而导致紫外吸收值增高,称为增色效应。
5. 不同来源的核酸链如果存在互补碱基序列则易形成互补杂交双链,这一过程称为核酸分子杂交。

五、简答题
1. B-DNA是由2条反向平行的脱氧多核苷酸链构成的右手双螺旋状结构。由脱氧核糖与磷酸交替连接而成的主链骨架位于双螺旋结构外侧,碱基位于内侧。两条链的碱基间通过氢键横向连接(A═T,G≡C)形成双螺旋内部的碱基对平面。碱基对平面与螺旋中心轴垂直。上下两个碱基对平面间形成碱基堆积力,是双螺旋结构的纵向作用力。双螺旋直径2 nm,碱基对平面间距0.34 nm,每一螺旋含

10 bp,螺距 3.4 nm;双螺旋表面有间隔排列的大沟和小沟。
2. 加热、强酸、强碱、紫外线照射和有机溶剂等理化因素会导致 DNA 空间结构破坏,从而发生变性。变性 DNA 呈单股无规则线团状结构,溶液黏度下降、沉降速度加快、核酸生物学功能丧失。此外,由于变性 DNA 双链解开,碱基对暴露而导致对紫外吸收增加,出现增色效应。
3. 核酸分子的嘌呤碱和嘧啶碱都含有共轭双键,具有紫外吸收特征。在中性条件下,DNA 的最大吸收峰在 260 nm 波长处。分析核酸样品对 260 nm 紫外的吸收程度(以 A_{260} 表示),可用于核酸的定性、定量分析及 DNA 变性和复性的研究。

六、论述题

1. 根据化学组成、结构和功能的差异,核酸分为 DNA 和 RNA 两大类。DNA 是储存、复制和传递遗传信息的载体,DNA 的一级结构以遗传密码的方式决定蛋白质多肽链中氨基酸的排列顺序,故 DNA 是蛋白质生物合成的原始模板。RNA 是 DNA 的转录产物,根据 RNA 在蛋白质生物合成中的不同功能,又分为 mRNA、tRNA、rRNA。mRNA 能将 DNA 分子的遗传信息从细胞核携带到细胞质,通过其"三联体"密码子直接指导蛋白质的合成,因此 mRNA 是蛋白质生物合成的直接模板;tRNA 在蛋白质生物合成过程中具有选择性运输氨基酸和识别 mRNA 密码子的功能,故称为蛋白质生物合成的"读码器";rRNA 与蛋白质结合形成核糖体,为蛋白质生物合成提供场所。
2. DNA 和 RNA 在组成、结构和功能等方面的区别见下表:

比较因素	DNA	RNA
戊糖	脱氧核糖	核糖
碱基	A、G、C、T	A、G、C、U
二级结构	双螺旋结构	单链自身回折形成局部双螺旋
细胞内分布	细胞核,其次为线粒体	细胞质,其次为核仁
功能	储存、复制和传递遗传信息的载体	参与蛋白质生物合成

第六章 酶

一、单项选择题

1. C 2. C 3. D 4. D 5. D 6. A 7. B 8. E 9. A 10. E
11. D 12. A 13. B 14. D 15. D 16. C 17. B 18. C
19. C 20. D 21. E 22. B 23. E 24. C 25. B 26. C
27. E 28. E 29. E 30. B 31. E 32. D 33. C 34. A
35. E 36. B 37. A 38. D 39. C 40. C 41. C

二、多项选择题

1. ACDE 2. ABCDE 3. ABCD 4. AC 5. ABCE 6. ABCE
7. ABCDE 8. BCDE

三、填空题

1. 不同 也不同 酶的最适底物
2. 竞争性
3. 非竞争性
4. 绝对 相对 立体异构
5. 一半 底物
6. 相同 不同
7. 竞争性 非竞争性

四、名词解释

1. 是由2个或2个以上相同或不同的亚基以非共价键相连组成的酶。
2. 由蛋白质和非蛋白质两部分组成的酶,称结合酶。
3. 酶分子中与酶的活性密切相关的基团称为酶的必需基团。
4. 必需基团在酶蛋白一级结构上可能相距甚远,但在空间结构上彼此靠近,组成具有特定空间结构的区域,能与底物特异结合并将底物转化为产物。这一区域称为酶的活性中心或活性部位。
5. 有些酶在细胞内刚合成或初分泌时,是没有活性的酶的前体,称为酶原。
6. 酶原在一定条件下被水解掉部分肽段,并使剩余肽链构象改变而转变成有活性的酶,称为酶原的激活。
7. 是指能催化相同化学反应,但酶分子的组成、结构、理化性质乃至免疫学性质或电泳行为均不同的一组酶。
8. 酶对其所催化的底物具有严格的选择性。即一种酶仅作用于一种或一类化合物,或作用于一种化学键,以催化一定的化学反应转变为产物,这种选择性被称为酶的特异性或专一性。
9. 一种酶仅作用于立体异构体中的一种,而对另一种则无作用,这种选择性称为立体异构特异性。
10. K_m在数值上是酶促反应速度为最大速度一半时的底物浓度,是酶的特征性常数。
11. 使酶由无活性转变为有活性的激活剂称为必需激活剂。
12. 凡抑制剂与酶的必需基团以共价键结合引起酶活性丧失,不能用透析、超滤等物理方法除去抑制剂而使酶复活的,称为不可逆抑制作用。
13. 抑制剂以非共价键与酶或酶-底物复合物的特定区域结合,从而使酶活性降低或丧失,能用透析或超滤的方法将抑制剂除去,使酶恢复活性。因此这类抑制是可逆的,被称为可逆性抑制作用。
14. 抑制剂与底物结构相似,两者相互竞争与酶的活性中心结合,当抑制剂与酶结合后,可以阻碍酶与底物的结合,从而抑制酶活性,这类抑制作用被称为竞争性抑制作用。
15. 抑制剂与酶活性中心以外的必需基团相结合,使酶的构象改变而失去活性,称为非竞争性抑制作用。
16. 是指在一系列连续的酶促反应中,只能催化单向反应,且速度较慢的酶。调节该酶活性可以影响整个代谢速度甚至改变代谢方向,这类酶被称为关键酶,也称调节酶。
17. 某些代谢物能与酶分子活性中心以外的某一部位特异结合,引起酶蛋白分子构象变化,从而改变酶的活性。这种调节称为酶的别构调节或变构调节。
18. 酶蛋白肽链上的某些氨基酸残基可在另一种酶的催化下发生化学修饰,使共价结合或脱去某些化学基团从而改变酶的活性,这种调节方式称为化学修饰调节,也称共价修饰调节。

五、简答题

1. 酶原激活的机制:无活性的酶原分子在一定条件下被水解掉部分肽段,剩余肽链构象发生改变,形成或暴露酶的活性中心而使酶有活性。酶原激活的生理意义:避免活性酶对细胞自身进行消化,并有利于酶在特定的部位和环境中发挥作用,保证体内代谢的正常进行。此外,酶原还可以视为酶的储存形式。
2. ① 高度不稳定性:酶的化学本质是蛋白质,极易受环境因素的影响而变性失活。② 高度催化效率:酶的催化反应比非酶催化反应速度高 $10^7 \sim 10^{13}$ 倍。③ 高度特异性:酶对其所催化的底物具有严格的选择性。④ 酶活力的可调性:其活性可以受到底物诱导、产物抑制以及神经内分泌的调控。
3. 金属离子作为辅助因子,其主要作用有:① 稳定酶蛋白活性构象;② 参与构成酶的活性中心;③ 连接酶和底物的桥梁;④ 中和阴离子。
4. 酶活性中心的必需基团有两类:一是结合基团,其作用是与底物相结合形成酶-底物复合物;另一是催化基团,其作用是影响底物中某些化学键的稳定性,并催化底物发生化学反应而转变为产物。
5. ① K_m 在数值上等于酶促反应速度为最大速度一半时的底物浓度。② K_m 可近似地反映酶与底物的亲和力。K_m 值越小,表示酶与底物的亲和力越大。这表示不需要很高的底物浓度就可以达到最大反应速度。如果一种酶有几种底物,就有几个 K_m 值,其中 K_m 值最小者被称为天然底物或最适底物。③ K_m 是酶的特征性常数,可以反映酶的种类等。
6. ① 抑制剂与底物的结构相似。② 抑制剂与底物相互竞争与酶活性中心结合。③ 抑制程度取决于[I]/[S]相对比例。④ 增加底物浓度,可以减少或解除抑制作用。⑤ K_m 值增大,V_{max} 值不变。
7. ① 抑制剂与底物的结构不相似。② 抑制剂和底物可同时与酶的不同部位相结合。③ 抑制程度只取决于[I]。④ 增加[S]不能去除抑制作用。⑤ K_m 值不变,V_{max} 值降低。
8. 三种可逆性抑制作用 K_m 值和 V_{max} 值变化的比较见下表:

	竞争性抑制	非竞争性抑制	反竞争性抑制
I 结合的对象	E	E、ES	ES
K_m 变化	增大	不变	减小
V_{max} 变化	不变	降低	降低

六、问答题

1. 温度升高对酶促反应有双重影响:一是温度升高可以增加活化分子数目,使反应加速进行;二是温度升高超过一定范围时,又会使酶蛋白变性,反应速度反而降低。因此,只有在酶活性最高的最适温度条件下,酶促反应速度最快。低温不会使酶变性,温度恢复时,酶又呈现催化活性。临床上采用低温麻醉以减慢组织细胞代谢速度,提高机体对氧和营养物质缺乏的耐受性。动物细胞、菌种、酶制剂保存通常采用低温或超低温。生化实验中测定酶活性时,应严格控制反应温度。

2. ① 绝对特异性:一种酶仅作用于一种底物发生化学反应,称为绝对特异性。例如脲酶只能催化尿素水解生成氨和二氧化碳,对尿素的衍生物如甲基尿素则不起作用。② 相对特异性:一种酶可作用于一类化合物或一种化学键发生化学反应,称为相对特异性。例如磷酸酶可水解磷酸和羟基化合物形成的磷酸酯键。③ 立体异构特异性:一种酶仅作用于立体异构体中的一种,而对另一种无作用,这种选择性称为立体异构特异性。例如,乳酸脱氢酶只能催化 L-乳酸脱氢生成丙酮酸,对 D-乳酸则无作用。

3. 反应体系 pH 影响酶分子中极性基团的解离状态。酶活性中心的某些必需基团往往需要处在特定的解离状态才最容易同底物结合,并发挥最大催化效力。pH 变化也影响底物及辅助因子的解离,进而影响与酶的亲和力。因此 pH 的改变既影响酶与底物的结合,也影响酶的催化效率。另一方面,过酸或过碱条件下酶蛋白容易发生变性而失去活性。酶催化活性最大时,反应体系的 pH 称为酶促反应的最适 pH。科研工作中,宜选最适 pH 的缓冲溶液以使酶发挥最大催化作用。

4. 临床常用的磺胺类药物,是依据酶的竞争性抑制原理以抑制细菌生长的。四氢叶酸(FH_4)是合成核苷酸不可缺少的辅酶,如果缺少四氢叶酸,细菌的核酸和蛋白质合成将会受到抑制。对磺胺药敏感的细菌不能利用环境中的叶酸转化成 FH_4,而必须在自身体内二氢蝶酸合成酶的作用下,以对氨基苯甲酸(PABA)、二氢蝶啶为原料合成二氢蝶酸,继而与谷氨酸合成二氢叶酸(FH_2);FH_2 在二氢叶酸还原酶催化下被还原成 FH_4。磺胺类药物的化学结构与 PABA 相似,可与之竞争二氢蝶酸合成酶,从而抑制 FH_2 的合成。甲氧苄啶(TMP)与二氢叶酸的结构类似,可竞争性抑制二氢叶酸还原酶,抑制 FH_2 还原成 FH_4。因此,甲氧苄啶与磺胺类药物合用具有增效作用。根据竞争性抑制作用的特点,首次服用磺胺类药物时必须达到足够高的血药浓度,以产生较大的竞争性抑制作用,然后继续使用维持量。人类能直接利用食物中现成的叶酸,所以人类核酸合成一般不受磺胺类药物的干扰。

5. 同工酶是指能催化相同化学反应,但酶分子的组成、结构、理化性质乃至免疫学性质或电泳行为均不同的一组酶。同工酶在不同组织器官中的分布是不同的。例如 LDH_1 在心肌含量最高,而 LDH_5 在肝脏含量最高。在临床检验方面,通过分析患者血清中 LDH 同工酶的电泳图谱,可以帮助诊断某些器官组织是否发生病变。例如,心肌梗死时患者血清 LDH_1 含量明显上升,肝病病者血清 LDH_5 含量高于正常。

6. 概念:某些代谢物能与酶分子活性中心以外的某一部位特异结合,引起酶蛋白分子构象变化,从而改变酶的活性,这种调节称为酶的别构调节。别构酶是由多亚基构成的寡聚酶。有催化亚基和调节亚基,别构剂以非共价键与酶的调节亚基结合,进而引起酶的构象改变,如亚基的解聚与聚合或疏松与紧密的变化,从而引起酶活性的改变。别构剂一般以反馈方式对代谢途径的起始关键酶进行调节,常见为负反馈调节。

7. 概念:酶蛋白肽链上某些氨基酸残基可在另一种酶的催化下发生化学修饰,使共价结合或脱去某些化学基团从而改变酶的活性,这种调节方式称为化学修饰调节。特点:① 绝大多数属于这类调节方式的酶都具有两种形式,如无活性(或低活性)和有活性(或高活性)两种。它们的互变由不同的酶所催化,这些酶又受激素等调节因素的调控。② 磷酸化修饰是体内经济有效的快速调节方式。磷酸化修饰虽需消耗 ATP 供给磷酸基团,但其耗能远小于合成酶蛋白所消耗的 ATP。③ 有共价键的变化。④ 整个化学修饰过程是一个级联式、一环扣一环的反应过程,故有快速、放大效应。意义:化学修饰调节是快速调节酶活性的又一重要方式。

七、案例分析题

1. 诊断依据:上腹持续性绞痛,向后背部放射,伴恶心、呕吐,呕吐后无缓解;体温 38.2℃,上腹有轻压痛;血白细胞 $18.3 \times 10^9/L$,中性粒细胞 $16.5 \times 10^9/L$,血清淀粉酶 4 100 U/L;腹部 CT 可见腹腔内渗出性改变(急性胰腺炎表现)、胆囊多发结石。

2. 胰蛋白酶原的激活过程:胰蛋白酶原由胰腺细胞刚分泌时不具有活性,分子质量大,含有 244 个氨基酸残基。胰蛋白酶原进入小肠后,受肠激酶催化水解去除 N 端 6 肽,剩余肽段盘绕、折叠形成活性中心区域,进而转变为有活性的胰蛋白酶,才发挥其催化活性。

　　急性胰腺炎患者可能由多种原因(如胆汁反流、胰液分泌过多、创伤、感染等)造成胰蛋白酶原在胰腺内就被激活,对自身胰腺组织产生消化作用,引起出血甚至坏死的炎症反应。

第七章 维 生 素

一、单项选择题

1. B · 2. C · 3. C · 4. D · 5. B · 6. B · 7. D · 8. C · 9. C · 10. A ·
11. A · 12. C · 13. E · 14. D · 15. C · 16. C · 17. B · 18. E ·
19. B · 20. A · 21. C · 22. D · 23. D · 24. D · 25. E · 26. C ·
27. D · 28. B · 29. E · 30. D · 31. D · 32. B · 33. E · 34. D

二、多项选择题

1. BD · 2. BE · 3. CDE · 4. ACE · 5. ABCDE · 6. ABCDE ·
7. ABE · 8. CDE · 9. BE · 10. CD · 11. ABC · 12. ABCD

三、填空题

1. 吡哆醛磷酸 · 吡哆胺磷酸 · 转氨酶 · 氨基酸脱羧酶
2. 一碳单位转移酶 · N-5 · N-10
3. NAD^+ · $NADP^+$ · 脱氢酶
4. HSCoA · ACP · 酰基转移酶
5. 胶原蛋白 · 坏血病
6. 羧化酶 · CO_2 的固定或底物羧化
7. FMN · FAD · 递氢体
8. $1,25-(OH)_2-VitD_3$ · 肝脏和肾脏 · 羟化反应
9. γ-谷氨酸羧化酶 · 羧化
10. 11-顺视黄醛 · 视紫红质 · 暗
11. 氧化 · 生物膜结构与功能 · 延缓衰老

四、名词解释

1. 是维持机体正常代谢和生理功能所必需的一类低分子有机化合物。
2. 维生素在体内发挥作用并不断地代谢失活或直接排出体外,当维生素缺乏时可引起机体代谢失调,出现各种各样的疾病,严重者危及生命,称为维生素缺乏病。
3. 根据溶解特性,将易溶于水的维生素称为水溶性维生素,包括 B 族维生素和维生素 C。
4. 根据溶解特性,将不溶于水而易溶于脂肪及有机溶剂的维生素称为脂溶性维生素,主要包括维生素 A、D、E、K。
5. 即 β-胡萝卜素。食入的 β-胡萝卜素在小肠黏膜和肝脏从分子中间

断开,被转化成视黄醛,故将β-胡萝卜素称为维生素 A 原。
6. 麦角固醇和 7-脱氢胆固醇分别为维生素 D_2 和维生素 D_3 的前体物质,被统称为维生素 D 原。
7. 存在于视网膜杆状细胞内,由 11-顺视黄醛和视蛋白组成的感受弱光的物质。

五、简答题

1.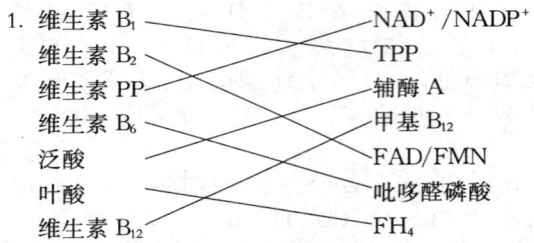

维生素 B_1 —— $NAD^+/NADP^+$
维生素 B_2 —— TPP
维生素 PP —— 辅酶 A
维生素 B_6 —— 甲基 B_{12}
泛酸 —— FAD/FMN
叶酸 —— 吡哆醛磷酸
维生素 B_{12} —— FH_4

2. ① 脚气病可以由维生素 B_1 缺乏引起。② 坏血病可以由维生素 C 缺乏引起。③ 佝偻病或骨软化症可以由维生素 D 缺乏引起。④ 眼干燥症可以由维生素 A 缺乏引起。⑤ 癞皮病可以由维生素 PP 缺乏引起。⑥ 新生儿出血可以由维生素 K 缺乏引起。⑦ 巨幼红细胞性贫血可以由维生素 B_{12} 和叶酸缺乏引起。

3. 维生素缺乏的常见原因如下(要点)。① 摄取不足:膳食中供给不足。② 吸收障碍:人体吸收利用降低。③ 机体对维生素的需要相对增加,未及时补充。④ 服用某些药物:长期服用抗生素或抗维生素药物。⑤ 某些疾病影响维生素吸收和活化。

4. ① 脂溶性维生素不溶于水,易溶于脂肪及有机溶剂。在食物中常与脂类共存并被肠道一同吸收,还需胆汁酸盐的帮助;在体内脂溶性维生素主要储存在肝脏,通过胆汁缓慢排出体外,过量摄入易蓄积引起中毒。② 水溶性维生素易溶于水,在体内不易储存,容易随尿排出,因此必须经常从食物中摄取,供给不足时易出现缺乏症,但大量服用也可损伤机体。

5. ① 参与体内羟化反应(促进胶原蛋白合成、促进胆固醇转化为胆汁酸、促进单胺类神经递质的合成)。② 参与体内氧化还原反应(保护巯基、促进抗体生成、促进造血、清除自由基)。③ 抗病毒、抗肿瘤、防治动脉粥样硬化等。

6. ① 构成视觉细胞内感光物质(视紫红质)。② 维持上皮组织结构的完整性。③ 视黄醇和视黄酸可发挥类固醇激素样作用,促进儿童生长发育。④ 抗氧化和清除自由基,有一定的防癌、抗癌作用。
7. 在日光中紫外线的照射下,可促使人及动物皮肤中的 7-脱氢胆固醇转变为维生素 D_3,后者进入肝肾羟化转变为活性维生素 D_3,就可参与调节钙磷代谢。所以经常晒太阳是预防维生素 D 缺乏的有效方法。

六、问答题

1. 体内生物膜含有的不饱和脂肪酸易被活性氧氧化成过氧化脂质,进而使各种细胞膜结构与功能受损。如红细胞膜受损,易发生贫血;溶酶体膜破裂释放出各种水解酶类,致使组织自溶,造成严重后果。还原型谷胱甘肽(GSH)能使生物膜的过氧化脂质还原,起到保护细胞膜的作用,而维生素 C 通过提供氢原子保证还原型谷胱甘肽(GSH)的含量,从而间接维持生物膜的功能。

2. 在体内维生素 B_1 转化成 TPP,TPP 是 α-酮酸脱氢酶复合体的辅酶之一。α-酮酸脱氢酶复合体是糖代谢过程的关键酶,维生素 B_1 缺乏则 TPP 减少,必然导致该复合体酶活性下降,糖代谢反应受抑制,导致 ATP 产生减少,同时 α-酮酸如丙酮酸堆积,使神经细胞、心肌细胞供能不足、功能障碍,出现手足麻木、肌肉萎缩、心力衰竭、下肢水肿、神经功能退化等症状,被统称为脚气病。

3. 体内核酸合成和蛋白质生物合成代谢存在如下关系:一碳单位代谢→核苷酸乃至核酸的合成→蛋白质的合成。维生素 B_{12} 和四氢叶酸均为体内一碳单位代谢所必需的辅酶,当缺乏叶酸和维生素 B_{12} 后,一碳单位代谢受影响,进而核苷酸的合成减少。核苷酸是合成核酸的原料,根据上述代谢关系,进一步使细胞内核酸和蛋白质合成受影响。因此,缺乏叶酸和维生素 B_{12} 后,最终会抑制核酸以及蛋白质的生物合成。

4. 维生素 A 的活性形式之一是 11-顺视黄醛。视网膜杆状细胞内的 11-顺视黄醛可与视蛋白结合形成视紫红质,在弱光条件下视紫红质吸收光子,使其中的 11-顺视黄醛发生异构作用转变成全反视黄醛,同时传递信号使大脑产生暗视觉。当维生素 A 缺乏时,11-视黄醛供应不足,视紫红质就会减少,从而对弱光敏感性下降,导致夜盲症。

5. 维生素 B_6 在激酶催化下发生磷酸化反应,生成吡哆醛磷酸和吡哆胺磷酸,这是维生素 B_6 在体内发挥生理功能的活性形式,是转氨酶的辅酶,吡哆醛磷酸又是某些脱羧酶的辅酶。

吡哆醛磷酸作为谷氨酸脱羧酶的辅酶,使谷氨酸脱羧生成 γ-氨基丁酸,γ-氨基丁酸是一种抑制性神经递质。补充维生素 B_6 可促进 γ-氨基丁酸的生成,所以临床上常用维生素 B_6 治疗由于中枢神经过度兴奋引起的婴儿惊厥和妊娠呕吐等症状。

人类很少发生维生素 B_6 缺乏病,但治疗维生素 B_1、维生素 B_2 和维生素 PP 缺乏时,同时给予维生素 B_6 可增进疗效。此外,抗结核药物异烟肼能与吡哆醛磷酸结合,使其失去辅酶的作用。所以在服用异烟肼时,应注意补充维生素 B_6,以防止异烟肼治疗中出现的不安、失眠和多发性神经炎等不良反应。

6. ① 维生素 B_1→TPP→参与丙酮酸和 α-酮戊二酸氧化脱羧反应;TPP 也可参与戊糖磷酸途径中的转酮醇反应。② 泛酸→HSCoA→参与丙酮酸和 α-酮戊二酸氧化脱羧反应。③ 硫辛酸→硫辛酸→参与丙酮酸和 α-酮戊二酸氧化脱羧反应。④ 维生素 PP→NAD^+→参与甘油醛-3-磷酸、丙酮酸、柠檬酸、苹果酸等多种物质的氧化脱氢反应;维生素 PP→$NADP^+$→参与戊糖磷酸途径中葡糖-6-磷酸的氧化脱氢反应。⑤ 维生素 B_2→FAD→参与三羧酸循环中琥珀酸脱氢反应。⑥ 生物素→参与糖异生途径中的丙酮酸羧化反应。

7. 维生素 D 本身无活性,必须在肝和肾组织内羟化为 $1,25-(OH)_2-$VitD 活性形式,才具有调节钙、磷代谢的作用。当肝、肾有疾病时,维生素 D 的羟化作用受阻,不能活化为 $1,25-(OH)_2-$VitD 形式,对钙磷代谢调节发生障碍。进而使儿童易发生佝偻病,成年人易发生骨软化症,老年人易导致骨质疏松症。

七、案例分析题

1. 该患儿诊断为:营养不良、佝偻病。诊断依据:营养不良表现为低体重、消瘦、发育迟缓;佝偻病表现为枕秃、方颅、未出牙,轻度肋缘外翻,胸廓畸形呈漏斗状。

2. 发病原因:反复腹泻易导致维生素 D 与钙摄入不足;户外活动少、日光照射不足易引起维生素 D 生成不足。

维生素 D 是维持钙、磷代谢平衡的重要激素之一,主要通过作用于靶器官(肠、肾、骨)而发挥其抗佝偻病的生理功能:① 促进小肠黏膜细胞对钙、磷吸收;② 增加肾近曲小管对钙、磷的重吸收,利于新骨钙化作用;③ 促进骨样组织成熟和钙盐沉积。维生素 D 缺乏使钙磷代谢障碍,婴幼儿骨骼发育异常,导致佝偻病的发生。

第八章 糖 代 谢

一、单项选择题

1. C 2. B 3. D 4. B 5. B 6. D 7. C 8. C 9. C 10. A
11. A 12. D 13. B 14. A 15. A 16. E 17. E 18. B
19. B 20. C 21. B 22. C 23. A 24. D 25. D 26. E
27. E 28. C 29. D 30. E 31. B 32. A 33. B 34. E
35. E 36. E 37. E 38. C 39. D 40. A 41. D 42. B
43. E 44. C 45. A 46. D

二、多项选择题

1. ABDE 2. ACD 3. BCDE 4. ABC 5. ACE 6. AB 7. AB
8. BCD 9. AE 10. ABCDE 11. BC 12. ABCDE 13. BCD
14. BCDE 15. ACE 16. ABCDE 17. ABCE

三、填空题

1. 食物糖的消化吸收・肝糖原分解・糖异生作用
2. 磷酸果糖激酶-1 丙酮酸激酶
3. 乳酸・CO_2・H_2O
4. 糖原合酶・糖原磷酸化酶
5. 乙酰 CoA・草酰乙酸
6. 肝脏・肾脏
7. 核糖-5-磷酸・NADPH + H^+
8. UDPG
9. 丙酮酸羧化酶・磷酸烯醇式丙酮酸羧激酶
10. TPP・HSCoA・NAD^+
11. 维生素 B_1・泛酸・维生素 B_2
12. 2・3
13. 己糖激酶・磷酸果糖激酶-1 丙酮酸激酶
14. 乳酸・NAD^+
15. 甘油醛-3-磷酸・磷酸二羟丙酮
16. 琥珀酸脱氢酶

四、名词解释

1. 葡萄糖或糖原在无氧或缺氧条件下,分解为乳酸同时产生少量能量的过程。
2. 葡萄糖或糖原在有氧条件下,彻底氧化分解生成 CO_2 和 H_2O 并释放大量能量的过程。

3. 此过程从2碳的乙酰辅酶A与4碳的草酰乙酸缩合生成6碳的柠檬酸开始,经过多次脱氢和脱羧等反应,又生成4碳的草酰乙酸进入下一轮循环。由于此过程是从生成3个羧基的柠檬酸开始,被称为三羧酸循环。
4. 由单糖(主要是葡萄糖)合成糖原的过程称为糖原合成。
5. 肌糖原无氧酵解可生成大量乳酸,后者经血液循环运至肝脏,经糖异生途径生成葡萄糖,再释放入血,又被肌组织摄取,再分解为乳酸,构成循环过程,称为乳酸循环。
6. 以血糖8.89～10.00 mmol/L代表肾脏重吸收葡萄糖的浓度界限,称为肾糖阈。
7. 由非糖物质转变为葡萄糖或糖原的过程称为糖异生作用。
8. 由不同酶催化的单向反应使两个底物互变的循环称为底物循环。
9. 血糖主要是指血液中的葡萄糖。
10. 人体处理葡萄糖的能力。

五、简答题

1. 糖酵解全过程分为4个阶段。第一阶段:葡萄糖或糖原转变为果糖-1,6-二磷酸;第二阶段:果糖-1,6-二磷酸裂解为磷酸二羟丙酮和甘油醛-3-磷酸;第三阶段:甘油醛-3-磷酸转变为丙酮酸;第四阶段:丙酮酸还原生成乳酸。
2. 糖酵解的生理意义:① 糖酵解是机体相对缺氧时补充能量的一种有效方式。如激烈运动或长时间运动时,能量需求增加,肌肉处于相对缺氧状态,此时可以通过糖酵解补充急需的能量。② 某些组织在有氧时也通过糖酵解供能。如成熟红细胞无线粒体,主要依靠糖酵解维持其能量的需要。③ 糖酵解的中间产物可为其他物质的合成提供原料。
3. 糖有氧氧化可分三个反应阶段。第一阶段:在细胞质中由葡萄糖氧化分解为丙酮酸;第二阶段:丙酮酸进入线粒体氧化脱羧为乙酰辅酶A;第三阶段:乙酰辅酶A经过三羧酸循环彻底氧化分解,产生能量。
4. 主要有3个方面:① 糖的有氧氧化是机体获得能量的主要方式;② 三羧酸循环是体内糖、脂肪和蛋白质三大营养物质分解代谢的最终代谢通路;③ 三羧酸循环又是糖、脂肪和氨基酸代谢相互联系的枢纽。
5. ① 提供磷酸核糖,为体内核苷酸乃至核酸的合成提供原料。② 提供

NADPH＋H⁺。NADPH 的作用：是脂肪酸及胆固醇等物质生物合成的供氢体；作为谷胱甘肽还原酶的辅酶，以维持细胞内还原型谷胱甘肽(GSH)的正常含量，这对维持细胞特别是红细胞的完整性有重要意义；参与肝内生物转化反应。

6. 糖异生作用的生理意义：① 维持饥饿时血糖浓度的相对恒定；② 有利于乳酸的回收利用，尤其剧烈运动产生的大量乳酸可通过异生作用转变为葡萄糖，以防止乳酸酸中毒，以及节约能源；③ 有利于氨基酸的分解；④ 有助于维持酸碱平衡。

7. 肌糖原不能直接补充血糖，因为肌肉组织缺乏葡糖-6-磷酸酶。肌糖原分解产生的葡糖-6-磷酸经糖酵解途径转变成乳酸，乳酸可经血循环到肝脏作为糖异生原料，通过糖异生作用合成葡萄糖再进入血液。因此，当肌肉活动剧烈时，加强肌糖原酵解，通过以上代谢过程可以间接补充血糖。

8. 糖异生过程不是糖酵解的简单逆过程。糖酵解中由己糖激酶、磷酸果糖激酶-1、丙酮酸激酶催化的是耗能的不可逆反应。在糖异生过程中，非糖物质必须依赖葡糖-6-磷酸酶、果糖-1,6-二磷酸酶、丙酮酸羧化酶和磷酸烯醇式丙酮酸羧激酶的催化才能绕过三个能障，糖异生才能循糖酵解"逆过程"进行。

9. 正常人血糖主要有3个来源与3条去路。3个来源：① 食物糖的消化吸收；② 肝糖原分解；③ 非糖物质的糖异生作用。3条去路：① 氧化分解供能；② 合成肝糖原和肌糖原；③ 转变为某些非糖物质(如脂肪等)和其他糖类(如核糖等)。

10. 主要通过3方面调节作用使血糖含量升高：① 促进肝糖原分解为葡萄糖；② 促进糖异生；③ 促进肌糖原酵解为乳酸，作为糖异生原料。

11. 肝脏主要通过3方面作用来调节血糖浓度相对恒定：① 餐后，通过肝糖原的合成，使血糖水平不致过度升高；② 空腹时，通过肝糖原分解，向血液提供葡萄糖；③ 饥饿或禁食情况下，通过糖异生作用，将非糖物质转变为葡萄糖，向血液提供血糖。

12. 肾脏通过控制葡萄糖的重吸收或排出，参与调节血糖水平。当血糖浓度低于肾糖阈(8.89～10.00 mmol/L)时，肾小管细胞能重吸收滤入管腔液中的葡萄糖；若血糖浓度高于肾糖阈，超过了肾小管重吸收糖的能力，则部分糖随尿排出，出现糖尿。

13. 糖尿病患者可出现下列糖代谢紊乱：① 对糖的氧化利用作用减弱；

② 糖原合成减少;③ 糖原分解增加;④ 糖异生作用加强等。

六、问答题

1. 主要包括 4 步反应:① 葡萄糖磷酸化生成葡糖-6-磷酸;② 葡糖-6-磷酸转变为葡糖-1-磷酸;③ 葡糖-1-磷酸与 UTP 反应生成 UDPG;④ UDPG 分子中的葡萄糖残基加到糖原引物(G_n)分子上生成糖原(G_{n+1})。以上过程反复进行,并在分支酶参与下,使糖链不断延长、分支不断增多,从而使葡萄糖合成为糖原。

2. 主要包括 3 步反应:① 在磷酸化酶催化下,使糖原非还原末端的 α-1,4-糖苷键逐步磷酸解,直至生成若干葡糖-1-磷酸和极限糊精;② 极限糊精受脱支酶催化,将 1 个三糖基转移到另一支链上并以 α-1,4-糖苷键相连接,然后继续水解 α-1,6-糖苷键上的葡萄糖基;③ 葡糖-1-磷酸经变位酶催化生成葡糖-6-磷酸,最后在肝脏特有的葡糖-6-磷酸酶催化下,水解成葡萄糖。

3. 在肌肉组织中,第一阶段:1 分子葡萄糖→果糖-1,6-二磷酸(消耗 2 分子 ATP)→2 分子甘油醛-3-磷酸→2 分子甘油酸-1,3-二磷酸+2 分子 NADH+H^+,2 分子甘油酸-1,3-二磷酸→→2 分子丙酮酸+4 分子 ATP(由底物水平磷酸化生成),同时由甘油醛-3-磷酸脱氢生成的 2 分子 NADH+H^+,经甘油-3-磷酸穿梭进入线粒体转变为 2 分子 $FADH_2$,经呼吸链传递氧化生成 3 分子 ATP,此阶段共生成 7 分子 ATP;第二阶段:2 分子丙酮酸氧化脱羧生成 2 分子乙酰 CoA,产生 2 分子 NADH+H^+,经呼吸链生成 5 分子 ATP;第三阶段:2 分子乙酰 CoA 经过三羧酸循环彻底氧化,生成 20 分子 ATP。上述过程共生成 32 分子 ATP,减去消耗的 2 分子 ATP,净生成 30 分子 ATP。

4. 在肝脏中,第一阶段:从糖原开始的 1 个葡萄糖单位→果糖-1,6-二磷酸(消耗 1 分子 ATP)→2 分子甘油醛-3-磷酸→2 分子甘油酸-1,3-二磷酸+2 分子 NADH+H^+,2 分子甘油酸-1,3-二磷酸→→2 分子丙酮酸+4 分子 ATP(由底物水平磷酸化生成),而由甘油醛-3-磷酸脱氢生成的 2 分子 NADH+H^+,经苹果酸-天冬氨酸穿梭进入线粒体经呼吸链生成 5 分子 ATP,此阶段共生成 9 分子 ATP;第二阶段:2 分子丙酮酸氧化脱羧生成 2 分子乙酰 CoA,产生 2 分子 NADH+H^+ 进入呼吸链生成 5 分子 ATP;第三阶段:2 分子乙酰 CoA 经过三羧酸循环彻底氧化,生成 20 分子 ATP。上述过程共生成 34 分子 ATP,减去消耗的 1 分子 ATP,净生成 33 分子 ATP。

5. 葡糖-6-磷酸的糖代谢去路主要有 5 条:① 糖酵解途径生成乳酸; ② 糖异生途径生成葡萄糖;③ 糖有氧氧化途径生成水、二氧化碳和 ATP;④ 糖原合成途径生成糖原;⑤ 戊糖磷酸途径生成核糖-5-磷酸和 $NADPH+H^+$。

6. 糖尿病是由遗传和环境因素相互作用,胰岛素的绝对或相对不足,引起糖、脂肪、蛋白质、水和电解质等一系列代谢紊乱的临床综合征,以高血糖为主要标志。糖的氧化发生障碍,机体所需能量不足,感到饥饿而多食;多食进一步使血糖升高,血糖升高超过肾糖阈时出现尿糖,糖的大量排出必然带走大量水分引起多尿;多尿失水过多,血液浓缩引起口渴,因而多饮;由于糖氧化供能发生障碍,大量动员体内脂肪及蛋白质氧化供能,严重时因消耗过多,身体逐渐消瘦,体重减轻。因此,典型糖尿病患者除出现高血糖及糖尿外,尚有多食、多饮、多尿和体重减轻"三多一少"的临床表现。严重时因脂肪动员过多,生成大量乙酰辅酶 A,后者可生成酮体和胆固醇,而出现酮血症、酮尿症、酮症酸中毒和高胆固醇血症等。

7. B 族维生素以辅酶形式参与糖代谢的酶促反应过程,当其缺乏时会导致糖代谢障碍。① 糖酵解途径:甘油醛-3-磷酸脱氢生成甘油酸-1,3-二磷酸,需要维生素 PP(辅酶:NAD^+)参与。② 糖有氧氧化:丙酮酸及 α-酮戊二酸氧化脱羧均需要维生素 B_1(辅酶:TPP)、维生素 B_2(辅基:FAD)、维生素 PP(辅酶:NAD^+)、泛酸(辅酶:HSCoA)和硫辛酸参与;异柠檬酸氧化脱氢及苹果酸脱氢均需要维生素 PP(辅酶:NAD^+);琥珀酸脱氢需要维生素 B_2(辅基:FAD)。③ 戊糖磷酸途径:葡糖-6-磷酸及葡糖酸-6-磷酸脱氢均需要维生素 PP(辅酶:$NADP^+$)参与。④ 糖异生途径中也需要维生素 PP 和生物素参与。

8. 在糖代谢过程中生成的丙酮酸,可参与多条代谢途径。① 在供氧不足时,丙酮酸在 LDH 催化下,接受 $NADH+H^+$ 提供的氢原子还原生成乳酸。② 在供氧充足时,丙酮酸进入线粒体,在丙酮酸脱氢酶复合体催化下,氧化脱羧生成乙酰 CoA,再经三羧酸循环和氧化磷酸化彻底氧化生成 CO_2、H_2O 和 ATP。③ 饥饿时,在丙酮酸羧化酶催化下生成草酰乙酸,后者经磷酸烯醇式丙酮酸羧激酶催化生成磷酸烯醇式丙酮酸,再异生为糖。④ 丙酮酸进入线粒体,在羧化酶催化下生成草酰乙酸,后者与乙酰 CoA 缩合成柠檬酸,从而进入三羧酸循环。⑤ 丙酮酸氧化脱羧生成乙酰 CoA,后者可作为脂肪酸、胆固醇等的合成原料。⑥ 丙酮酸可经还原氨基化生成丙氨酸等非必需氨基酸。丙酮酸代谢去向取决于各条代谢途径中关键酶的活性,这些酶活性受到严格调控。

9. 糖酵解与糖有氧氧化的不同点见下表:

项 目	无氧酵解	有氧氧化
反应部位	细胞质	细胞质→线粒体
需氧情况	不需氧	需氧
甘油醛-3-磷酸脱氢生成的NADH+H^+的去向	还原丙酮酸生成乳酸	进入线粒体经呼吸链传递给氧生成 H_2O,并形成 ATP
终产物	乳酸	$CO_2 + H_2O$
1 分子葡萄糖氧化	2 分子	30 或 32 分子
关键酶	3 个(己糖激酶或葡糖激酶,磷酸果糖激酶-1,丙酮酸激酶)	7 个(除细胞质中相同的 3 个外,还有丙酮酸脱氢酶复合体,柠檬酸合酶,异柠檬酸脱氢酶,α-酮戊二酸脱氢酶复合体)

10. 胰岛素对血糖含量的调节作用:① 促进葡萄糖通过肌肉、脂肪等组织的细胞膜进入细胞内代谢;② 诱导葡糖激酶、磷酸果糖激酶-1、丙酮酸激酶的生成,促进糖的氧化利用;③ 促进糖原合成;④ 促进糖转变为脂肪;⑤ 抑制糖原分解和糖异生作用(抑制糖异生的 4 个关键酶)。

11. 健康人空腹血糖浓度维持在正常水平(3.89~6.11 mmol/L)。摄入糖后血糖浓度暂时升高,但不超过肾糖阈,一般 2 小时后即恢复正常水平。糖尿病患者空腹血糖浓度高于正常水平,进食糖后血糖水平急剧上升,并超过肾糖阈,出现糖尿,常常 4 小时后仍不能恢复至原水平,耐糖曲线高而延长。肾上腺皮质功能减退者,空腹时血糖浓度低于正常值,进食后吸收的糖又迅速被组织氧化分解,血糖浓度升高不明显,且短时间即恢复到原有低水平,耐糖曲线水平低。根据耐糖曲线变化,可以帮助诊断内分泌功能是否正常。

12. 乳酸氧化分解过程如下。① 在细胞质内:乳酸→丙酮酸 + NADH + H^+ (1.5 或 2.5 分子 ATP);② 丙酮酸进入线粒体:丙酮酸→乙酰 CoA + CO_2 + NADH + H^+ (2.5 分子 ATP);③ 乙酰 CoA→进入三羧酸循环氧化产生 10 分子 ATP:乙酰 CoA + 草酰乙酸→柠檬酸→→异柠檬酸→α-酮戊二酸 + CO_2 + NADH + H^+ (2.5 分子 ATP),α-酮戊二酸→琥珀酰 CoA + CO_2 + NADH + H^+ (2.5 分子 ATP),琥珀酰 CoA→琥珀酸 + ATP,琥珀酸→延胡索酸 + $FADH_2$ (1.5 分子 ATP),延胡索酸→苹果酸→"草酰乙酸" + NADH + H^+ (2.5 分子 ATP)。乳酸经过上述过程彻底氧化,净生成 14 或 15 分子 ATP。

13. α-酮戊二酸氧化分解过程(在线粒体内氧化)如下。① α-酮戊二酸→琥珀酰 CoA + CO_2 + NADH + H^+ (2.5 分子 ATP),琥珀酰 CoA→琥珀酸 + ATP,琥珀酸→延胡索酸 + $FADH_2$ (1.5 分子 ATP),延胡索酸→苹果酸→草酰乙酸 + NADH + H^+ (2.5 分子 ATP)。② 草酰乙酸→丙酮酸 + CO_2。③ 丙酮酸→乙酰 CoA + CO_2 + NADH + H^+ (2.5 分子 ATP)。④ 乙酰 CoA→三羧酸循环→氧化产生 10 分子 ATP。α-酮戊二酸经过上述过程彻底氧化,净生成 20 分子 ATP。

14. 草酰乙酸氧化分解过程(在线粒体内氧化)如下。① 草酰乙酸→丙酮酸 + CO_2。② 丙酮酸→乙酰 CoA + CO_2 + NADH + H^+ (2.5 分子 ATP)。③ 乙酰 CoA→三羧酸循环→氧化产生 10 分子 ATP:乙酰 CoA + 草酰乙酸→柠檬酸→→异柠檬酸→α-酮戊二酸 + CO_2 + NADH + H^+ (2.5 分子 ATP),α-酮戊二酸→琥珀酰 CoA + CO_2 + NADH + H^+ (2.5 分子 ATP),琥珀酰 CoA→琥珀酸 + ATP,琥珀酸→延胡索酸 + $FADH_2$ (1.5 分子 ATP),延胡索酸→苹果酸→"草酰乙酸" + NADH + H^+ (2.5 分子 ATP)。草酰乙酸经过上述过程彻底氧化,净生成 12.5 分子 ATP。

15. 果糖-1,6-二磷酸:32 或 34 分子 ATP;甘油醛-3-磷酸:16 或 17 分子 ATP;丙酮酸:12.5 分子 ATP。请同学自行参照 12～14 题,分别列出简要分解过程。

七、案例分析题

1. 糖尿病可出现多方面的糖代谢紊乱:如血糖不易进入组织细胞、糖原合成减少、组织细胞氧化利用葡萄糖的能力减弱、糖异生作用增强、肝糖原分解加强,以致血糖的来源增加而去路减少,出现持续性高血糖和糖尿。

2. ① 多食:糖尿病患者由于糖的氧化障碍,机体所需能量不足,故患者感到饥饿而多食。② 多饮:多食进一步导致血糖升高,使血浆渗透压升高,引起口渴,因而多饮。③ 多尿:血糖的升高形成高渗性利尿而导致多尿,排糖越多,尿量越多。④ 体重下降:由于机体氧化利用葡萄糖产能下降,使脂肪及蛋白质分解加速,患者逐渐消瘦,体重下降。因此典型糖尿病患者常表现出多食、多饮、多尿、体重减少的"三多一少"症状。

3. 该患者为糖尿病患者,其组织利用葡萄糖的能力极低,加之咽部感染,糖类摄入减少,使脂肪动员增多,肝内生成酮体的能力增强,当超过肝外组织利用酮体的能力时,出现酮血症,过多酮体随尿排出,出现酮尿症,因酮体中乙酰乙酸、β-羟丁酸为有机酸,致血 pH 下降,出现代谢性酸中毒。

第九章 生物氧化

一、单项选择题

1. E 2. B 3. E 4. A 5. E 6. D 7. C 8. B 9. B 10. B 11. D 12. C 13. D 14. B 15. C 16. E 17. C 18. C 19. E 20. C 21. A 22. B 23. E 24. E 25. C 26. C 27. B 28. A 29. E 30. A 31. C 32. C 33. D 34. B 35. C 36. B 37. D 38. A 39. B 40. E 41. A 42. D 43. E 44. D

二、多项选择题

1. ABC 2. ABCDE 3. CD 4. ABCD 5. AC 6. ABCE 7. BCDE 8. AB 9. CD 10. ABCD 11. BDE 12. ACD 13. ABC 14. ABCD 15. ABC 16. ABC 17. ACDE 18. AB 19. ABC 20. BCD

三、填空题

1. b、c、aa_3
2. NADH 2.5
3. 甘油-3-磷酸穿梭 苹果酸-天冬氨酸

4. Cyt a₃ · 传递电子
5. NAD⁺ · NADP⁺ · NADH + H⁺
6. 氧化磷酸化 · 解偶联作用
7. FADH₂ · 1.5
8. 氧化磷酸化 · 底物水平磷酸化
9. P/O 比值 · 自由能变化
10. ADP · 加快

四、名词解释

1. 生物氧化主要是指糖、脂肪和蛋白质三大营养物在体内氧化分解逐步释放能量,最终生成 CO_2 和 H_2O 的过程。此过程伴随着肺的呼吸作用,又称为细胞呼吸或组织呼吸。

2. 是定位于线粒体内膜上的一组排列有序的递氢体和递电子体(酶与辅酶)构成的链状传递体系。

3. Cyt aa₃ 能将 Cyt c 的电子直接传递给 $1/2O_2$,所以把 Cyt aa₃ 称为 Cyt c 氧化酶,亦称细胞色素氧化酶。

4. 三大营养物质经生物氧化可以产生大量能量,其中约有 60% 以热能形式散失以维持体温,剩余 40% 则以化学能形式形成 ATP。当生命活动需要能量时,ATP 可释放能量被利用,这个过程称能量代谢。

5. 代谢物受烟酰胺脱氢酶催化脱氢后,脱下的氢交给 NAD⁺ 生成 NADH + H⁺,再经呼吸链 FMN、Fe-S、Q 和 Cyt 依次传递,最后交给氧生成水的链状传递过程,在此过程还可生成 2.5 分子 ATP。

6. 代谢物在黄素酶作用下脱氢,脱下的氢交给 FAD 生成 FADH₂,经呼吸链 Fe-S、Q 和 Cyt 依次传递,最后交给氧生成水的过程,在此过程还可生成 1.5 分子 ATP。

7. 在分解代谢过程中,底物因脱氢、脱水等作用而使能量在分子内部重新分布,形成高能磷酸化合物,然后将高能磷酸基团转移给 ADP 形成 ATP 的过程。

8. 是指氧化磷酸化过程中,每消耗 1/2 摩尔 O_2 所消耗的无机磷摩尔数,即生成 ATP 的摩尔数。

9. 在生物氧化过程中,代谢物脱下的氢经呼吸链氧化生成水时,所释放的能量能够偶联 ADP 磷酸化生成 ATP,此过程称为氧化磷酸化。

10. 能阻断呼吸链中某些部位氢与电子传递的物质。

11. 能使氧化与磷酸化之间的偶联过程脱离的物质。

五、简答题

1. 共性:① 耗氧量相同;② 终产物相同;③ 释放的能量相同。

区别:体外燃烧是有机物的 C 和 H 在高温下直接与 O_2 化合生成 CO_2 和 H_2O,并以光和热的形式瞬间放能的过程。而生物氧化是在温和的条件下进行,需酶催化将有机酸脱羧产生 CO_2、底物脱下的 2H 传递给 $1/2O_2$ 形成 H_2O,并逐步释放能量,很大部分用于生成 ATP,供生命活动利用。

2. ① CO_2 的生成:体内的 CO_2,都是由有机酸在酶的作用下经脱羧反应而生成的。根据释放 CO_2 的羧基在有机酸分子中的位置不同,将脱羧反应分为:α-单纯脱羧、α-氧化脱羧、β-单纯脱羧、β-氧化脱羧 4 种方式。② 水的生成:生物氧化中的大部分 H_2O 是由代谢物脱下的成对氢原子(2H),经呼吸链一系列中间传递体(酶和辅酶)逐步传递,最终与氧结合产生的。

3. NADH 氧化呼吸链排列顺序:$NADH + H^+ \rightarrow FMN/(Fe-S) \rightarrow Q \rightarrow Cytb \rightarrow c_1 \rightarrow c \rightarrow aa_3 \rightarrow 1/2O_2$。如异柠檬酸、苹果酸等氧化脱氢,生成的 $NADH + H^+$ 均分别进入 NADH 氧化呼吸链进一步氧化,生成 2.5 分子 ATP。

4. 琥珀酸氧化呼吸链排列顺序:$FADH_2/(Fe-S) \rightarrow Q \rightarrow Cytb \rightarrow c_1 \rightarrow c \rightarrow aa_3 \rightarrow 1/2O_2$。如琥珀酸、脂酰 CoA 等氧化脱氢,生成的 $FAD \cdot 2H$ 均分别进入琥珀酸氧化呼吸链进一步氧化,生成 1.5 分子 ATP。

5. 氰化物、一氧化碳可抑制细胞色素氧化酶,使电子不能传递给氧,引起细胞内所有呼吸链中断。此时即使氧供应充足,细胞也不能利用,造成组织呼吸停顿,能源断绝,危及生命。

6. ① 甲状腺激素能诱导细胞膜 Na^+、$K^+ -ATP$ 酶生成,使 ATP 分解加快,释放热量增加。大量 ADP 生成后进入线粒体,导致氧化磷酸化作用加强,促进物质氧化,使细胞耗氧量也增加。② 甲状腺素可诱导解偶联蛋白基因表达,引起物质氧化释放能量和产热比率增加,ATP 合成减少,导致机体耗氧和产热同时增加,故患者呈现基础代谢率升高。

7. 体内能量来自营养物的生物氧化,并转移给 ADP 生成 ATP。ATP 生成方式有氧化磷酸化与底物水平磷酸化。当 ATP 生成多了,可转移给肌酸生成磷酸肌酸,后者作为主要能源储存物质储存于肌肉和脑组织中备用。当需要时,磷酸肌酸可将高能磷酸键转移给 ADP 生成 ATP。ATP 可以直接分解供能,作为电能、化学能、机械能、热能等以驱动各种生命活动。

六、问答题

1. 人线粒体呼吸链四大复合体组成及作用见下表：

酶复合体	辅基	作用
NADH-泛醌还原酶（Ⅰ）	FMN, Fe-S	将氢与电子从 NADH 逐步传递给 Q
琥珀酸-泛醌还原酶（Ⅱ）	FAD、Fe-S, b	将氢与电子从 $FADH_2$ 逐步传递给 Q
泛醌-Cyt c 还原酶（Ⅲ）	铁卟啉, Fe-S	将电子从 Q 逐步传递给 Cyt c
Cyt c 氧化酶（Ⅳ）	铁卟啉, Cu	将电子从 Cyt c 逐步传递给 $1/2\ O_2$

2. ① 烟酰胺脱氢酶类及其辅酶（NAD^+）。作用：烟酰胺脱氢酶是催化底物分解脱氢的一类酶，当其催化代谢物脱下的 2H 交给 NAD^+ 生成 $NADH+H^+$ 后，通常进入 NADH 呼吸链将 2H 传递给后续成分黄素蛋白的辅基 FMN，后者再将 2H 下传给 Q。② 黄素蛋白酶类及其辅基（FMN 和 FAD）。作用：黄素蛋白酶类也是催化底物分解脱氢的一类酶。在呼吸链中 NADH 脱氢酶属于黄素蛋白酶Ⅰ（FP_1），它可催化 $NADH+H^+$ 将 2H 转移给辅基 FMN，后者再将 2H 下传给 Q。而以 FAD 为辅基的黄素蛋白酶Ⅱ（FP_2）是呼吸链中另一类黄素蛋白，它可催化琥珀酸脱氢，将 2H 转移给辅基 FAD 生成 $FADH_2$，后者再将 2H 下传给 Q。③ 铁硫蛋白类。作用：是一类单电子传递体。在呼吸链中，铁硫蛋白常与其他递氢体或递电子体结合成复合物而存在，如与 FMN 或 FAD 结合成复合物等，以参与递电子作用。④ 泛醌（Q）。作用：是一类递氢体。在呼吸链中泛醌接受黄素蛋白与铁硫蛋白传递来的 2H（$2H^+ + 2e$）后，将 2 个质子（$2H^+$）释入线粒体基质中，2 个电子则传递给后续的细胞色素类蛋白。⑤ 细胞色素类（Cyt）。作用：属于单电子传递体。在呼吸链中，细胞色素类在 Q 和氧之间传递电子，以生成氧离子，形成 H_2O 分子。

3. 生物体内生成 ATP 的方式有两种：底物水平磷酸化和氧化磷酸化。① 底物水平磷酸化：在分解代谢过程中，底物因脱氢、脱水等作用而使能量在分子内部重新分布，形成高能磷酸化合物，然后将高能磷酸基团转移给 ADP 形成 ATP 的过程,称为底物水平磷酸化。在糖的有氧氧化过程中,有 3 次底物水平磷酸化生成 3 分子 ATP,分别为:甘油酸-1,3-二磷酸转变为甘油酸-3-磷酸,磷酸烯醇式丙酮酸转变为丙酮酸,琥珀酰 CoA 转变为琥珀酸。② 氧化磷酸化:在生物氧化过程中,代谢物脱下的氢经呼吸链氧化生成水时,所释放的能量能够偶联 ADP 磷酸化生成 ATP,此过程称为氧化磷酸化。氧化是放能反应,而 ADP 生成 ATP 是吸能反应。在生物体内,这两个过程是偶联进行的,这样可以提高产能效率。这是细胞内 ATP 生成的主要方式,约占 ATP 生成总数的 80%,是维持生命活动所需要能量的主要来源。

4. 影响氧化磷酸化的因素主要有抑制剂(呼吸链抑制剂和解偶联剂)、ADP、甲状腺激素和线粒体 DNA 的突变等。① 呼吸链抑制剂:此类抑制剂能阻断呼吸链中某些部位氢与电子的传递。如麻醉药阿米妥、杀虫药鱼藤酮等与复合体 I 中的铁硫蛋白结合,CO、CN^- 与细胞色素氧化酶结合,从而阻断电子传递,使细胞呼吸中断。② 解偶联剂:解偶联剂能使氧化与磷酸化之间的偶联过程脱离。如最常见的解偶联剂是 2,4-二硝基苯酚(DNP),从而抑制 ADP 磷酸化生成 ATP。③ 正常机体内氧化磷酸化的速率主要受 ADP 的调节。当机体利用 ATP 增加,ADP 浓度升高,可使氧化磷酸化速度加快。反之 ADP 不足,使氧化磷酸化速度减慢。④ 甲状腺激素能诱导细胞膜 Na^+,K^+-ATP 酶的生成,使 ATP 加速分解为 ADP 和 Pi,后者进一步促进氧化磷酸化的进行;甲状腺素还可诱导解偶联蛋白基因表达,引起物质氧化释放能量和产热量增加,ATP 合成减少,导致机体耗氧和产热同时增加,因此,甲亢患者细胞耗氧量和产热量均增加。⑤ 线粒体 DNA 的突变,可影响呼吸链复合体成员的多肽链表达,进而强烈影响氧化磷酸化功能,使 ATP 生成减少而致病。

5. ATP 的生物学功能概括如下。① 作为直接供能者;② 是机体能量生成形式:生物氧化中,由 ADP 捕获高能磷酸键形成 ATP;③ 可与其他高能化合物互动:ATP 分子内的高能键可转移给其他化合物生成 UTP、CTP、GTP,后者分别参与糖原、磷脂和蛋白质的合成;④ 可生成 cAMP 作为许多蛋白质或肽类激素的第二信使;⑤ 作为核酸合成原料之一。

6. 非线粒体氧化体系的特点主要是与能量代谢无关,其含有一些不同于线粒体内氧化呼吸链的组分,如肝细胞微粒体加单氧酶系、过氧化物酶体中的过氧化物酶、过氧化氢酶、谷胱甘肽过氧化物酶,以及存在于细胞质中的超氧化物歧化酶等。这些酶促氧化过程不伴有偶联磷酸化,不能生成 ATP。但往往可以清除氧自由基,以及与药物、毒物等的生物转化密切相关,从而保护生物体免遭氧化损伤作用而健康生存。

七、案例分析题

1. 患者为煤气中毒。诊断依据:① 患者在家中燃煤取暖,出现头痛、头晕、视物不清,程度逐渐加重,伴恶心、呕吐等症状,且平素身体健康,无外伤手术史;② 血常规:血 CO-Hb 浓度升高。
2. 煤气中一氧化碳能抑制细胞色素氧化酶,阻断 Cyt aa_3 向 O_2 传递电子,使电子不能传递给氧,引起呼吸链中断,此时即使氧供应充足,细胞也不能利用,造成组织呼吸停顿,能源断绝,危及生命。

第十章 脂类代谢

一、单项选择题

1. B 2. C 3. D 4. D 5. D 6. B 7. A 8. E 9. D 10. C
11. D 12. D 13. B 14. B 15. A 16. E 17. E 18. A
19. E 20. E 21. D 22. C 23. D 24. D 25. E 26. A
27. C 28. E 29. B 30. C

二、多项选择题

1. CD 2. BC 3. AC 4. AD 5. AC 6. AC 7. ACD
8. ABCDE 9. ABC 10. ACE 11. ABDE 12. ABDE
13. ABCE 14. ABC 15. ABCDE 16. BC

三、填空题

1. α-脂蛋白 · β-脂蛋白 · 前 β-脂蛋白
2. HDL · LDL · VLDL
3. 脂肪酶 · 游离脂肪酸 · 甘油
4. 甘油激酶 · 磷酸二羟丙酮
5. 脂肪酸的活化 · 脂酰 CoA 进入线粒体 · 脂肪酸的 β-氧化
6. FAD · NAD$^+$
7. 乙酰乙酸 · β-羟丁酸 · 丙酮
8. 脂肪动员 · 酮体 · 酮血
9. 乙酰 CoA · NADPH + H$^+$ · 戊糖磷酸
10. 乙酰 CoA 的羧化 · 乙酰

CoA 羧化酶·生物素
11. 乙酰 CoA · NADPH + H⁺ · ATP
12. PCCAT·肝脏·ApoA₁
13. 类固醇激素·维生素 D₃·胆汁酸
14. VLDL·LDL·HDL

四、名词解释

1. 生物体内的三酰甘油主要分布在皮下、腹腔大网膜、肠系膜、内脏周围等处的脂肪组织中。这些储存脂肪的部位被称为脂库。
2. 指血脂在血浆中与载脂蛋白按不同比例结合而形成的复合体,是脂类在血浆中的存在及运输形式。
3. 储存在脂库中的三酰甘油,被脂肪酶逐步水解为游离脂肪酸及甘油,并释放入血以供给全身各组织氧化利用的过程,称为脂肪动员。
4. 在脂肪动员中,脂库中三酰甘油脂肪酶的活性受多种激素的调控,故又称激素敏感性三酰甘油脂肪酶。
5. 脂肪酸的氧化主要发生在 β-碳原子上,故称为 β-氧化,包括脱氢、加水、再脱氢、硫解 4 步连续反应。
6. 脂肪酸在肝脏氧化分解生成的乙酰 CoA,在生酮酶系作用下生成的乙酰乙酸、β-羟丁酸和丙酮。
7. 存在于毛细血管内皮细胞表面,主要催化脂蛋白(CM 和 VLDL)颗粒中三酰甘油水解的酶。
8. 由肝脏合成后分泌入血,其作用是在血浆中催化磷脂酰胆碱将其分子上的第 2 位脂酰基转移到游离胆固醇分子的 C-3 羟基上从而生成胆固醇酯。
9. 空腹血脂浓度持续高于正常称为高脂血症。临床上的高脂血症主要是指血浆胆固醇或三酰甘油的含量单独或两者同时超过正常值上限的异常状态。由于血脂均以某种脂蛋白形式存在和运输。因此高脂血症也被称为高脂蛋白血症。
10. 由多种原因(如磷脂合成原料不足、VLDL 合成障碍、高糖高脂饮食、大量酗酒等)引起肝内脂肪生成过多,并且不能及时输出而导致脂肪在肝细胞内过多堆积(超过 10%),称为脂肪肝。

五、简答题

1. 脂肪的主要生理功能:① 储能和供能;② 保温;③ 保护和固定内脏;④ 协助脂溶性维生素的消化和吸收。类脂的生理功能:① 是各种生物膜和神经组织的组成成分;② 胆固醇在体内可转变成胆汁酸、维

生素 D_3 和类固醇激素等。
2. 来源：食物脂类的消化吸收；体内自身合成的脂类；脂库动员释放的脂类。去路：氧化分解供能；进入脂库储存；构成生物膜；转变为其他物质。
3. 血浆中的脂类统称为血脂。其成分比较复杂，主要包括三酰甘油、磷脂、胆固醇及胆固醇酯和游离脂肪酸等。血脂需与蛋白质结合成血浆脂蛋白的形式在血中运输。
4. 原料：乙酰 CoA 是合成胆固醇的直接原料，还需 $NADPH + H^+$ 供氢，ATP 供能；胆固醇可转变成胆汁酸、类固醇激素、维生素 D_3 等重要物质。
5. 葡萄糖经过有氧氧化生成的中间产物乙酰 CoA 可用来合成脂肪酸。糖分解代谢中产生的二羟丙酮磷酸可还原成甘油-3-磷酸。糖可分解产生 ATP、$NADPH + H^+$。然后由 ATP 供能，$NADPH + H^+$ 供氢，在甘油-3-磷酸基础上逐步结合 3 分子脂肪酸，合成三酰甘油。
6. 乙酰辅酶 A 的来源：来自糖、脂、蛋白质的分解。乙酰辅酶 A 的代谢去路：① 进入三羧酸循环氧化产能；② 合成脂肪酸进而合成脂肪；③ 合成胆固醇；④ 合成酮体；⑤ 合成乙酰胆碱。

六、问答题

1. 血浆脂蛋白是指血脂在血浆中与载脂蛋白按不同比例结合而形成的复合物，是脂类在血浆中的存在及运输形式。按照密度法可将其分为 CM、VLDL、LDL 和 HDL 四大类，其主要作用如下。① CM：从小肠转运外源性三酰甘油至体内各组织；② VLDL：从肝转运内源性三酰甘油至肝外组织；③ LDL：从肝转运胆固醇至体内各组织；④ HDL：将胆固醇从肝外逆向转运至肝内。
2. 各类血浆脂蛋白的主要脂类成分和功能见下表：

名称	CM	VLDL 前 β 脂蛋白	LDL β 脂蛋白	HDL α 脂蛋白
主要脂类	90% 三酰甘油	60% 三酰甘油	50% 胆固醇	50% 的磷脂和胆固醇
主要功能	从小肠转运外源性三酰甘油至体内各组织	从肝转运内源性三酰甘油至肝外组织	从肝转运胆固醇至体内各组织	将胆固醇从肝外逆向转运至肝内

3. ① 甘油异生为糖：首先甘油在甘油激酶的催化下发生磷酸化生成甘油-3-磷酸，再脱氢转变为磷酸二羟丙酮，然后异构成甘油醛-3-磷酸。磷酸二羟丙酮和甘油醛-3-磷酸缩合为果糖-1,6-二磷酸，后者在果糖-1,6-二磷酸酶的催化下生成果糖-6-磷酸，然后异构为葡糖-6-磷酸，最后在葡萄-6-磷酸酶的作用下生成葡萄糖。② 甘油彻底氧化供能：甘油→甘油-3-磷酸→磷酸二羟丙酮→甘油醛-3-磷酸→甘油酸-1,3-二磷酸→甘油酸-3-磷酸→甘油酸-2-磷酸→磷酸烯醇式丙酮酸→丙酮酸→进入线粒体，在丙酮酸脱氢酶复合体的催化下生成乙酰CoA，再进入三羧酸循环分解释放CO_2和脱氢，脱下的氢通过氧化磷酸化生成H_2O并释放能量。

4. ① 脂肪经脂肪动员水解释放脂肪酸和甘油。② 脂肪酸氧化：脂肪酸活化、脂酰CoA进入线粒体、β-氧化、乙酰CoA进入三羧酸循环彻底氧化成H_2O和CO_2，并释放能量。③ 甘油氧化：甘油在甘油激酶的催化下磷酸化生成甘油-3-磷酸，甘油-3-磷酸经甘油-3-磷酸脱氢酶催化脱氢转变成磷酸二羟丙酮，后者异构为甘油醛-3-磷酸，进一步循糖氧化分解途径彻底分解生成H_2O和CO_2并释放能量。

5. ① 酮体生成部位：肝细胞线粒体。原料：乙酰CoA。酮体生成过程：2分子乙酰CoA在硫解酶催化下生成乙酰乙酰CoA，再与另一分子乙酰CoA在HMG-CoA合成酶作用下生成HMG-CoA，后者经HMG-CoA裂解酶催化裂解生成乙酰乙酸，进一步还原成β-羟丁酸，还可脱羧生成丙酮。② 酮体利用部位：肝外组织——心、脑和肾等组织。酮体利用过程：乙酰乙酸经乙酰乙酸硫激酶或琥珀酰CoA转硫酶作用生成乙酰乙酰CoA，后者经硫解酶作用生成乙酰CoA，进一步经三羧酸循环彻底氧化分解产能。

6. ① 生理意义：酮体是脂肪酸在肝内正常代谢的中间产物，是肝脏输出脂肪酸类能源的一种形式。小分子水溶性的酮体易通过血脑屏障和肌肉毛细血管壁，是肌肉尤其是脑组织的重要能源物质。② 当酮体生成增多，超过肝外组织利用的能力时，导致酮血症、酮尿症的发生。例如在饥饿、糖尿病、高脂低糖膳食时，脂肪动员加强，酮体生成增加，如果超过肝外组织利用酮体的能力时，将导致血中酮体含量异常升高，称为酮血症。此时尿中也可出现大量酮体，称为酮尿症。由于乙酰乙酸和β-羟丁酸都是酸性较强的有机酸，当血中酮体过高时，易使血液pH下降导致酸中毒，称为酮症酸中毒。

7. 1分子十八碳脂肪酸彻底氧化分解为CO_2和H_2O时,需经8次β-氧化,净生成120分子ATP。主要反应过程:首先脂肪酸在脂酰CoA合成酶催化下,消耗2分子ATP而活化成脂酰CoA,后者以肉碱为载体经肉碱脂酰转移酶Ⅰ和Ⅱ的催化进入线粒体;在线粒体中,分别在脂酰CoA脱氢酶、α,β-烯脂酰CoA水化酶、β-羟脂酰CoA脱氢酶和β-酮脂酰CoA硫解酶的催化下,经过脱氢、加水、再脱氢和硫解4步连续反应,重复8次,最终生成9分子乙酰CoA。9分子乙酰CoA进入三羧酸循环彻底氧化分解,生成90分子ATP;8次β-氧化过程中产生8分子$FADH_2$和8分子$NADH+H^+$,生成32分子ATP;合计生成ATP=90+32-2=120分子。

8. 进食过多糖后,只有一部分直接氧化供能,部分合成糖原,多余的糖很容易转变为合成三酰甘油的原料:乙酰CoA、$NADPH+H^+$和ATP,导致肥胖。合成三酰甘油的基本过程:① 葡萄糖→有氧氧化→生成乙酰CoA→合成脂肪酸→活化为脂酰CoA;② 糖→分解为磷酸二羟丙酮→还原成甘油-3-磷酸;③ 甘油-3-磷酸+3分子脂酰CoA→三酰甘油+3HSCoA+Pi。

9. 甘油氧化分解过程如下。在细胞质中:① 甘油+ATP(消耗)→甘油-3-磷酸→磷酸二羟丙酮+$NADH+H^+$(1.5或2.5分子ATP);② 磷酸二羟丙酮→甘油醛-3-磷酸→甘油酸-1,3-二磷酸+$NADH+H^+$(1.5或2.5分子ATP);甘油酸-1,3-二磷酸→甘油酸-3-磷酸+ATP;甘油酸-3-磷酸→甘油酸-2-磷酸→磷酸烯醇式丙酮酸→丙酮酸+ATP。丙酮酸进入线粒体:③ 丙酮酸→乙酰CoA+$NADH+H^+$(2.5分子ATP);④ 乙酰CoA→三羧酸循环→CO_2+H_2O+10分子ATP。甘油经上述过程彻底氧化,净生成16.5或18.5分子ATP。

10. 硬脂酸氧化分解过程如下。在细胞质中:① 硬脂酸+ATP(消耗2分子ATP)→硬脂酰CoA。进入线粒体:② 硬脂酰CoA→经过8次β-氧化(脱氢产生$FADH_2$、加水、再脱氢产生$NADH+H^+$、硫解)→8×(1.5+2.5)分子ATP+9分子乙酰CoA;③ 9分子乙酰CoA→三羧酸循环→CO_2+H_2O+90分子ATP。硬脂酸经上述过程彻底氧化,净生成120分子ATP。

11. β-羟丁酸氧化分解过程如下。线粒体:β-羟丁酸→乙酰乙酸+$NADH+H^+$(2.5分子ATP);乙酰乙酸受乙酰乙酸硫激酶催化(消耗 2 分子 ATP)或受琥珀酰 CoA 转硫酶催化生成乙酰乙酰 CoA→2 分子乙酰 CoA→三羧酸循环→$CO_2 + H_2O + 2×10$ 分子 ATP。β-羟丁酸经上述过程彻底氧化，净生成 20.5 分子或 22.5 分子 ATP。

12. 乙酰乙酸：18 或 20 分子 ATP；辛酸：50 分子 ATP；软脂酸：106 分子 ATP。请同学自行参照第 9、第 11 题，分别列出简要分解过程。

七、案例分析题

1. 患者初步诊断为高脂血症和脂肪肝。诊断依据：血清总胆固醇、三酰甘油和 LDL-C 均增高，而 HDL-C 下降；B 超可见肝内光点增强而细密。

2. 患者平时运动少、应酬多，长期多吃少动，导致多余糖类物质在肝内转变为脂肪，同时也利于转变为胆固醇。一方面肝内脂肪以 VLDL 形式输出，进入血液释出三酰甘油，同时转变为富含胆固醇的 LDL。另一方面肝内脂肪长期生成过多易积聚，超过 10% 易形成脂肪肝；而血 HDL-C 下降不利于将胆固醇逆向转运至肝脏代谢转化，进一步使血胆固醇增高。

3. 患者血清总胆固醇、三酰甘油和 LDL-C 增高，HDL-C 下降，LDL/HDL 值增高，如果得不到有效控制，易引起动脉粥样硬化，这是导致冠心病的重要危险因素；长期脂肪肝对肝脏产生损伤作用，导致肝细胞变性、肝纤维化，进一步严重发展甚至导致肝硬化等。

4. 建议患者改变生活方式，减少应酬，少吃动物性脂肪，多运动促使脂肪消耗，多吃青菜、水果、谷物和富含纤维素的食物等。

第十一章 蛋白质的分解代谢

一、单项选择题

1. E · 2. A · 3. A · 4. C · 5. E · 6. B · 7. B · 8. C · 9. B · 10. A · 11. C · 12. C · 13. E · 14. A · 15. B · 16. B · 17. B · 18. C · 19. D · 20. B · 21. A · 22. C · 23. B · 24. D · 25. D · 26. C · 27. E · 28. E · 29. B · 30. D · 31. D · 32. C · 33. B · 34. E · 35. A · 36. E · 37. A · 38. D · 39. B · 40. D · 41. D · 42. C · 43. E · 44. B · 45. E · 46. B · 47. B · 48. D · 49. D · 50. B · 51. C · 52. A · 53. C · 54. E · 55. C · 56. C

二、多项选择题

1. ADE 2. BCD 3. BCE 4. AB 5. BC 6. BE 7. ABD
8. BE 9. ABCD 10. ABCE 11. AC 12. ABC 13. BC
14. AB 15. ACD 16. ACDE 17. ABC 18. ABC 19. DE
20. CE

三、填空题

1. 氮总平衡、氮正平衡、氮负平衡
2. 80 g、30～50 g
3. ALT(GPT)、AST(GOT)、吡哆醛磷酸和吡哆胺磷酸
4. 谷氨酰胺、丙氨酸
5. 游离氨、天冬氨酸
6. 鸟氨酸(尿素)、尿素、线粒体
7. 鸟氨酸、瓜氨酸、精氨酸
8. 谷氨酸、抑制性神经递质
9. 氨基酸、四氢叶酸、核苷酸(嘌呤碱/嘧啶碱)
10. 多巴胺、去甲肾上腺素、肾上腺素、酪氨酸
11. 甲状腺激素、儿茶酚胺类

四、名词解释

1. 是指摄入氮与排出氮之间的平衡关系,依此可以估计体内蛋白质的代谢状况。
2. 指摄入氮大于排出氮,表示体内蛋白质的合成大于分解。
3. 将不同种类营养价值较低的植物蛋白混合食用,可以互相补充所缺少的必需氨基酸,从而提高蛋白质的营养价值。
4. 是体内需要但不能合成或合成量不足,不能满足机体需要,必须由食物蛋白供给的氨基酸。
5. 肠道内未被消化的蛋白质和未被吸收的氨基酸,在大肠下部受肠菌作用,发生一系列化学反应产生有害物质的过程,称为腐败作用。
6. 指氨基酸在酶的催化下,进行脱氢氧化,水解脱氨,生成游离氨和 α-酮酸的过程。
7. 在转氨酶作用下,一个氨基酸脱去氨基生成相应的 α-酮酸,而另一个 α-酮酸得到氨基生成相应氨基酸的过程。
8. 由两种或两种以上脱氨基作用的联合进行,使氨基酸脱去氨基生成 α-酮酸和游离氨的过程称为联合脱氨基作用。
9. 先由鸟氨酸与氨及 CO_2 结合生成瓜氨酸,再由瓜氨酸接受另 1 分子氨生成精氨酸,然后精氨酸水解产生 1 分子尿素,并重新生成鸟氨酸,后者再进入下一轮循环,此循环过程被称为鸟氨酸循环或尿素

循环。
10. 某些氨基酸经脱氨基作用生成的 α-酮酸通过糖异生作用而转变成葡萄糖。这些氨基酸称为生糖氨基酸。
11. 某些氨基酸在体内分解代谢过程中产生的含有一个碳原子的活性基团。

五、简答题

1. 必需氨基酸包括：异亮氨酸、甲硫氨酸、缬氨酸、亮氨酸、色氨酸、苯丙氨酸、苏氨酸和赖氨酸 8 种。判断食物蛋白质营养价值的高低，主要取决于其所含必需氨基酸的种类、数量和比例是否与人体蛋白质的氨基酸组成相接近。越接近，人体对其利用率就越高，蛋白质的营养价值就越高。

2. 体内氨基酸的来源：① 食物蛋白质消化吸收入血；② 组织蛋白质分解；② 体内合成非必需氨基酸。去路：① 一般分解代谢（主要是脱氨基作用，其次为脱羧基作用）；② 合成蛋白质；③ 代谢转变成其他含氮化合物，如嘌呤、嘧啶等。

3. 脑内代谢产生 NH_3，或大量氨进入脑组织，以形成谷氨酸乃至谷氨酰胺，暂时解除氨毒。反应如下：① NH_3 + α-酮戊二酸 + NADH + H^+→谷氨酸；② 谷氨酸 + NH_3 + ATP→谷氨酰胺→运出脑组织→进入肝参与尿素合成，或进入肾形成 NH_4^+ 盐排出体外，以解氨毒。

4. 体内 α-酮酸的来源：氨基酸经脱氨基作用后生成 α-酮酸。α-酮酸的进一步代谢途径（去路）：① 合成非必需氨基酸；② 转变成糖或酮体；③ 氧化供能等。

5. 鸟氨酸循环的意义：不断将体内有毒的氨转变成无毒的尿素排出体外。丙氨酸-葡萄糖循环的意义：将肌肉中代谢产生的氨以丙氨酸形式在血中进行无毒运输，丙氨酸被转运到肝脏，分解出氨合成尿素而解除氨毒。同时生成的丙酮酸又为肝脏提供糖异生原料。甲硫氨酸循环的意义：提供活性甲基，使四氢叶酸（FH_4）得到再生。

6. 正常时苯丙氨酸在苯丙氨酸羟化酶作用下生成酪氨酸。当苯丙氨酸羟化酶缺乏时，苯丙氨酸主要经转氨酶的作用生成苯丙酮酸，导致体内苯丙酮酸增多，随尿排出，形成苯酮尿症，同时小孩智力障碍。白化病是因为色素细胞内缺乏酪氨酸酶，导致黑色素合成障碍所致。

六、问答题

1. 体内氨基酸脱氨基作用的主要方式有：氧化脱氨基作用、转氨基作用、联合脱氨基作用以及其他脱氨基作用4种方式。特点如下。① 氧化脱氨基作用：先进行脱氢氧化，然后水解脱氨。因谷氨酸脱氢酶分布广、活性高，主要由谷氨酸进行氧化脱氨基作用。② 转氨基作用：只发生氨基的转移，无游离氨产生。③ 联合脱氨基作用：由两种或两种以上脱氨基作用的联合进行，使氨基酸脱去氨基生成α-酮酸和游离氨的过程。体内许多组织（除肌肉之外）大多数氨基酸将转氨基作用和谷氨酸的氧化脱氨基作用联合起来进行以脱掉氨基，生成游离氨和α-酮酸。④ 其他脱氨基作用：是个别氨基酸特殊的脱氨基方式。

2. 氨的来源：① 氨基酸脱氨基作用产氨，这是体内氨的重要来源；② 肠道吸收，主要由肠菌腐败产生；③ 其他含氮物如胺类等物质氧化产氨；④ 在肾小管上皮细胞，谷氨酰胺分解产氨，碱性条件下，氨被重吸收入血。氨的去路：① 在肝脏合成尿素，这是氨的主要代谢去路；② 合成谷氨酰胺；③ 合成其他含氮物，如非必需氨基酸、嘌呤、嘧啶等；④ 在肾脏，NH_3与H^+结合成NH_4^+，排出体外。

3. 因为肠道中产生的NH_3比NH_4^+（铵盐）更易透过肠黏膜细胞而被吸收，当肠道pH偏高时，NH_4^+趋于转变为NH_3，增加NH_3的吸收，故临床上对高血氨患者通常采用弱酸性透析液做结肠透析，禁止用碱性肥皂水灌肠，目的是减少氨的吸收。在肾小管上皮细胞水解谷氨酰胺产生的氨通常排至小管液中，与H^+结合成NH_4^+，随尿液排出体外，参与排酸，因而酸性尿有利于肾小管排氨，碱性尿则不利于排氨，相反导致氨重吸收入血，成为血氨的另一来源。因此，临床上对肝硬化产生腹水的患者，不宜使用碱性利尿药，以免血氨进一步升高。

4. 鸟氨酸循环是在肝脏中进行的，整个过程包括以下4个步骤：首先由NH_3与CO_2以及2分子ATP缩合生成氨基甲酰磷酸；后者提供氨基甲酰基与鸟氨酸缩合生成瓜氨酸；瓜氨酸在消耗1分子ATP分解为AMP和PPi的条件下，与天冬氨酸缩合生成精氨酸；最后精氨酸水解生成1分子尿素。一次鸟氨酸循环总结果：消耗2分子NH_3、1分子CO_2、3分子ATP（包括4个高能磷酸键），产生1分子尿素随尿排出。$2NH_3 + CO_2 + 3ATP + 3H_2O \rightarrow$ 尿素 $+ 2ADP + AMP + 4Pi$。意义：解除氨毒。

5. 谷氨酸的氧化分解：① 谷氨酸 + $NAD^+ \rightarrow \alpha$-酮戊二酸 + NH_3 +

NADH+H⁺(2.5分子ATP);② α-酮戊二酸→→→草酰乙酸:α-酮戊二酸→琥珀酰CoA+NADH+H⁺(2.5分子ATP),琥珀酰CoA→琥珀酸+ATP,琥珀酸→延胡索酸+FADH₂(1.5分子ATP),延胡索酸→苹果酸→草酰乙酸+NADH+H⁺(2.5分子ATP);③ 草酰乙酸→磷酸烯醇式丙酮酸→丙酮酸+CO₂;④ 丙酮酸→乙酰CoA+CO₂+NADH+H⁺(2.5分子ATP);⑤ 乙酰CoA→三羧酸循环→10分子ATP。1分子谷氨酸氧化分解,可生成22.5分子ATP。分解出的NH₃进入肝脏参与合成尿素。

6. 某些氨基酸在体内经分解代谢产生含一个碳原子的活性基团,后者被FH₄携带,进一步参与嘌呤碱或嘧啶碱的合成,被称为一碳单位代谢。一碳单位主要包括:甲酰基、甲炔基、亚氨甲基、甲烯基和甲基等。

   一碳单位代谢的生理意义:① 一碳单位被FH₄结合、携带,参与嘌呤和嘧啶碱的合成。如甘氨酸分解产生=CH₂,与FH₄结合形成N⁵,N¹⁰—CH₂—FH₄,后者参与脱氧胸苷酸的合成。② 参与甲硫氨酸循环。N⁵—CH₃—FH₄在甲基转移酶(以维生素B₁₂为辅酶)催化下,提供甲基给同型半胱氨酸,生成甲硫氨酸,后者活化后可进一步提供活性甲基,参与重要甲基化合物的合成。

7. 甲硫氨酸首先与ATP反应,形成性质活泼的S-腺苷甲硫氨酸(SAM)。然后,SAM将活性甲基转移给甲基受体分子,产生各种重要化合物(如去甲肾上腺素接受SAM提供的活性甲基生成肾上腺素)。而SAM则转变成S-腺苷同型半胱氨酸,后者进一步脱去腺苷,生成同型半胱氨酸。同型半胱氨酸可以接受N⁵—CH₃—FH₄提供的甲基,重新生成甲硫氨酸,形成一个循环,称为甲硫氨酸循环。甲硫氨酸循环的意义:① 提供活性甲基,参与合成许多重要甲基化合物;② 使N⁵—CH₃—FH₄转移出甲基,使FH₄得到再生。

8. 叶酸在体内以四氢叶酸的形式参与一碳单位的转运,若缺乏叶酸必然导致嘌呤核苷酸或脱氧胸苷酸合成障碍,进而影响核酸与蛋白质的生物合成以及细胞的正常分裂、增殖,导致巨幼红细胞性贫血。维生素B₁₂是N⁵—CH₃—FH₄甲基转移酶(促进甲硫氨酸合成)的辅酶,若体内缺乏维生素B₁₂,会导致N⁵—CH₃—FH₄上的甲基不能转移,减少FH₄再生,亦影响细胞分裂,故同样可产生巨幼红细胞性贫血。同时影响甲硫氨酸再生,影响甲硫氨酸循环提供活性甲基,使体内多种重要甲基化合物合成受阻,导致恶性贫血。

9. ① 氨中毒引起肝性脑病:在脑内,消耗大量 NADH + H$^+$ 条件下氨可与脑中的 α-酮戊二酸结合生成谷氨酸;并在消耗 ATP 条件下,氨继续与谷氨酸缩合成谷氨酰胺。此过程如果强烈进行,势必消耗大量 NADH + H$^+$ 和 ATP 能源物质。另一方面,脑中氨的大量增加,经上述过程使脑细胞内 α-酮戊二酸减少,进而导致三羧酸循环减弱甚至受阻,从而使脑组织中 ATP 生成减少,引起大脑功能障碍,严重时可发生脑昏迷。② 形成假神经递质引起肝性脑病:肝功能异常时,一些肠菌腐败产物——苯乙胺/酪胺等芳香胺类进入脑组织,转变为苯乙醇胺/羟酪胺,这些胺类结构类似于儿茶酚胺类神经递质,但无兴奋性递质功能,称为假神经递质。假神经递质在脑内的积聚,易导致大脑功能障碍,引起肝性脑昏迷。

七、案例分析题

1. 被诊断为肝性脑病(肝昏迷)。患者肝功能不全,当进食高蛋白食物后,蛋白质分解加强,氨生成增多,由于肝解氨毒的能力下降,过多的氨进入脑组织导致昏迷,即是氨中毒引起的肝性脑病。

2. 患者肝功能不全,蛋白质分解产生过多的氨进入脑组织与 α-酮戊二酸和 NADH + H$^+$ 结合生成谷氨酸,进一步生成谷氨酰胺并消耗 ATP。此过程一方面可消耗较多的 NADH 和 ATP 等能源物质,另一方面消耗大量的 α-酮戊二酸,导致三羧酸循环减慢、ATP 生成减少,致使大脑供能不足,引起大脑功能障碍,发生昏迷。

3. 血氨的来源:① 氨基酸脱氨基作用产氨;② 肠菌腐败产氨被吸收入血;③ 胺类等其他含氮物质的分解产氨;④ 肾小管上皮细胞水解谷氨酰胺产氨。氨的去路:① 在肝脏合成尿素;② 合成谷氨酰胺;③ 合成嘌呤碱、嘧啶碱等其他含氮物;④ 在肾脏,谷氨酰胺分解产 NH$_3$,与 H$^+$ 结合成 NH$_4^+$,排出体外。

第十二章 核苷酸代谢

一、单项选择题

1. D 2. A 3. A 4. E 5. C 6. B 7. E 8. D 9. D 10. B
11. E

二、多项选择题

1. BCD 2. ABDE 3. CDE 4. ABC 5. ACD 6. ABE
7. ACE 8. ABDE

三、填空题

1. 从头合成·补救合成
2. 核糖-5-磷酸·戊糖磷酸
3. DNA·RNA
4. 肝·小肠·胸腺
5. 脑·骨髓
6. N^5,N^{10}-甲烯基四氢叶酸·dTMP
7. 二磷酸核苷·NADPH + H^+
8. 次黄嘌呤·黄嘌呤氧化酶·尿酸

四、名词解释

1. 机体利用磷酸核糖、氨基酸、一碳单位与 CO_2 等简单物质为原料,经一系列连续酶促反应合成核苷酸的过程,称为从头合成途径。
2. 直接利用体内游离的碱基或核苷,经简单反应合成核苷酸的过程,称补救合成途径。
3. 因核酸大量摄入和分解产生大量尿酸,或尿酸排泄障碍,造成血中尿酸含量过高,尿酸盐晶体即可沉积于关节、软骨组织而导致痛风。
4. 抗代谢物是指在化学结构上与正常代谢物相似,能够竞争性拮抗正常代谢过程的物质。

五、简答题

1. 脑、骨髓等组织缺乏从头合成的酶系,故只能进行补救合成。既节约合成代谢所需的能量与原料,又可及时提供核苷酸供这些组织细胞生长所需。
2. 体内嘌呤核苷酸和嘧啶核苷酸的合成,都有从头合成和补救合成两条途径。在此合成过程中,无论嘌呤核苷酸的从头合成还是补救合成,或者嘧啶核苷酸的从头合成和补救合成途径,都需要 PRPP 提供核糖-5-磷酸。因此说,PRPP 在体内核苷酸合成中是不可缺少的。

六、问答题

1. 核苷酸在体内有许多重要功能,如:① dNTP 和 NTP 分别作为合成 DNA、RNA 的原料;② ATP 作为直接供能物质;③ UDP-葡萄糖、CDP-胆碱分别为糖原、甘油磷脂合成的活性中间体;④ AMP 是某些辅酶(或辅基)如 NAD^+、$NADP^+$、HSCoA 和 FAD 的组成成分;⑤ cAMP、cGMP 作为激素的第二信使,参与细胞信息传递;⑥ GTP

是合成四氢蝶呤的前体等。

2. 原料有核糖-5-磷酸、CO_2、一碳单位、谷氨酰胺、天冬氨酸和甘氨酸。主要过程：① 核糖-5-磷酸发生焦磷酸化生成 PRPP；② 由 PRPP 提供 R-5-P，逐步加上各种小分子原料，经过大约 10 步化学反应生成 IMP；③ 由 IMP 接受天冬酸提供的—NH_2 生成 AMP，由 IMP 氧化为 XMP，再接受谷氨酰胺提供的—NH_2 生成 GMP。

3. 原料有核糖-5-磷酸、CO_2、谷氨酰胺和天冬氨酸。主要过程：① 首先由各种原料（CO_2、谷氨酰胺、天冬氨酸）合成含有嘧啶环的乳清酸，然后由 PRPP 提供 R-5-P 合成 UMP；② UMP 再发生 2 次磷酸化转变为 UTP，然后接受 Gln 提供的—NH_2 转变为 CTP；③ UDP 脱氧转变为 dUDP，后者脱磷酸转变为 dUMP，再发生甲基化生成 dTMP，其中 dTMP 的甲基是由 N^5, N^{10}—CH_2—FH_4 提供的。

4. 嘌呤核苷酸与嘧啶核苷酸从头合成的比较见下表：

	嘌呤核苷酸	嘧啶核苷酸
原料	核糖-5-磷酸 CO_2、一碳单位、甘氨酸 谷氨酰胺、天冬氨酸	核糖-5-磷酸 CO_2 谷氨酰胺、天冬氨酸
合成过程	R-5-P + ATP→PRPP PRPP + 各种原料→IMP IMP + Asp→→AMP IMP→XMP, XMP + Gln →GMP	各种原料→嘧啶环 嘧啶环 + PRPP→UMP UMP→UDP→UTP, UTP + Gln→CTP UDP→dUDP→dUMP dUMP + "—C"→dTMP

5. 原发性痛风患者的次黄嘌呤/鸟嘌呤磷酸核糖转移酶（HGPRT）具有部分缺陷，使嘌呤碱利用率下降、分解加强，形成过量的尿酸。继发性痛风常见于白血病、恶性肿瘤、红细胞增多症等疾病，可使体内核酸大量分解，引起血中尿酸升高。另外，肾功能减退，使尿酸排出障碍时，也可使血尿酸升高。尿酸溶解度较低，血中尿酸过度增高可以钠盐形式沉积于关节、软骨组织而引起痛风。如沉积在肾脏则可导致肾结石。临床上常用与次黄嘌呤结构相似的别嘌呤醇竞争性抑制黄嘌呤氧化酶，以抑制尿酸的生成来治疗痛风。

6. 抗代谢物是指在化学结构上与正常代谢物相似,能够竞争性拮抗正常代谢过程的物质。抑制嘌呤核苷酸合成的抗代谢物主要有嘌呤和氨基酸类似物,典型的有 6-MP、Azas 等;嘧啶核苷酸的抗代谢物主要有嘧啶和叶酸类似物,典型的有 5-FU、MTX 等。抗代谢物一般都是通过竞争性抑制肿瘤细胞核苷酸合成过程中的酶活性,阻断核苷酸合成,抑制肿瘤细胞疯长。

6-MP、Azas、5-FU、MTX 作用机制如下。6-MP:其结构类似于次黄嘌呤,在体内通过竞争性抑制 IMP 转变为 AMP 和 GMP,也可抑制 IMP 和 GMP 的补救合成;Azas:其结构类似于谷氨酰胺,可以竞争性抑制谷氨酰胺提供氨基,阻断嘌呤和嘧啶核苷酸的合成;5-FU:其结构类似于胸腺嘧啶,竞争性抑制 dTMP 合酶活性,以阻断 dTMP 的合成;MTX:叶酸类似物,抑制 FH_2 还原酶活性,进而抑制 FH_4 及一碳单位代谢,阻断嘌呤核苷酸和嘧啶核苷酸的合成。

七、案例分析题

1. 患者被初步诊断为痛风。诊断依据:尿酸含量偏高,关节疼痛、有畸形。
2. 痛风是由体内尿酸含量升高引起的一种疾病。尿酸是核酸组成成分嘌呤碱分解的终产物。人体内各种嘌呤核苷酸,在黄嘌呤氧化酶等作用下分解,均可生成尿酸。尿酸的溶解度较小,常以钾盐或钠盐的形式从肾脏排出,正常人血浆中尿酸含量为 $0.12 \sim 0.36$ mmol/L。当核酸摄入量过多、分解加强(如白血病、恶性肿瘤等),或排泄障碍(如肾脏疾病),可使血中尿酸含量增高。当超过 0.48 mmol/L 时,可形成尿酸盐晶体沉积于关节、软骨组织而引起痛风,如沉积在肾脏则可导致肾结石。原发性痛风属于先天性代谢疾病,可能是由于患者的某些酶(如 HGPRT)部分缺陷,使嘌呤碱利用率下降、分解加强,形成过量的尿酸。患者经常膏粱厚味,嘌呤的摄入量增加,分解产物也增加,当食用海鲜、饮酒后,由于体内的尿酸继续增加,且酒精又容易与尿酸竞争性排泄,影响尿酸排出体外,故引起其体内血尿酸的进一步升高,造成关节疼痛加剧。
3. 痛风患者的饮食原则是尽量控制含嘌呤食物的摄入。建议患者平时减少应酬,少喝酒,应选择低嘌呤、低能量、低脂肪、低蛋白质的食物。在急性发作期,更应限制含嘌呤高的食物,如动物的内脏、浓汤、肉馅、海鲜、酵母、酒等。在痛风缓解期,可食用嘌呤含量比较低的食物。也可适度多喝些水,增加尿量,以利于尿酸的排泄。

第十三章 核酸的生物合成

一、单项选择题
1. E 2. D 3. B 4. D 5. C 6. D 7. C 8. D 9. C 10. B
11. D 12. C 13. B 14. A 15. D 16. A 17. A 18. E
19. C 20. B 21. C 22. D 23. C 24. A 25. A 26. D
27. C

二、多项选择题
1. ABCD 2. ABD 3. ABDE 4. ABC 5. AC 6. AD
7. BC 8. ACE 9. BCE 10. ABC

三、填空题
1. DNA·RNA·dNTP
2. DNA 拓扑异构酶·DNA 解旋酶·单链 DNA 结合蛋白
3. RNA 指导的 DNA 聚合酶·RNA 水解酶·DNA 指导的 DNA 聚合酶
4. DnaC·引物酶·DNA 复制起始区
5. 核酸内切酶·外切酶·参与切除修复的核酸内切
6. 引物·依赖 DNA 的 RNA 聚合·逆转录酶
7. 全酶·σ
8. 结构基因·编码链·不对称转录
9. hnRNA·m^7GpppN 帽子·多聚 A 尾
10. 依赖 ρ 因子·不依赖 ρ 因子

四、名词解释
1. 是核酸分子中储存遗传信息的基本单位,它含有编码蛋白质或 RNA 所需的所有核苷酸碱基序列。
2. 一个生物体中全部遗传信息的总和,即 DNA 的全部脱氧核苷酸碱基序列。
3. 通过转录和翻译,基因的遗传信息转录为 RNA 和翻译为蛋白质的过程。
4. 是指延伸方向与复制叉前进方向一致的一条新链,称为前导链。
5. RNA 聚合酶的全酶形式除去 σ 亚基(或称 σ 因子)后的 $\alpha_2\beta\beta'\omega$ 五聚体,称为核心酶,核心酶的催化活性主要包含 $\alpha_2\beta\beta'$ 四个亚基组成,其作用是催化 RNA 链的延长。
6. 随后链合成过程中,形成的不连续的 DNA 片段,称为冈崎片段。
7. 以 DNA 为模板合成 RNA,从而将遗传信息转抄到 RNA 分子上,此过程称为转录。
8. 以 RNA 为模板指导 DNA 的合成,这种遗传信息的传递方向与转录过程相反,故称逆转录。
9. 结构基因中不被转录的一条 DNA 链,称为编码链,其碱基序列与转录产物基本一致,仅 T 被 U 取代。
10. 是指在一系列酶的作用下,将 DNA 分子中受损部分切除,并以完整的另一条链为模板进行修补合成,使 DNA 恢复正常结构和功能。
11. 在原核基因启动子区域,位于转录起始点上游 -10 pb 处,有一段富含 AT 的共有序列(TATAAT)被称为 Pribnow 盒。
12. 遗传信息从 DNA 经 RNA 流向蛋白质的过程,称为遗传信息传递的中心法则。

五、简答题

1. 在 DNA 复制过程中,亲代 DNA 双链解开为两条单链,然后以每条链为模板指导合成两条新的互补链。新形成的子代分子中的一条链来自亲代保留下来的,另一条互补链是新合成的,这样生成的子代 DNA 分子与亲代 DNA 分子的碱基排列顺序完全相同,这种复制方式被称为半保留复制。

2. ① DNA pol Ⅰ:具有 $5'\to 3'$ 聚合酶、$5'\to 3'$ 外切酶和 $3'\to 5'$ 外切酶活性,发挥切除 RNA 引物、填补空隙、修复损伤 DNA 和校读等作用;② DNA pol Ⅱ:具有 $5'\to 3'$ 聚合酶和 $3'\to 5'$ 外切酶活性,在特殊情况下参与 DNA 损伤的修复作用;③ DNA pol Ⅲ:具有 $5'\to 3'$ 聚合酶和 $3'\to 5'$ 外切酶活性,是主要的 DNA 复制酶,也具有校读作用。

3. ① 解旋、解链酶类:拓扑异构酶松弛 DNA 超螺旋;解旋酶解开 DNA 双链之间的氢键,使局部形成两股单链;单链 DNA 结合蛋白附着在解开的单链上,维持模板 DNA 处于单链状态。② 引物酶:催化合成一小段 RNA 作为 DNA 合成的引物。③ DNA 聚合酶:DNA pol Ⅲ 是主要的复制酶,DNA pol Ⅰ 具有切除 RNA 引物、填补空隙等作用。④ DNA 连接酶:催化一段一段的 DNA 片段连接成长链 DNA。

4. ① 模板:以双链 DNA 中的一条链为模板链;② 原料:4 种 NTP(ATP、GTP、CTP 和 UTP);③ RNA 聚合酶:以 DNA 的一条链为模板,4 种 NTP 为原料,按 A≡U、C≡G 碱基配对规则,催化合成 5′→3′方向的 RNA 链。④ ρ因子:其作用是协助 RNA 聚合酶辨认终止点而终止转录。

5. 相同点:三者都是合成新的 DNA 链,原料为 dNTP,新链延伸方向为 5′→3′。不同点:① DNA 复制:以亲代 DNA 两条链为模板,在 DNA 聚合酶催化下,以 RNA 引物的 3′-OH 端为起点,合成两条 5′→3′方向的互补子链。② 损伤 DNA 的修复:先将损伤 DNA 片段切除,然后以另一条完整的 DNA 链为模板,进行修补合成,恢复 DNA 的正常结构与功能。③ 逆转录:以病毒 RNA 为模板,在逆转录酶催化下,合成 cDNA。

6. 在逆转录酶作用下,以 RNA 为模板合成 DNA 的过程被称为逆转录。基本过程为:① 以 RNA 为模板催化合成互补的 DNA 单链,形成 RNA-DNA 杂化双链;② 将 RNA-DNA 杂化双链中的 RNA 链水解去除;③ 以剩下的 DNA 单链为模板,催化合成与之互补的第二条 DNA 链,即形成 cDNA 双链。生物学意义:将遗传信息逆向传递给 DNA,使遗传信息传递的中心法则内容得以扩充和发展,逆转录酶在基因工程中可用于建立 cDNA 文库,以获取目的基因等。

7. 原核生物 RNA 聚合酶(全酶)是由 5 种亚基($\alpha_2\beta\beta'\sigma\omega$)构成的六聚体。除去 σ 亚基后的 $\alpha_2\beta\beta'\omega$ 五聚体称为核心酶。σ 亚基作用:辨认 DNA 模板上的转录起始点,带动全酶解开 DNA 局部双链,促进转录的起始,故又称起始因子。核心酶的催化活性主要包含 $\alpha_2\beta\beta'$ 四个亚基组成,其作用是沿着模板链 3′→5′方向滑动,按 A≡U、C≡G 碱基配对规则,催化合成 5′→3′方向的 RNA 链。

六、问答题

1. ① 在 DNA 的 ori 部位形成复制叉:拓扑异构酶松弛 DNA 超螺旋结构,解旋酶解开双链之间的氢键使局部形成两股单链,单链 DNA 结合蛋白(SSB)与解开的单链 DNA 结合以维持其单链状态,即形成复制叉。② 合成 RNA 引物:有多个 DnaA 蛋白识别并结合 ori 部位,DnaB 蛋白(解旋酶)在 DnaC 蛋白的协同下,结合于解链区,引物酶进入形成引发体,并催化合成 RNA 引物。③ 合成互补 DNA 新链:主要在 DNA pol Ⅲ催化下,以 RNA 引物的 3′-OH 为起点,合成 5′→3′方向的互补 DNA 新链。④ 形成冈崎片段:在 DNA pol Ⅰ催化下,切除 RNA 引物、填补空隙,形成冈崎片段。⑤ 形成长链 DNA:DNA

连接酶将一段一段冈崎片段连接起来,形成长链 DNA。⑥ 最后在 Tus 蛋白参与下终止复制过程。

2. 复制和转录异同点见下表:

	转　录	复　制
模板	一条 DNA 单链(模板链)	DNA 两股链
原料	NTP	dNTP
引物	不需要	需 RNA 引物
酶	DNA 指导的 RNA 聚合酶	DNA 指导的 DNA 聚合酶
碱基配对	A═U,G≡C	A═T,G≡C
新链延伸方向	$5'{\to}3'$	$5'{\to}3'$
产物	RNA	DNA
基本方式	不对称转录	半保留复制

3. DNA 核苷酸碱基序列永久的改变称为突变。点突变是 DNA 分子上一个碱基的变异。可分为① 转换:同型碱基变异,指两种嘌呤之间或两种嘧啶之间的互换;② 颠换:异型碱基变异,指嘌呤与嘧啶之间互换。举例:镰状细胞贫血患者,与健康人比较,患者血红蛋白 β-链 N 端第 6 个氨基酸相应的基因 DNA 碱基由 T→A,转录后由 A→U,一个碱基发生颠换,使酸性的谷氨酸转换为中性的缬氨酸,改变了血红蛋白的结构和功能,导致镰状细胞贫血。

4. 原核生物 RNA 聚合酶(全酶)是由 5 种亚基($\alpha_2\beta\beta'\sigma\omega$)构成的六聚体。除去 σ 亚基后的 $\alpha_2\beta\beta'\omega$ 五聚体称为核心酶。σ 亚基作用是辨认 DNA 模板上的转录起始点,带动全酶解开 DNA 局部双链,促进转录的起始,故又称起始因子。核心酶的催化活性主要包含 $\alpha_2\beta\beta'$ 四个亚基组成。核心酶的作用是沿着模板链 $3'{\to}5'$ 方向滑动,按 A═U、C≡G 碱基配对规则,催化合成 $5'{\to}3'$ 方向的 RNA 链。

真核生物的 RNA 聚合酶有 Ⅰ、Ⅱ 和 Ⅲ 三种,分别催化不同基因的转录,催化的转录产物各不相同。RNA 聚合酶 Ⅰ:主要催化生成 45 S rRNA,再加工成 18 S rRNA、5.8 S rRNA 和 28 S rRNA;RNA 聚合酶 Ⅱ:催化合成 hnRNA,再加工成成熟 mRNA;RNA 聚合酶 Ⅲ:催化合成 tRNA、5 S rRNA 和 snRNA 等。

七、案例分析题

1. 该患者初步诊断为着色性干皮病。诊断依据：面部、颈部、身体躯干和四肢褐色斑多年病史，近3年皮疹明显增多，并伴有畏光、流泪等眼部不适；体格检查：双眼结膜微充血，畏光；皮肤科检查：口周干燥、发红。面颈、胸背、四肢可见较密集褐色斑点且深浅、大小不一，部分融合成片，间有色素减退斑点，胸部"V"形区可见弥漫性浅红斑，毛细血管扩张；皮肤活检：经紫外线照射后标本中DNA二聚体形成率大于95%。
2. 患者主要是由于参与切除修复的核酸内切酶缺陷，不能切除嘧啶二聚体，当皮肤受到紫外线照射后，损伤的DNA不能被修复，出现皮肤干燥、色素沉着、萎缩、角化或癌变等。

第十四章　蛋白质的生物合成

一、单项选择题

1. A　2. D　3. E　4. C　5. C　6. B　7. B　8. A　9. C　10. D
11. E　12. D　13. D　14. E　15. C　16. B　17. C　18. B

二、多项选择题

1. BDE　2. ACDE　3. CE　4. AD　5. ABCDE　6. ACE
7. ABCE　8. BC

三、填空题

1. 64　61
2. 起始密码子　甲硫氨酸（蛋氨酸）
3. UAA　UAG　UGA
4. 氨基酰-tRNA合成酶　转肽酶
5. $5' \rightarrow 3'$　N　C
6. 进位　成肽　转位
7. 翻译的直接模板　转运氨基酸"对号入座"　核糖体
8. EF-T　EF-G
9. RF-1　RF-2　RF-3

四、名词解释

1. 将mRNA分子中的核苷酸碱基序列具体地转变成为蛋白质分子中的氨基酸排列顺序，被称为翻译或蛋白质的生物合成。
2. mRNA线性单链分子中每相邻3个核苷酸碱基组成代表一种氨基酸的密码子，或称三联体遗传密码。

3. mRNA 5′端起始密码子 AUG 上游含有一个富含嘌呤碱的序列,被称为 SD 序列,后者能与核糖体小亚基 16 S rRNA 的 3′端富含嘧啶碱的序列结合。
4. 在 tRNA 反密码环上的 3 个相邻碱基,能与 mRNA 三联体密码子互补配对,称为反密码子。
5. 在蛋白质生物合成过程中,一条 mRNA 分子上同时与多个核糖体结合所形成的念珠状聚合物被称为多聚核糖体。
6. 在原核生物中,多个功能上相关联的结构基因串联在一起被转录生成一个 mRNA,进而翻译成多条蛋白质肽链,这种 mRNA 被称为多顺反子 mRNA。
7. 蛋白质经生物合成以后,定向地被输送到其发挥功能的部位的过程。

五、简答题

1. mRNA:作为翻译的直接模板,由 mRNA 分子中三联体密码子决定蛋白质分子中的氨基酸排列顺序。tRNA:tRNA 依赖 3′端的 CCA-OH 末端结合特定的氨基酸,通过反密码子辨认 mRNA 密码子,搬运氨基酸参与蛋白质多肽链的合成。rRNA:由几种 rRNA 与数十种蛋白质共同构成核糖体形式,作为蛋白质生物合成的场所。
2. ① 方向性:mRNA 分子中三联体遗传密码的阅读是有方向性的,从 5′→3′方向。② 连续性:mRNA 分子的三联体密码子阅读既无间断又无重叠。③ 简并性:一种氨基酸可以有 2 个或 2 个以上密码子的现象,称为遗传密码的简并性。④ 通用性:从原核生物到人类都共用同一套遗传密码。
3. 概念:tRNA 的反密码子与 mRNA 上的遗传密码互补配对时,相互间不太严格遵守碱基配对规则。按 5′→3′方向计,反密码子的第 1 位碱基与密码子的第 3 位碱基互补配对时有一定摆动性。意义:① 摆动配对可使一个 tRNA 辨认多个同义密码子;② 当密码子的第 3 位碱基发生突变时,不易影响 tRNA 带入正确的氨基酸。
4. ① 30 S 小亚基与 mRNA 结合:在 IF-1、IF-3 参与下,小亚基 16 S rRNA 的嘧啶碱序列与 mRNA 5′端 SD 序列互补结合形成复合物。② 形成三元复合物:在 IF-2 参与下,fMet-tRNA^{fMet}通过其反密码子辨认结合 mRNA 起始密码子 AUG,形成三元复合物。③ 70 S 起始复合物的形成:上述三元复合物进一步与 50 S 大亚基结合,释出 IF-3、IF-1 及 IF-2,同时 GTP 水解释出 GDP 与无机磷,至此形成了70 S起始复合物,为肽链的延长做好了准备。

六、问答题

1. ① 3种RNA:mRNA作为合成蛋白质的直接模板;tRNA转运特定氨基酸,辨认mRNA密码子;rRNA与蛋白质结合形成核糖体,作为合成蛋白质的场所。② 20种氨基酸作为蛋白质合成的原料。③ 酶:氨基酰-tRNA合成酶催化特异氨基酸的活化;转肽酶催化肽链延长(肽键形成);酯酶由转肽酶变构而成,水解并释放合成的多肽链。④ 蛋白质因子:起始因子、延长因子和释放因子分别协助翻译的起始、延长和终止。⑤ ATP、GTP:作为供能物质。

2. 以基因DNA为模板,转录生成的mRNA,两者碱基严格互补,即mRNA携带了基因DNA的遗传信息;mRNA分子上的碱基排列顺序来自DNA的遗传信息指令,也就决定了蛋白质多肽链中氨基酸的排列顺序。蛋白质的生物合成,即将mRNA携带的遗传信息翻译成氨基酸排列顺序,即蛋白质的一级结构。该一级结构又决定蛋白质的高级结构与功能,这种功能便是遗传信息通过转录、翻译过程表达为具有特定功能的蛋白质。

3. 蛋白质生物合成全过程可以分为起始、延长和终止3个阶段。① 起始阶段:核糖体50 S和30 S大小亚基、mRNA、fMet-tRNA$_i^{fMet}$、GTP和3种起始因子(IF-1、IF-2、IF-3)等的参与下,形成70 S起始复合物。② 延长阶段:包括进位、成肽和转位3个步骤的反复循环。进位是指在EF-T和GTP的参与下,特定的氨基酰tRNA进入核糖体A位,成肽是转肽酶催化P位的氨基酰转移到A位形成肽键的过程,转位是指在EF-G和GTP作用下,核糖体向mRNA 3'端方向移动一个密码子距离。③ 终止阶段:当终止密码子UAA、UAG或UGA出现在核糖体的A位时,没有相应的氨基酰tRNA能与之结合,此时即转入了终止阶段。释放因子(RF)进入核糖体A位与终止密码子相结合,RF随即诱导转肽酶变构而具有酯酶活性,使P位多肽酰与tRNA相连的酯键水解,多肽链释放。

第十五章 基因表达调控

一、单项选择题

1. E 2. B 3. D 4. C 5. B 6. B 7. C 8. D 9. C 10. A

11. C　12. E　13. D　14. E　15. C　16. A　17. E　18. E　19. D　20. B　21. B　22. A

二、多项选择题
1. ACDE　2. ABDE　3. ACE　4. ACDE　5. DE　6. BCD　7. ABD　8. ABCDE　9. ABE　10. ABCDE　11. BE　12. BD　13. CDE　14. CE　15. ACD

三、填空题
1. 蛋白质·RNA
2. 空间特异性·细胞特异性（组织特异性）
3. 诱导·诱导剂
4. 阻遏·阻遏剂
5. 时间·空间
6. 多级·转录
7. 顺式作用元件·反式作用因子
8. 调节基因·CAP结合位点·启动序列·操纵序列
9. miRNA·siRNA

四、名词解释
1. 由非编码RNA介导的转录后基因沉默，被统称为RNA干扰。
2. 在一个生物个体的几乎所有细胞中持续表达的基因通常被称为管家基因。
3. 通常是由功能上相关联的多个编码序列（又称结构基因，一般2~6个）及其上游的调控序列串联在一起构成的一个转录协调单位。
4. 又称分子内作用元件，是指存在于同一DNA分子中的参与调控基因转录活性的特异碱基序列。
5. 是RNA聚合酶结合并启动转录的DNA碱基序列。
6. 是一种能够增强启动子转录活性的特异DNA碱基序列。
7. 又称为分子间作用因子，是指能够直接或间接与顺式作用元件结合，调控基因转录的一类调节蛋白。
8. 是指非DNA碱基序列变化而导致的可遗传的基因表达的改变，它主要包括DNA甲基化修饰、组蛋白修饰、RNA干扰等。
9. 又称遗传印记，是对来源于不同亲本的等位基因进行化学修饰，以标记其双亲来源信息的生物学现象。

五、简答题
1. 基因表达是指基因转录为RNA及翻译为蛋白质的过程。基因表达的方式有：组成性表达、诱导和阻遏表达及协调表达。基因表达具有时间特异性和空间特异性等特点。

2. 基因表达调控可以从基因活化、转录起始、转录后加工、RNA 降解、翻译、翻译后加工和蛋白质降解等多个环节进行，是在多级水平上进的行调控。其中以转录起始最为重要。
3. 转录后基因沉默是指一些非编码 RNA，能够通过与靶 mRNA 结合而使基因沉默。例如：① siRNA 与靶 mRNA 结合使之降解；② miRNA 与靶 mRNA 结合以抑制其翻译；③ incRNA 也在转录后水平参与基因表达调控。

六、问答题

1. 真核基因的转录起始水平的调控需要通过顺式作用元件、反式作用因子和 RNA 聚合酶的相互作用来完成。

　　其中顺式作用元件是指起转录调控作用的特异 DNA 碱基序列，包括启动子、增强子和沉默子等。启动子是 RNA 聚合酶结合并启动转录的特异 DNA 碱基序列；增强子是增强启动子转录活性的特异 DNA 碱基序列；沉默子是对基因转录起阻遏作用的特异 DNA 碱基序列。启动子、增强子和沉默子都需与相应蛋白因子发生 DNA–蛋白质相互作用后，才能发挥转录调节作用。

　　反式作用因子是指能够直接或间接与顺式作用元件结合，调控特异基因转录的一类调节蛋白，被统称为转录因子，包括通用转录因子、特异转录因子和辅调节因子三大类。通用转录因子是 RNA 聚合酶Ⅱ结合启动子所必需的一组蛋白因子，为所有 mRNA 转录启动所共有。特异转录因子能特异识别并结合 DNA 分子，发生蛋白质-DNA 相互作用而影响转录活性，它又分转录激活因子和转录抑制因子。辅调节因子本身不与顺式作用元件结合，而是与其他转录因子发生蛋白质-蛋白质相互作用，进而影响转录因子构象与转录调节活性。

2. ① 乳糖操纵子组件：包括结构基因（编码代谢乳糖的 3 个酶蛋白基因）、调控序列（操纵序列和启动序列，又称启动子，包括其上游的 CAP 结合位点）和 1 个调节基因（编码阻遏蛋白）。② 阻遏蛋白的负性调控：有葡萄糖时，通过调节基因表达阻遏蛋白，结合于操纵序列上，阻碍 RNA 聚合酶滑动，抑制结构基因转录。无葡萄糖、有乳糖存在时，乳糖（实际上是别乳糖）作为诱导剂，结合阻遏蛋白使之变构，不能封闭操纵序列，RNA 聚合酶沿着模板链滑动，催化结构基因转录。③ cAMP–CAP 的正性调控：乳糖是弱诱导剂，需要 CAP 的正性调控。无葡萄糖时,cAMP 浓度高,通过形成 cAMP-CAP 活性复合物,CAP 结合于启动子上游的 CAP 结合位点,增强 RNA 聚合酶与启动子结合,促进转录。

总而言之,乳糖操纵子在阻遏蛋白和 CAP 协调调控下,使基因表达适应细菌生长所需。这主要取决于培养液中存在的碳源种类,乳糖操纵子最强的表达条件是有乳糖而无葡萄糖。

3. 相同点:多级调控,如转录起始、转录后、翻译调控及 RNA、蛋白质的稳定性等,但调控的关键环节是转录起始阶段。不同点如下。原核生物基因表达调控的特点:① 通过操纵子机制调控基因转录;② 基因转录需要 σ 因子的特异启动;③ 结构基因呈多顺反子转录;④ 阻遏蛋白的负调控具有普遍性。真核生物基因表达调控的特点:① 染色质水平的表观遗传修饰调控;② DNA 超螺旋构象的变化;③ 结构基因呈单顺反子转录;④ 需许多转录因子参与的正性调控为主;⑤ 转录与翻译分隔进行。

第十六章 细胞信息传递

一、单项选择题

1. E · 2. E · 3. D · 4. C · 5. E · 6. E · 7. A · 8. E · 9. A · 10. C ·
11. D · 12. B · 13. D · 14. C · 15. B · 16. C · 17. B · 18. C ·
19. E · 20. D · 21. E · 22. E · 23. A · 24. C · 25. E · 26. A ·
27. B · 28. C · 29. D · 30. C · 31. B · 32. C · 33. D · 34. B ·
35. E · 36. C · 37. D · 38. E

二、多项选择题

1. AC · 2. ABC · 3. CDE · 4. AB · 5. BE · 6. AC · 7. BC · 8. BC ·
9. CD · 10. ADE

三、填空题

1. 范围广 · 功能多样 · 效率高

2. 一氧化氮合酶(NOS) · 精氨酸(Arg) · (亚)硝酸根(NO_3^-、NO_2^-)

3. 高度特异性 · 高度亲和力 · 可逆性

4. 离子通道受体 · G 蛋白偶联型受体(GPCRs) · 酶活性受体

5. NO · Ca^{2+} · 磷脂酰肌醇衍生物($PI_{3,4}P_2$、$PI_{3,4,5}P_3$)

6. 神经生长因子受体(NGF-R)·表皮生长因子受体(EGF-R)·酪氨酸蛋白激酶
7. 腺苷酸环化酶(AC)·磷脂酶C(PLC)·cGMP依赖性磷酸二酯酶(cGMP-PDE)
8. 活性受体·内源性GTP
9. 腺苷酸环化酶(AC)·磷酸二酯酶(PDE)·钙离子-钙调蛋白(Ca^{2+}-CaM)
10. I-κB·磷酸化·泛素化
11. 磷脂酰肌醇二磷酸(PIP_2)·钙离子(Ca^{2+})·蛋白激酶C(PKC)
12. 非磷酸化·转录因子
13. 野生·突变

四、名词解释

1. 由一组信号转导分子构成的有序的信号传递过程被称为信号转导通路或信号转导途径,亦称信息传递途径。
2. 受体是位于细胞膜或细胞内,能特异识别并结合信息分子,通过相互作用将信号转导入胞内,进而引起生物学效应的一类生物大分子。
3. 大多数肽类激素作用于靶细胞膜特异受体并发生相互作用后,必须经过GTP结合蛋白(简称G蛋白)的介导,才能调节膜中的效应蛋白(或酶)活性,这类受体统称为G蛋白偶联型受体。
4. 大多数生长因子受体,其胞内侧肽链具有潜在的酪氨酸蛋白激酶活性,称为酪氨酸蛋白激酶型受体。
5. 第二信使是指能在细胞内进一步传递信息的小分子化学物质。
6. G蛋白又称鸟苷酸结合蛋白,是位于细胞膜内侧面,由α、β和γ 3个亚基构成的异三聚体,以介导活性受体与效应蛋白酶之间的信息转导。
7. 凡是有cAMP存在的细胞内,都有一类能催化蛋白质或酶发生磷酸化修饰的PKA,故称为cAMP依赖性蛋白激酶。
8. 是指能与cAMP反应元件(CRE)碱基序列特异结合的一种转录因子,称为CRE结合蛋白,即CREB。
9. 钙调蛋白(CaM)存在于几乎所有真核细胞中,它既是Ca^{2+}的受体又是重要的调节蛋白,以介导Ca^{2+}的多种调节活性。
10. 胞内受体大多作为特异转录因子,能与核内靶基因调控序列(顺式作用元件)结合,调节特异基因表达,被统称为核受体。
11. 在正常细胞中以非激活状态存在的细胞癌基因,被称为原癌基因。

12. 癌基因是指一类能够编码细胞信号转导通路中一些关键蛋白的正常基因,其主要功能是参与调节细胞的生长、分化等。
13. 抑癌基因是一类抑制细胞过度生长、增殖,从而遏制肿瘤形成的基因,又称肿瘤抑制基因。

五、简答题

1. 水溶性激素→靶细胞膜特异受体(Rs)→Gs→激活 AC→促进 cAMP 生成→激活 PKA→循 cAMP-PKA 途径进一步将信号下传:如激活关键酶或功能蛋白发生磷酸化修饰调节代谢速度,或进入细胞核激活转录因子发生磷酸化修饰调节基因表达→产生生物学效应。

2. Gs 蛋白激活腺苷酸环化酶(AC),促进 cAMP 的产生;Gi 抑制 AC 活性,减少 cAMP 的生成;Gq 蛋白刺激 PLC 活性,后者催化磷脂酰肌醇-4,5-二磷酸(PIP_2)水解生成 IP_3 和 DAG;Gt 蛋白介导 cGMP-PDE 活性,使 cGMP 水解;Go 蛋白介导某些细胞膜中离子通道(如 K^+、Ca^{2+})等,改变膜电位。

3. 如生长因子(PDGF)作用于血管质膜 PDGF-R(属于 RTPK)使之变构活化后,后者结合并激活细胞质磷脂酶 C_γ(PLC_γ)。在 PLC_γ 催化作用下引起质膜内层的 PIP_2 水解产生 IP_3 和 DAG。IP_3 作用:引起细胞质内[Ca^{2+}]增高,后者与细胞质内钙调蛋白(CaM)结合形成 Ca^{2+}-CaM 活性复合物,进一步传递信息。DAG 作用:进一步激活 PKC,再将信号下传。

4. 可循 cAMP-蛋白激酶 A 途径、IP_3 和 DAG 双信使传递途径、Ras-MAPK 途径、PI_3K-Akt 途径、TGR_β-Smad 信息传递途径等将信号下传。

六、问答题

1. 基础状态下,G 蛋白 α 亚基与 GDP 结合(Gα-GDP),并与 βγ 二聚体构成无活性的异三聚体形式存在于细胞膜内侧面。当胰高血糖素作用于靶细胞膜相应受体并发生相互作用使之活化后,活化受体作用于 Gs 蛋白,引起 G 蛋白变构并使 Gα-GDP 被 GTP 取代,同时与 βγ 二聚体分离转变为有活性的 Gα-GTP。Gα-GTP 激活膜中的 AC。Gα-GTP 可以受到 α 亚基中内源性 GTP 酶的水解,释出 Pi,生成 Gα-GDP 而失活。无活性的 Gα-GDP 又与 βγ 二聚体结合重新构成无活性的异三聚体形式而恢复原来的基础状态。

2. 饥饿时,血糖浓度降至一定水平,刺激胰岛 α 细胞分泌胰高血糖素,通过血液循环作用于肝细胞相应受体使之变构活化，经过 Gs 蛋白介导，激活膜中 AC，AC 催化胞内产生 cAMP，后者进一步激活 PKA。PKA 一方面催化磷酸化酶 b 激酶发生磷酸化修饰而活化，促进肝糖原降解为葡糖-1-磷酸；另一方面 PKA 又使糖原合酶 I 发生磷酸化修饰而失活，以抑制肝糖原的合成。通过以上级联式的信息传递过程，促进肝糖原分解，提供血糖。

3. 肽类激素（如胰高血糖素）可经 cAMP-PKA 途径调节特异基因转录活性。如糖异生途径关键酶之一——磷酸烯醇式丙酮酸羧激酶（PEPCK）基因的转录调控区有一称为 cAMP 反应元件（CRE）的碱基序列。CRE 碱基序列可被一种特异的转录因子——CRE 结合蛋白（CREB）识别结合。胰高血糖素→cAMP-PKA 途径可以催化 CREB 肽链中第 133 位丝氨酸残基发生磷酸化修饰而使之活化，活化 CREB 作用于 *PEPCK* 基因的转录调控区 CRE，进而激活 *PEPCK* 基因的转录活性，促进糖异生作用。活性 CREB 又受蛋白磷酸酶-1 作用去磷酸化而失活，从而关闭该基因的转录。

4. 当乙酰胆碱（Ach）作用于血管内皮细胞 M 型受体后，经 Gq 蛋白介导，刺激 PLC_β 水解质膜中 PIP_2 产生 DAG 和 IP_3，后者引起胞内 Ca^{2+} 浓度升高。Ca^{2+} 与 CaM 结合成活性复合物，进一步激活血管内皮细胞 NOS，NOS 催化精氨酸分解释出 NO。NO 通过旁分泌作用进入血管平滑肌细胞内，通过激活细胞质内 GC 催化 GTP 环合成 cGMP，进而引起平滑肌细胞松弛而使血管舒张。

5. 糖皮质激素（GC）作用于靶细胞胞质特异受体（GR）后，可使受体构象改变并与热休克蛋白解离，激素-受体复合物（GCR）进一步发生二聚化而活化、核转移，进入细胞核作用于 GRE 碱基序列，调节特异基因转录。通过上述活化过程，在核内促进磷脂酶 A_2 抑制蛋白（脂皮质蛋白）合成，抑制环氧合酶（COX）表达，导致前列腺素、白三烯类等炎性介质生成减少。糖皮质激素还可以诱导 I-κB 合成，抑制 NF-κB 进入细胞核，进而抑制多种炎症因子基因的转录，发挥抗炎作用。还可以诱导凋亡蛋白 Bax 表达，启动线粒体凋亡途径，释放维生素 C，经凋亡蛋白酶 caspase 作用，诱导细胞凋亡。

6. 当细胞 DNA 遭受损伤时，w-P53 蛋白与 *Waf*1 基因结合，促进 P21 蛋白表达。P21 蛋白通过与 cyclin/CDK 复合物结合而抑制 CDK 活性，后者不能使 Rb 蛋白磷酸化。非磷酸化的 Rb 蛋白与 E_2F 结合

(Rb-E₂F)，以致 E$_2$F 失去转录因子活性，使 S 期所需的相关酶蛋白不能合成，进而使细胞停留在 G$_1$/S 期关卡之前，使细胞有足够时间修复损伤 DNA。当损伤 DNA 修复失败时，w-P53 可诱导凋亡蛋白 Bax 表达，以使损伤细胞发生凋亡、自尽，防止恶变。因而，w-P53 被誉称为"基因卫士"。

第十七章　重组 DNA 技术

一、单项选择题

1. A　2. B　3. D　4. C　5. D　6. C　7. B　8. E　9. C　10. D　11. C　12. C　13. A　14. E　15. C

二、多项选择题

1. ABCDE　2. ABCDE　3. AB　4. BDE　5. ABDE　6. ACE　7. CE　8. ABCDE　9. BCDE

三、填空题

1. DNA 重组·克隆
2. 不同来源的 DNA·拼接·新的重组 DNA
3. 细菌·双链 DNA 中的特定碱基序列·磷酸二酯
4. 基因组文库·cDNA 文库·PCR 扩增
5. 黏性末端连接·平末端连接·人工接头法
6. 转化·转导
7. DNA·mRNA
8. DNA·质粒 DNA·噬菌体 DNA

四、名词解释

1. 是指在体外利用各种基因操作技术，将不同来源的 DNA 分子"剪切"并重新"拼接"形成一个新的重组 DNA 分子，然后将它导入合适的宿主细胞内使之大量复制或表达，产生人类所需要的基因产物或改造新的生物品种，又称重组 DNA 技术。
2. 是指用酶学方法将不同来源的 DNA 进行切割、连接，组成一个新的 DNA 分子的过程。
3. 是指将重组 DNA 分子导入合适的受体细胞中，使其扩增和繁殖，以获得大量的相同的 DNA 分子。
4. 能够携带外源 DNA 进入受体细胞内进行复制或表达的 DNA 分子，被称为基因载体。

5. 是独立于细菌染色体之外，能自主复制、稳定遗传的环状双链DNA。
6. 是由细菌产生的一类能特异识别双链DNA中的特定碱基序列，并在识别位点或其附近切割磷酸二酯键的核酸内切酶（简称限制酶）。
7. 从组织细胞中提取基因组DNA，并采用限制酶将其切成许多片段，将每一片段与一个载体分子拼接成重组DNA分子。将所有的重组DNA分子都导入宿主细胞进行扩增，得到分子克隆的混合体，这样一个混合体称为基因组文库。
8. 从组织细胞中分离得到纯化的mRNA，然后以mRNA为模板，利用逆转录酶合成其互补DNA，再复制成双链cDNA片段，与适当载体连接后导入受体菌内，扩增、构建cDNA文库。
9. 是指以质粒为载体构建的重组DNA导入处于感受态的宿主细胞，并使其获得新的表型的过程。

五、简答题

1. ① 具有复制起始点，能够自我复制；② 具备多个限制酶的识别位点（多克隆位点）；③ 具有遗传表型或筛选标志；④ 有足够的容量以容纳外源DNA片段；⑤ 容易导入受体细胞。经过人工构建的载体，不但能与外源基因相连接，导入受体细胞，还能利用本身的调控系统，使外源基因在宿主细胞中复制并表达。
2. ① 分离制备目的基因——"分"；② 切割目的基因和载体——"切"；③ 目的基因与载体的连接——"接"；④ 将重组DNA导入宿主细胞——"转"；⑤ 筛选并鉴定含重组DNA分子的受体细胞克隆——"筛"；⑥ 克隆基因在受体细胞内进行复制或表达——"表"。
3. 获取方法：① 制备基因组文库；② 构建cDNA文库；③ PCR扩增目的基因；④ 人工合成DNA技术。

六、问答题

1. ① 限制酶：限制性核酸内切酶识别并特异切割双链DNA碱基序列。② 聚合酶：DNA pol Ⅰ，催化切口平移，制备高比度DNA探针；Klenow片段，合成cDNA第二条链，补齐或标记双链DNA 3′端；Taq DNA聚合酶，DNA体外扩增（PCR）；逆转录酶，催化合成cDNA；T₄ DNA连接酶：聚合补平5′突出端或削平3′突出端，或标记DNA探针等。③ DNA连接酶：催化2条DNA链之间形成磷酸二酯键；大肠杆菌DNA连接酶，应用于黏性末端DNA或切口间连接；

T₄ DNA连接酶,应用于黏性末端或平末端DNA的连接。
2. 要分离和克隆的相应基因常称为目的基因,又称为外源基因或外源DNA。

连接方法如下。① 黏性末端连接：将目的基因片段和载体DNA经相同的限制酶分别切割,使它们两端产生相同的黏性末端。然后经黏性末端碱基配对,再经DNA连接酶作用,共价连接成新的重组DNA分子。② 平末端连接：将平末端的DNA分子在T₄ DNA连接酶催化下,使DNA分子的$3'-OH$和$5'-P$进行共价结合。③ 人工接头法：是指利用人工接头加在平末端DNA片段的两端,然后用相应限制酶切割人工接头以产生黏性末端,再与带相同黏性末端的载体相连。④ 同源多聚尾连接法：在末端脱氧核苷酸转移酶催化下,在线型载体分子的两端加上单一核苷酸如dG组成的多聚尾,而在目的DNA分子的两端加上dC尾,两者混合退火,然后经DNA聚合酶Ⅰ或Klenow填补裂口处缺失的核苷酸,再通过DNA连接酶修复成环状的双链DNA。
3. 限制性核酸内切酶(RE)是由细菌产生的一类能特异识别双链DNA中的特定碱基序列,并在识别位点或其附近切割磷酸二酯键的核酸内切酶(简称限制酶)。限制酶的识别和切割位点通常是4~8个bp长度且具有回文序列的DNA片段,主要产生$5'$突出、$3'$突出的黏性末端或平末端。当一个样本DNA被一个特定的限制酶切割后,可以产生一批相同碱基序列的DNA片段,进而可以用于基因重组、克隆、核酸分子杂交与序列分析等。
4. 质粒是独立于细菌染色体之外,能自主复制、稳定遗传的环状双链DNA。在重组DNA技术中质粒是常用载体之一。经过人工构建的载体,不但能与外源基因相连接,而且质粒含有复制起始原点(ori),此起始点与顺式作用调控元件构成一个复制子(复制区内),能借助宿主细菌染色体DNA复制所用的同一套酶系独立地进行自我复制及转录。

第十八章 基因诊断和基因治疗

一、单项选择题

1. A · 2. C · 3. E · 4. A · 5. C · 6. D · 7. C · 8. A · 9. C · 10. E ·

11. A 12. D 13. E 14. B 15. C 16. D 17. B 18. B
19. B 20. A

二、多项选择题

1. ACDE 2. ABCE 3. BCDE 4. ACE 5. ADE 6. ACE
7. ABDE 8. AE 9. CD 10. BCD

三、填空题

1. 淬灭基团·发射荧光
2. 核酸分子杂交·PCR 技术·DNA 测序·DNA 芯片
3. Southern 印迹杂交·Northern 印迹杂交·点杂交
4. 基因组 DNA 特异碱基序列·电泳·杂交技术
5. 变性·退火·延伸
6. 提取 RNA·RT·PCR
7. 样品制备·分子杂交·检测分析
8. CAR-T(嵌合抗原受体 T 免疫细胞疗法)·TCR-T(T 细胞受体修饰的 T 细胞疗法)
9. 读长·测序时间
10. 基因工程(转基因或基因编辑)·致病或有利于疾病的

四、名词解释

1. 利用分子生物学技术直接检测体内基因的结构及其表达是否正常,从而对疾病做出诊断,为治疗提供依据。
2. 是指运用基因工程技术更换、校正或增补靶细胞内有缺陷的基因,抑制、敲除致病的或有利于疾病的基因,导入外源或经修饰的治疗性基因等,以达到治病目的。
3. 核酸分子经变性与复性,使两条不同来源的具有互补碱基序列的核酸单链结合成杂交双链的过程,称为核酸分子杂交。
4. 所谓探针通常是指带有标记的、已知碱基序列的 DNA 或 RNA 片段,能与待测样本中单链核酸分子互补配对结合,进而检测是否有同源序列。
5. 基因芯片又称 DNA 或 cDNA 芯片、寡核苷酸阵列。是把大量已知碱基序列的寡核苷酸片段作为探针排列固定于芯片上,用标记的待测分子(样品 DNA 或 cDNA)在液相与芯片寡核苷酸片段(探针 DNA)进行杂交反应,通过检测、分析杂交信号的强弱,以研究组织细胞基因表达谱或差异表达等。
6. 免疫基因治疗是将编码疾病相关抗原的基因导入体细胞表达抗原蛋白,诱导机体免疫系统激活,达到治疗的目的。也可把免疫因子基因导入体内,使其表达,发挥免疫作用。
7. 在某些病毒或细菌中的某基因可产生一种特异性酶,它可将原本无细胞毒或低细胞毒药物前体转化为细胞毒性物质,并将感染细胞杀死,此种基因称为自杀基因或药物敏感基因。
8. PCR即聚合酶链反应,是由Mullis在1985年创建的,是一种在体外进行的由引物介导的DNA序列酶促合成反应,又称基因扩增技术。
9. 基因编辑是指对某个基因进行精确的敲除或更换,应用于基因治疗时指敲除致病基因或修复、矫正缺陷基因以恢复原来的正常基因结构及其表达。
10. 基因组错义突变若发生在蛋白编码的非必需区,编码蛋白的活性不改变,这种突变称为中性突变。中性突变导致不同个体间核苷酸序列的差异,称为DNA的多态性。

五、简答题

1. 该法由Southern于1975年首创,用于检测基因组DNA特异碱基序列。首先将基因组DNA经限制性内切酶酶切并进行琼脂糖凝胶电泳,分离后的DNA区带经变性处理后,将硝酸纤维膜覆盖于凝胶上,随着转移缓冲液被滤纸吸附而将凝胶中的DNA单链分子原位转移到硝酸纤维素膜上,然后在该膜上与标记探针进行杂交反应,再显影或显色,检测信号。
2. DNA测序技术即DNA一级结构测定,是最确切的基因诊断技术。目前发展了三代测序技术,各自都有一定的优势。第一代测序尽管通量较低,但读长较长、准确率较高,对于小量样本测序仍是最佳选择。第二代测序具有高通量、低成本优势,适用于大样本、重复测序。第三代测序尤其SMRT测序以其超长的读长、较短的测试时间、无GC偏好等优势,适用于暴发性传染病病原基因组及大型基因组等多领域的单分子测序。第二、第三代测序能定量分析全转录组水平,还能测定表观遗传学改变。
3. ① DNA的微量(痕量)分析:由于PCR高度灵敏,极少量标本DNA便可作为模板扩增,因而是目前最常应用的基因诊断技术,尤其是早期诊断,还可用于考古及法医学检查。② 用于目的基因克隆:为基因工程获得目的基因片段提供了简便快速的方法。③ DNA测序:PCR使DNA测序大大简化,促成了二代测序技术。

六、问答题

1. ① 针对性强、特异性高：应用分子杂交技术、聚合酶链反应等从基因水平探测病因，针对性强，特异性高，能做出前瞻性诊断。② 诊断灵敏度高：PCR 技术的几何扩增效应可检测出低至 10^{-12} g 水平靶基因的变异，DNA 芯片仅使用极微量的基因标本便可做出明确诊断。③ 适用性强，诊断范围广：基因诊断除适用于遗传病、感染、肿瘤等多种疾病诊断外，还可用于法医鉴定、亲子鉴定、药物研究等。④ 简便、快速、精准、高通量：可在同一张 DNA 芯片上短时间内对数万个基因表达情况做出诊断。⑤ 第二、第三代测序技术进行基因诊断具有更精准、明确、高通量的优点，不仅能对基因组任何结构改变做出测定，还能同时鉴定基因表达水平。

2. 采用 PCR 方法进行的基因扩增的原理类似于体内 DNA 的半保留复制过程。不同之处是使用耐热的 Taq 酶取代 DNA 聚合酶，用合成的 DNA 引物替代 RNA 引物。用变性与退火（或称复性）代替解链与解旋等。PCR 基本原理：根据目的基因两端已知碱基序列设计一对特异寡核苷酸引物，在体外分别与目的基因 DNA 两条单链的 3′端相互补，在 Taq DNA 聚合酶作用下，按半保留复制规则，以 dNTP 为原料，在引物 3′端沿着模板链延伸合成互补链，此为一次循环过程。反复经过 DNA 模板链的变性、退火和延伸这一循环过程，可使目的基因 DNA 在短时间内呈指数扩增。

3. ① 遗传病的基因诊断：对于单基因遗传病，确定其致病基因位点是关键。目前此类疾病已有相当部分被基因诊断。如镰状细胞贫血，可用 Southern blotting、PCR‐RFLP 等方法鉴定出患者 β 珠蛋白第 6 个氨基酸的相应碱基发生点突变。② 肿瘤的基因诊断：采用 PCR‐ASO 等技术，已发现肿瘤的发生是由多个癌基因的激活或抑癌基因的缺失而引起的，是一种多基因异常性疾病。③ 感染性疾病的基因诊断：采用 PCR 技术等对感染性疾病进行基因诊断，可以快速准确地诊断出致病微生物的种类；检测出带菌者和潜在感染性；检测病原微生物耐药性，及进行病原流行病学调查等。④ 法医鉴定：用 DNA 指纹技术进行亲子鉴定和个体识别。⑤ 为精准医疗与个体化治疗提供遗传学背景分析：对基因组、转录组测序，可获知确切的致病基因及表观遗传学异常改变，在了解遗传学背景基础上进行精准医疗和同病异治的个体化治疗，如肝代谢酶表达、多态性分析可以预测个体对不同药物的代谢情况。
4. 基因治疗主要是更换或增补体内的缺陷基因,抑制、敲除致病的或有利于疾病的基因,导入并表达外源或经修饰的治疗性基因。能直接针对致病基因,或持续表达治疗性基因,在治疗遗传病、恶性肿瘤、神经系统疾病、心脑血管病等传统表型治疗仍是难题的疑难疾病方面尤其有优势。基因治疗主要策略:① 基因增补疗法;② 自杀基因疗法;③ 免疫基因疗法;④ 基因编辑技术。基因治疗存在的最主要问题是体内转染率很低,故疗效较低,是影响其临床应用的主要原因,另外由于病毒尤其逆转录病毒的大量运用,依然存在安全性问题等。

第十九章 肝胆生化

一、单项选择题

1. C · 2. D · 3. C · 4. D · 5. C · 6. B · 7. C · 8. B · 9. C · 10. A ·
11. A · 12. D · 13. C · 14. C · 15. D · 16. C · 17. D · 18. C ·
19. C · 20. D · 21. A · 22. D · 23. E · 24. C · 25. B · 26. B ·
27. C · 28. B · 29. B · 30. D · 31. C · 32. C · 33. D · 34. C ·
35. B · 36. C · 37. B · 38. B · 39. D · 40. C · 41. C

二、多项选择题

1. ADE · 2. BCE · 3. BD · 4. ABCE · 5. ABD · 6. ABD · 7. BCD ·
8. ADE · 9. BCD · 10. ABC · 11. BCD · 12. ACDE · 13. BCDE ·
14. ABCD · 15. AC · 16. BDE · 17. BD · 18. ABCDE

三、填空题

1. 降低 · 升高
2. 清蛋白 · 凝血酶原 · 纤维蛋白原
3. 水肿 · 易出血
4. 糖原合成 · 糖原分解 · 糖异生
5. 消化吸收 · 分解合成
6. 吸收 · 储存 · 转化
7. 蛋白质 · 尿素
8. 灭活 · 水钠 · 水肿或腹水
9. β胡萝卜素 · 25 – OH – $VitD_3$
10. 肝细胞 · 胆固醇
11. 促进脂类的消化吸收 · 抑制胆固醇在胆汁中析出沉淀
12. 胆红素 · 胆绿素
13. 单核-吞噬细胞 · 血红蛋

白·血红素 16. UDPGA 转移酶·尿液
14. 胆红素-清蛋白 17. 7α-羟化酶·胆汁酸
15. 急性肝炎·慢性肝炎 18. 摄取·结合·排泄

四、名词解释

1. 肝脏将外源性或内源性非营养物质进行转化,改变其极性,使其易于随胆汁或尿液排出,该过程称为生物转化。
2. 胆红素代谢过程中,某个环节发生障碍时,会造成胆红素在血中过多滞留,导致高胆红素血症,当超过 $34.2~\mu mol/L(2.0~mg/dl)$ 时,则易扩散进入组织,使皮肤、巩膜和黏膜等组织黄染,称为黄疸。
3. 激素在发挥调节作用之后,主要在肝内转化、降解而失去活性,这一过程称为激素的灭活。
4. 血清胆红素浓度虽超过正常,但不超过 $34.2~\mu mol/L$,肉眼尚看不出巩膜或皮肤被明显黄染,则称为隐性黄疸。
5. 胆红素在肝脏与葡糖醛酸等结合,生成葡糖醛酸胆红素酯等复合物,称结合胆红素。
6. 衰老红细胞受单核-吞噬细胞系统破坏而生成的胆红素,还未经肝细胞转化,未结合葡糖醛酸等,称为未结合胆红素。
7. 是铁卟啉化合物的主要分解产物,包括胆红素、胆绿素、胆素原和胆素等一大类化合物。

五、简答题

1. 胆汁酸是很强的乳化剂,能将脂溶性的脂类食物乳化成细小的微滴,激活胰脂酶,与脂类消化产物形成水溶性混合微团进入肠黏膜细胞,促进脂类消化与吸收;胆汁酸盐作为胆汁主要成分,可使胆固醇分散成溶解状态,防止胆固醇在胆汁中沉积析出而形成结石。
2. 甲状腺素既可促进 HMG-CoA 还原酶的合成,促进胆固醇的合成,又可刺激 7α-羟化酶的活性,促进胆固醇代谢转变为胆汁酸,且后一作用比前者强。因而,甲亢患者血清中胆固醇浓度偏低。
3. 溶血性黄疸患者的尿液中不能查出胆红素。由于红细胞破坏过多,产生大量胆红素,超过了肝脏的处理能力,造成血中游离胆红素异常增高。这些未经肝脏处理的胆红素是脂溶性的,在血中与清蛋白形成胆红素-清蛋白复合物,虽然水溶性增加,但其分子量也增大,限制了胆红素透过肾小球滤过膜进入尿液。因此,不管血中未结合胆红素含量有多高,尿中始终不会出现胆红素。

4. 肝细胞性黄疸患者的尿液中有胆红素。由于肝脏的病变、肝功能减退,造成肝细胞对胆红素的摄取、结合和排泄等作用发生障碍。一方面使肝内的结合胆红素不能有效排入肠道,另一方面使已生成的结合胆红素从病变区反流入血,而使血中结合胆红素含量增加,后者呈水溶性,可透过肾小球滤过膜,随尿液排出,所以尿胆红素定性实验呈阳性反应。
5. 两者的区别:① 未结合胆红素是指衰老红细胞破坏、分解释放入血的胆红素,还未经肝细胞转化处理,脂溶性强,易透过生物膜产生毒性作用;② 结合胆红素是在肝细胞内与葡糖醛酸结合,水溶性强,不能透过细胞膜,无毒性。临床诊断用途:① 血中未结合胆红素异常增高,与重氮试剂呈间接反应(强)阳性,主要见于溶血性黄疸和肝细胞性黄疸;② 血中结合胆红素异常增高,与重氮试剂呈直接反应(强)阳性,主要见于阻塞性黄疸和肝细胞性黄疸;③ 两类胆红素与重氮试剂呈双相反应阳性可见于肝细胞性黄疸。

六、问答题

1. 血浆清蛋白、纤维蛋白原和凝血酶原只能在肝脏合成,体内大部分NH_3在肝内合成尿素以解氨毒,肠菌腐败产生的芳香胺类也在肝脏转化解毒。严重肝病可累及尿素合成和芳香胺类的解毒,引起血NH_3增高,或在脑内形成假神经递质,导致肝性脑昏迷;慢性肝炎、肝硬化患者,清蛋白合成障碍,引起血浆胶体渗压下降,导致水肿、腹水;如果纤维蛋白原和凝血酶原合成障碍,会使凝血时间延长,有出血倾向。
2. 肝脏可以通过分泌胆汁促进脂溶性维生素如维生素 K 的吸收,肝脏又是储存脂溶性维生素如维生素 A 的场所,还参与多种 B 族维生素代谢转变为辅酶、维生素 D 的活化等。因此,肝病时,易导致脂溶性维生素如维生素 K 的吸收障碍,患者有出血倾向;维生素 A 储存受到影响,易导致夜盲症;维生素 D 的活化受影响,儿童出现佝偻病,成年人出现骨软化症,老年人易出现骨质疏松等。
3. 肝脏是激素灭活的主要器官,当肝功能严重障碍时,对激素灭活作用减弱,使血中雌激素水平异常增高,引起局部小动脉扩张,出现"肝掌""蜘蛛痣"。男性体内亦有少量雌激素,肝功能障碍时同样可引起雌激素的灭活作用下降而过多积聚,导致男性乳房发育等。醛固酮、抗利尿激素灭活作用下降时,使血中这两类激素水平异常增高,导致肾脏重吸收盐和水增多,以致水和盐过多积聚于体内导致水肿或腹水。

4. 胆汁酸是由胆固醇在肝细胞内代谢转变生成的:胆固醇在 7α-羟化酶等一系列酶作用下,经羟化、侧链断裂、氧化,及与牛磺酸或甘氨酸结合等反应,转变生成胆汁酸盐。7α-羟化酶是该代谢过程的限速酶,其活性受胆汁酸的反馈抑制。消胆胺可与胆汁酸结合成不溶性络合物而减少其重吸收,促进胆汁酸的排泄,减弱胆汁酸对 7α-羟化酶的反馈抑制作用,从而利于肝内胆固醇转化为胆汁酸,起到降低血清胆固醇的治疗作用。

5. 胆色素包括胆红素、胆绿素、胆素原和胆素等。胆色素的正常代谢过程如下。① 来源:大部分来自衰老红细胞,在单核-吞噬细胞系统作用下→释出血红蛋白→分解出血红素→转变为胆绿素→还原为胆红素→释放入血。② 血中转运:胆红素入血后以胆红素-清蛋白形式(称未结合胆红素)而被运输。③ 肝细胞处理:胆红素被肝细胞单独摄取→主要与 Y 蛋白结合→运输至滑面内质网→在葡糖醛酸转移酶催化下进行结合转化→生成胆红素-葡糖醛酸酯(称为结合胆红素)→随胆汁分泌进入肠道。④ 肝外代谢:大部分胆红素受肠菌作用→生成无色胆素原→大部分胆素原转化为粪胆素随粪便排出;小部分经门静脉重吸收入肝→大部分进入胆素原的肠肝循环;少部分进入体循环,转化为尿胆素经肾随尿排出体外。

6. 胆色素包括胆红素、胆绿素、胆素原和胆素等,其中主要成分是胆红素。① 正常人尿液中:无胆红素,有少量的尿胆素原与尿胆素。因为入肝后的胆素原大部分构成胆素原的肠肝循环,只有极少量胆素原进入体循环,经肾随尿排出体外,受到空气中氧作用,被氧化为黄褐色的胆素,成为尿液色素之一。② 粪便中:有粪胆素原和粪胆素,肝内生成的结合胆红素随胆汁分泌排入肠道后,在肠菌作用下发生水解、还原等生成胆素原,其中极大部分胆素原随粪便排出体外,与空气接触后被氧化为黄褐色的胆素,成为粪便的主要色素。③ 血清中有两类胆红素:未结合胆红素和结合胆红素。正常人血中未结合胆红素量<0.8 mg/dl,与重氮试剂呈间接反应弱阳性;结合胆红素量<0.2 mg/dl,呈直接反应阴性。

7. 可根据 3 类黄疸的血液、粪便和尿液中胆色素变化特征来判别引起 3 类黄疸的可能原因,详见下表。

类型	血液		尿液		粪便颜色
	未结合胆红素	结合胆红素	胆素原	胆红素	
正常人	有	无或极微	少量	无	黄色
溶血性黄疸	增加	不变或微增	显著增加	无	加深
阻塞性黄疸	不变或微增	增加	减少或无	有	变浅或陶土色
肝细胞性黄疸	增加	增加	不定	有	变浅

8. 生物转化概念：机体将外源性或内源性非营养物进行化学转化，改变其极性或水溶性，使其易于随尿液或胆汁排出体外的过程。主要反应类型：① 第一相反应(包括氧化、还原和水解反应)；② 第二相反应(结合反应)。肝内参与生物转化的酶：肝微粒体的加单氧酶系、葡糖醛酸基转移酶、水解酶和还原酶，线粒体内的单胺氧化酶系，细胞质和微粒体内的醇脱氢酶系等。

七、案例分析题

1. 患者为急性酒精中毒、肝受损。判断依据：发病前大量饮酒；呼气、呕吐均有浓浓的酒味；有中枢神经兴奋、躁动不安、语无伦次，大小便失禁等。尿常规尿胆原(UBG)、尿胆红素(BIL)均为阳性。肝功能总胆红素、AST/ALT 值、ALP 和 γ-GT 活性均增高。

2. 乙醇进入体内后，主要进入肝脏代谢，经下列2条途径氧化。

   在醇脱氢酶和醛脱氢酶催化下，将乙醇氧化为乙酰 CoA，后者进入 TCAC，彻底氧化分解(这是主要的分解途径)。大量乙醇经此途径氧化，需消耗大量的 NAD^+，以致细胞内 $NAD^+/NADH+H^+$ 值下降，易出现下列连锁反应：① $NADH/NAD^+$ 值↑→促使大量丙酮酸还原为乳酸→乳酸/丙酮酸值↑→易出现高乳酸血症；② 血乳酸↑→可抑制肾对尿酸的排泄能力→这可能是饮酒加重痛风的原因；③ 丙酮酸含量↓→糖异生作用减弱→使醉酒者容易出现低血糖症状；④ $NADH/NAD^+$ 值↑→抑制 TCAC→使乙酰 CoA 合成脂肪酸乃至脂肪↑→这可能是长期饮酒易引起脂肪肝的重要原因。

   乙醇也可以进入肝细胞微粒体，经氧化酶系(Cyt P450 +

NADPH+O_2)作用生成乙醛。大量乙醇经此途径氧化,易产生下列严重后果:① 过多的乙醇代谢可竞争抑制依赖 Cyt P450 的某些药物代谢,如抑制苯巴比妥类药物代谢等;② 乙醛具有很高的反应活性,容易与核酸、蛋白质等结合成复合物,这可能会引起更严重的后果;③ 乙醇可以影响生物膜的流动性及神经递质的异常释放,严重者将抑制脑功能,引起昏迷。
3. 根据患者的症状及大量饮酒可能产生的连锁反应变化,可以补充检测血糖、血乳酸及血 pH 等指标。

第二十章 水盐代谢

一、单项选择题

1. C 2. D 3. C 4. E 5. E 6. D 7. E 8. E 9. A 10. D
11. D 12. C 13. E 14. E 15. B 16. D 17. A 18. B
19. B 20. C 21. D 22. B 23. E 24. E 25. C 26. C
27. A 28. A 29. A 30. C 31. C 32. B

二、多项选择题

1. AC 2. CDE 3. ACD 4. DE 5. BCE 6. ADE 7. BCE
8. CDE

三、填空题

1. 饮水·食物水·内生水(代谢水)
2. 离子钙·结合钙
3. 1,25-$(OH)_2$-$VitD_3$·酸性食物(如乳酸)促进钙的吸收·碱性食物(如草酸)抑制钙的吸收
4. 细胞膜·低·高
5. 进水不足·失水过多·低渗
6. 高渗性脱水·低渗性脱水·等渗性脱水
7. 胶体渗透压
8. H_2O·Na^+
9. Na^+ 和 Cl^-·K^+ 和 HPO_4^{2-}
10. 肾·皮肤·肠道

四、名词解释

1. 体液是指分布于细胞内和细胞外的,并溶解有多种无机盐和有机物(如糖、蛋白质等)的水溶液。
2. 血钙是指血浆中存在的钙,有结合钙和离子钙两种形式,起生理调节作用的是离子钙。

3. 血浆 K^+ 含量高于 5.5 mmol/L 时称为高血钾。
4. 钙磷浓度积（K_{sp}）是一个常数（2.5～3.5），由血浆中钙、磷浓度乘积而得，是观察骨代谢的重要参数。
5. 水的丢失低于钠的丢失，细胞外液呈低渗状态。
6. 内生水是指体内糖、脂肪和蛋白质分解过程中，脱下的氢经呼吸链传递后与氧结合生成的水，又称代谢水。
7. 血液中除蛋白质以外的含氮化合物，如尿素、尿酸、肌酐等所含的氮统称为非蛋白氮。

五、简答题

1. ① 细胞内液主要阳离子为 K^+，主要阴离子是 HPO_4^{2-}，细胞外液主要阳离子为 Na^+；主要阴离子是 Cl^-。② 细胞内液的蛋白质阴离子和二价阴离子含量较多，因此尽管细胞内液电解质 mEq/L 高于细胞外液，但渗透压并不高，细胞内外接近等渗。
2. 钙的生理功能主要由离子钙体现。主要有：① 参与骨盐的组成；② 参与腺体的分泌、肌肉收缩、血液凝固等过程；③ 降低毛细血管壁的通透性；④ 维持神经肌肉的应激性；⑤ 作为第二信使，调节物质代谢。
3. 血磷的主要生理功能：① 参与体内许多重要物质的组成，如核酸、磷蛋白、磷脂等；② 参与糖、脂类、蛋白质等物质的代谢过程；③ 参与能量的生成、储存、释放和转移过程；④ 参与维持体液酸碱平衡。
4. 心力衰竭致毛细血管静脉压增高时，可使细胞间液回流障碍而发生水肿，常称为"心性水肿"。慢性肾炎患者随尿液丢失大量清蛋白或严重肝病患者血浆清蛋白合成减少，均可使血浆胶体渗透压降低，也可导致细胞间液回流减少而发生水肿，分别为"肾性水肿"和"肝性水肿"。
5. 肾脏排钠的特点是"多吃多排，少吃少排，不吃几乎不排"。肾脏排钙的特点是"多吃多排，少吃少排，不吃也排"。肾脏排钾的特点是"多吃多排，少吃少排，不吃也排"。
6. 调节钙磷代谢的主要因素有 $1,25-(OH)_2-VitD_3$、甲状旁腺素和降钙素。① $1,25-(OH)_2-VitD_3$ 的作用：提高血钙、血磷浓度。② 甲状旁腺素的作用：升高血钙、降低血磷。③ 降钙素的作用：降低血钙和血磷浓度。三者主要通过影响肠对钙磷的吸收、骨与体液的平衡以及肾对钙磷的排泄而起作用。

7. 体内水的来源有3条途径：① 饮水，约1 200 ml；② 食物水，约 1 000 ml；③ 内生水，约 300 ml。体内水的排出途径有 4 条：① 肾脏排出，约 1 500 ml；② 皮肤蒸发，约 500 ml；③ 肺排出，约 350 ml；④ 肠道排出，约 150 ml。总之成人每天进出水量为 2 500 ml，维持动态平衡。

六、问答题

1. 轻度低血钾患者，可多吃蔬菜、瓜果等植物性食物，或口服氯化钾。严重低血钾患者则需静脉补钾，并一定要掌握"四不宜"原则：① 不宜过早，需见尿补钾；② 不宜过浓，液体浓度不超过 0.3%；③ 不宜过量，每日总量小于 4 g；④ 不宜过快，一日总量在 6~8 小时以上滴完，避免造成高血钾。

2. 水的生理功能：① 构成组织细胞的重要成分，以结合水维持器官的形态；② 调节和维持体温的恒定；③ 参与体内物质代谢和运输作用；④ 润滑作用。无机盐的生理功能：① 构成组织与体液的成分；② 维持体液的渗透压和酸碱平衡；③ 维持神经肌肉的兴奋性；④ 维持酶的活性；⑤ 参与体内特殊物质的合成，如甲状腺素等。

3. 抗利尿激素的分泌与释放受体液渗透压、血容量和血压的调节。当体液渗透压升高，血容量和血压明显下降时，可分别促进下丘脑抗利尿激素的分泌和释放。抗利尿激素的主要作用是加强肾对水的重吸收，使尿量减少，维持体液渗透压的相对恒定。醛固酮的分泌受肾素-血管紧张素、血钾和血钠相对比例的调节。醛固酮的主要作用是促进肾对 Na^+ 的重吸收，并伴随 Cl^- 和 H_2O 的被动重吸收。

4. 血钙通常指血浆钙，其含量为 2.25~2.75 mmol/L。血钙以离子钙和结合钙两种形式存在，两者相互转变，维持动态平衡。当血液 pH 降低时，促进结合钙解离，Ca^{2+} 增加；而 pH 增高时，结合钙增多，Ca^{2+} 减少。临床上碱中毒时，可使血钙浓度降低，特别当血钙浓度低于 1.75 mmol/L 时，常伴有手足抽搐、痉挛。这是因为离子钙减少，神经肌肉应激性升高所致。

5. 引起高血钾的原因如下。① 摄入过多：静脉输钾过多、过快，或输入大量陈旧血液，导致血钾升高；② 排泄障碍：肾脏排钾能力降低，如肾功能不全时，保 Na^+ 排 K^+ 能力下降，导致高血钾；③ 分布异常：大面积烧伤、组织蛋白大量分解，胞内钾离子外移，或溶血使血钾增高；④ 酸中毒：H^+ 进入细胞，K^+ 外移，或肾泌 H^+ 增加、泌 K^+ 减弱，使血钾升高。高血钾危害：心脏停搏。抢救的生化措施：注射胰岛素和葡萄糖，促进糖原合成而使钾离子进入细胞内；注射乳酸钠、葡萄糖酸钙，拮抗 K^+ 对心肌的抑制作用，以利于心脏功能的恢复。

七、案例分析题

1. 该患儿诊断为：婴儿腹泻合并低渗性脱水（重度）、酸中毒、低钾血症。
2. 低渗性脱水诊断依据：精神萎靡，皮肤松弛，面色苍白，抬头无力，眼窝极度凹陷，哭无泪，唇黏膜干裂、樱红色，心音低钝，腹胀，肠鸣音减弱，四肢厥冷，血清 Na^+ 129 mmol/L。酸中毒诊断依据：唇黏膜樱红色，心音低钝，呼吸 50 次/分。低钾血症诊断依据：心音低钝，腹胀，肠鸣音减弱，脉搏 140 次/分，血清 K^+ 3.1 mmol/L。
3. ① 扩容治疗：30～60 分钟内静脉滴入 2∶1 等张含钠液或 0.9% NaCl 注射液 20 ml/kg，总量不超过 300 ml。② 纠正酸中毒：静脉滴注 5% 碳酸氢钠注射液 5 ml/kg 或等量 1.45% 碳酸氢钠注射液。③ 纠正低钾血症：见尿后静脉滴注 0.3% KCl 溶液。④ 积极治疗原发病。

第二十一章 微量元素

一、单选题

1. D 2. D 3. C 4. D 5. A 6. B 7. A 8. D 9. A 10. D
11. E 12. C 13. B 14. E 15. A

二、多选题

1. ABCE 2. AB 3. ABCDE 4. ABCDE 5. ABCD

三、填空题

1. 铁卟啉化合物·血红素铁·非血红素铁
2. 甲状腺细胞
3. 与蛋白质结合·游离状态
4. 硒蛋白·含硒蛋白
5. 钴·铁·铬
6. 金属元素·化合物或络合物

四、名词解释

微量元素是指人体内含量低于 0.01%，每日需要量在 100 mg 以下的元素，主要包括铁、碘、铜、锌、锰、硒、氟、钼、钴、铬等，它们对维持人体正常生理功能必不可少。

五、简答题

1. 肝豆状核变性是铜代谢障碍性疾病,为常染色体隐性遗传病,是铜蓝蛋白合成障碍使游离铜在体内过度蓄积,损害肝、脑等器官所致。主要表现为肢体舞蹈、手足徐动、怪异表情、震颤等锥体外系症状,以及肝硬化、角膜色素环 K-F 等。
2. ① 抗氧化作用。② 增强机体免疫力。③ 调节甲状腺激素的代谢。④ 拮抗重金属毒性。
3. ① 铜是细胞色素 c 氧化酶的辅基,参与能量代谢。② 铜是酪氨酸酶、多巴胺 α-羟化酶的辅基,参与黑色素及儿茶酚胺的合成。③ 铜是赖氨酰氧化酶的辅基,促进纤维蛋白的交联,稳定细胞外基质。④ 铜是 Cu/Zn 超氧化物歧化酶的辅基,参与自由基清除。

第二十二章 酸碱平衡

一、单项选择题

1. A 2. E 3. E 4. E 5. A 6. B 7. A 8. C 9. E 10. C
11. C 12. E 13. D 14. A 15. E 16. B 17. B 18. B
19. A 20. A 21. C 22. A 23. A 24. A 25. B 26. C
27. B 28. A 29. C 30. D 31. D 32. C 33. C 34. C
35. E 36. A 37. C 38. A 39. D 40. D 41. C 42. A

二、多项选择题

1. CE 2. AB 3. AC 4. CDE 5. BD 6. ABD 7. BD
8. AC 9. AD 10. ACD

三、填空题

1. 碳酸氢盐缓冲系统、固定酸、血红蛋白缓冲系统
2. $[NaHCO_3]/[H_2CO_3]$、碱、酸
3. 糖、脂肪、蛋白质
4. 血液缓冲系统、肺、肾
5. 固定、碱储备
6. H^+-Na^+、$NH_4^+-Na^+$、K^+-Na^+
7. 降低、加快、CO_2
8. $NaHCO_3$、固定酸、碱储备
9. H^+-Na^+、K^+-Na^+、高血钾
10. K^+-Na^+、H^+-Na^+、酸
11. 升高、加强、增加
12. 增加、减少、减少

四、名词解释

1. 由糖、脂肪、核酸和氨基酸等代谢产生的酸性中间产物,如乳酸、乙酰乙酸等不能以 CO_2 形式从肺呼出体外,被称为非挥发性酸或固定酸。
2. 食物中的糖、脂肪、蛋白质因在体内分解代谢后产生大量的挥发性酸和固定酸,故称为成酸食物。
3. 由于肺功能障碍,血浆中的 CO_2 堆积,导致 H_2CO_3 原发性升高而致的酸中毒。
4. 由于固定酸产生过多或碱性物质丢失过多等原因导致血浆 $NaHCO_3$ 原发性减少所致的酸中毒。
5. 由于固定酸丢失过多,或摄入碱性物质过多,导致血浆 $NaHCO_3$ 原发性增多所致的碱中毒。
6. 指血浆中的 $NaHCO_3$,因其浓度大,缓冲能力强,一定程度上可代表血浆缓冲固定酸的能力,故称碱储备。
7. 机体调节酸性、碱性物质的含量和比例,维持体液 pH 处于恒定范围的过程。
8. Cl^- 在红细胞和血浆之间的转移称为氯转移。氯转移有利于维持红细胞膜内外电中性,提高血浆缓冲固定酸的能力。

五、简答题

1. 体内物质代谢可产生的酸性物质如下。① 挥发性酸:糖、脂肪和蛋白质在体内彻底氧化可产生 CO_2 和 H_2O,两者结合生成碳酸(H_2CO_3)。② 非挥发性酸(固定酸):糖氧化分解产生的丙酮酸和乳酸、脂肪酸氧化分解产生的乙酰乙酸和 β-羟丁酸、磷脂和核酸分解代谢产生的磷酸、含硫氨基酸氧化分解产生的硫酸、嘌呤碱分解产生的尿酸等。
2. 血浆中缓冲对有:$HPr/NaPr$、Na_2HPO_4/NaH_2PO_4 和 $NaHCO_3/H_2CO_3$。其中最主要的一对是 $NaHCO_3/H_2CO_3$,主要缓冲固定酸和碱。
3. 代谢性酸中毒的原因主要有:固定酸生成过多,肾脏排出固定酸减少,碱性物质丢失多和高血 K^+。呼吸性酸中毒的发病原因主要有:呼吸障碍使 CO_2 在体内过多潴留,如支气管哮喘、急性肺气肿、异物堵塞气管、有机磷中毒和溺水等。
4. 长时间饥饿可引起代谢性酸中毒。在长期饥饿状态下,当体内糖原耗尽后,脂肪大量动员,脂肪酸进入肝内氧化分解,致使肝内生酮速度超过肝外利用速度,导致血中酮体酸(固定酸)增多,血浆 pH 下降,严重时引起代谢性酸中毒。

5. 如当乳酸生成增加时,$NaHCO_3$ + 乳酸→H_2CO_3 + 乳酸钠,把较强的乳酸转变为较弱的碳酸,H_2CO_3 进一步分解为 $H_2O + CO_2$,CO_2 随肺呼出。当碱性物质增加时,$H_2CO_3 + OH^- \rightarrow HCO_3^- + H_2O$,把较强的碱转变为较弱的碱,$HCO_3^-$ 又可通过肾脏的调节使血浆中 HCO_3^- 保持一定水平。

6. 肺对酸碱平衡的调节主要是通过排出 CO_2 的多少,进而调节血浆 H_2CO_3 的含量以保持 $[NaHCO_3]/[H_2CO_3]$ 值处于正常范围。当血浆 H^+ 浓度增高时,刺激呼吸中枢,呼吸加深加快,呼出 CO_2 增加,PCO_2 呈代偿性降低。当血浆 pH 升高时,抑制呼吸中枢,呼吸变浅变慢,呼出 CO_2 减少,保留血中的 H_2CO_3 含量。

7. 肾脏对酸碱平衡的调节主要是通过排出固定酸,保留并维持血中碱储量来完成的。当固定酸产生增加、血浆 pH 降低时,肾脏泌氢和泌氨作用加强,以重吸收 $NaHCO_3$,同时固定酸和铵盐排出增加,使尿液酸化。反之,血浆 pH 升高时,肾小管细胞 $H^+ - Na^+$ 交换和 $NH_4^+ - Na^+$ 交换减弱,$NaHCO_3$ 重吸收减少,铵盐排出减少。

8. 呼吸性酸中毒时,主要依赖肾的调节。PCO_2 升高和 H^+ 浓度升高可使肾的泌 H^+、泌 NH_3^+ 作用加强,HCO_3^- 重吸收增加,使血浆中 $[HCO_3^-]/[H_2CO_3]$ 接近 20,血浆 pH 相对恒定,$[NaHCO_3]/[H_2CO_3] \approx 20$,$pH \approx$ 正常,称代偿性呼吸性酸中毒;如果 $NaHCO_3$ 减少,$[NaHCO_3]/[H_2CO_3] < 20$,血浆 pH 减小,称失代偿性呼吸性酸中毒。

六、问答题

1. ① 钾进入细胞内:碱中毒时,细胞外 H^+ 浓度降低,细胞内 H^+ 释出细胞外,同时细胞外 K^+ 进入细胞内,使血钾下降;② 肾小管细胞排 K^+ 增多:碱中毒时,使肾小管细胞内 K^+ 多 H^+ 少,加之肾小管细胞内碳酸酐酶活性降低,因而使小管细胞 $H^+ - Na^+$ 交换减少,$K^+ - Na^+$ 交换增强,肾脏排 K^+ 增多而引起血钾降低。

2. 肾脏通过 $H^+ - Na^+$ 交换方式,将肾小球滤过的 $NaHCO_3$ 几乎全部重吸收入血;通过 $H^+ - Na^+$ 交换,使磷酸氢盐得到酸化,以重新生成 $NaHCO_3$,并排出固定酸,使尿液得到酸化。肾脏通过 $NH_4^+ - Na^+$ 交换方式,将管腔液中强酸盐的 Na^+ 换回,重新生成 $NaHCO_3$,并使强酸根以铵盐形式排出体外,避免形成强酸而损害组织。肾远曲小管 $K^+ - Na^+$ 交换与 $H^+ - Na^+$ 交换相互间有竞争作用:血钾↑时,肾 $K^+ - Na^+$ 交换↑→$H^+ - Na^+$ 交换↓→排 K^+ ↑;血钾↓时,肾 $K^+ - Na^+$ 交换↓→$H^+ - Na^+$ 交换↑→排 K^+ ↓。

3. 当血钾浓度高时,部分 K^+ 进入细胞内与 H^+ 交换:肾小管细胞泌 K^+ 加强,$K^+ - Na^+$ 交换增加,$H^+ - Na^+$ 交换减少,导致酸中毒。尿钾排出增多,排 H^+ 减少,尿 pH 增大。反之,血钾浓度降低时,部分 H^+ 进入细胞内与 K^+ 交换:肾小管细胞泌 H^+ 加强,$H^+ - Na^+$ 交换增加,$K^+ - Na^+$ 交换减少,导致碱中毒。尿钾排出减少,排 H^+ 增多,尿 pH 下降,呈酸性。

4. 严重糖尿病患者易并发酮症酸中毒。

　　代偿机制如下。① 血液:乙酰乙酸 + $NaHCO_3$→乙酰乙酸钠 + H_2CO_3。② 肺:pH↓[H^+]↑→呼吸中枢兴奋↑→呼吸加深加快→CO_2 呼出↑→血浆[H_2CO_3]↓。③ 肾:泌 H^+ ↑、泌 NH_3 ↑→$NaHCO_3$ 重吸收↑→酮体酸排出↑→尿液酸度↑。

　　经上述代偿,[$NaHCO_3$]/[H_2CO_3]≈20,pH 在正常范围,称代偿性代谢性酸中毒;[$NaHCO_3$]/[H_2CO_3]<20,血浆 pH↓,称失代偿性代谢性酸中毒。

5. 剧烈呕吐易引起代谢性碱中毒。

　　代偿机制如下。① 血液:[$NaHCO_3$]↑。② 肺:pH↑[H^+]↓→呼吸中枢兴奋↓→呼吸变浅变慢→CO_2 呼出↓→血浆[H_2CO_3]↑。③ 肾:泌 H^+ ↓、泌 NH_3 ↓→$NaHCO_3$ 重吸收↓→固定酸排出↓→尿液酸度↓。

　　经上述代偿,[$NaHCO_3$]/[H_2CO_3] ≈ 20,pH 在正常范围,称代偿性代谢性碱中毒;[$NaHCO_3$]/[H_2CO_3] > 20,血浆 pH↑,称失代偿性代谢性碱中毒。

七、案例分析题

1. 初步诊断为代谢性碱中毒(低氯性碱中毒)。主要诊断依据:呕吐多次;血液化验:Cl^- 浓度下降,pH>7.45,AB 与 SB 两者相等但均增高,BB 值增高,BE>+3 mmol/L。

2. 患者剧烈呕吐多次,丢失大量胃酸(HCl)。生理情况下,胃酸被碳酸氢钠中和:HCl + $NaHCO_3$→H_2CO_3 + NaCl。患者因呕吐丢失大量 HCl,使原来用于中和胃酸的 $NaHCO_3$ 在血中过多积聚,导致低氯性碱中毒。经过肺和肾的调节,呼吸变浅变慢,使 CO_2 呼出减少,肾 H^+-Na^+ 交换减少,促使 $NaHCO_3$ 排出。根据患者的血液化验结果,pH>7.45,表明 $[NaHCO_3]/[H_2CO_3]$ 还是不能维持在正常范围,呈失代偿性代谢性碱中毒。

3. 治疗原发病,止吐养胃,同时补充适量的生理盐水,纠正酸碱平衡紊乱。若不能及时纠正,可给予适量的酸性药物,如 0.9% 的氯化铵溶液静脉滴注。

第二十三章 药物代谢

一、单项选择题

1. A 2. C 3. B 4. A 5. E 6. C 7. A 8. D 9. A 10. C
11. D 12. E 13. D 14. E 15. A 16. D 17. C 18. A
19. C

二、多项选择题

1. ACE 2. AC 3. ACE 4. ABDE 5. BCE 6. ACDE
7. ADE 8. ABCD 9. AC 10. ABCDE

三、填空题

1. 磷脂
2. 膜蛋白·内在蛋白·外在蛋白
3. 膜的流动性·不对称性
4. 侧向运动
5. 被动扩散·帮助扩散·主动转运
6. 通道蛋白·载体蛋白
7. 载体蛋白·逆浓度差·消耗能量
8. 氧化·还原·水解
9. UDP-葡糖醛酸(UDPGA)·3'-磷酸腺苷-5'-磷酸硫酸(PAPS)
10. 反应类型的多样性·反应的连续性·解毒与致毒的两重性
11. 药酶的诱导剂·耐药性
12. 较弱·低

四、名词解释

1. 是指覆盖在细胞表面的质膜以及细胞内各种细胞器表面的膜性结构。它具有维持内环境的相对稳定、物质转运、内外环境的相互联系等重要功能。
2. 液态镶嵌模型认为生物膜是流动的、嵌有蛋白质、附着糖链的脂质双分子层结构，其最大特点是膜的流动性和不对称性。
3. 也称简单扩散，是小分子跨过细胞膜的最简单方式，从高浓度向低浓度方向跨膜转运，由小分子的热运动来完成，不需要提供能量，不需要载体蛋白帮助。
4. 也称易化扩散，是各种极性分子和无机离子向其浓度梯度或电化学梯度降低方向跨膜转运的机制。不需要消耗能量，但需要特异的载体蛋白协助转运，特异性强，转运速率快。
5. 是人体细胞最重要的物质运输形式，是逆浓度差，从低浓度向高浓度方向的转运，需要载体蛋白帮助并消耗 ATP 供给的能量。
6. 氧化、还原、水解仅仅是药物分子本身发生的初步化学反应，不需要与特殊的化合物结合，称为第一相反应。
7. 结合反应需要与特殊的化合物（称结合剂）结合才能真正改变药物的极性，称为第二相反应。
8. 许多物质可促进药物代谢酶的生物合成，称为药酶的诱导剂。药酶的诱导剂是产生药物耐药性的重要原因。

五、简答题

1. 药物经一定的给药途径（口服、静脉注射、喷雾等）吸收进入血液后，除部分直接在肝脏代谢转化外，大多数药物通过血液循环运送至各靶组织发挥药理作用后进入肝脏代谢转化，再经肾脏随尿液排出，或随胆汁分泌进入肠道，再随粪便排出体外。
2. 生物膜的化学组成主要是脂类、蛋白质以及少量多糖。膜脂主要含有磷脂、糖脂和胆固醇等，其中以磷脂含量最多；膜蛋白一般根据与膜脂的结合方式将其分为内在蛋白和外在蛋白；附着在膜外的糖类是以寡糖链的形式以共价键与蛋白质结合，形成糖蛋白，也可与脂类结合成糖脂。
3. 液态镶嵌模型认为生物膜是流动的、嵌有蛋白质的、附着糖链的脂质双分子层结构。其主要特点是膜的流动性和不对称性。膜的流动性是指脂类分子和蛋白质分子在膜上的运动，主要做侧向运动；膜的不对称性是指构成生物膜的磷脂、蛋白质和寡糖类在膜中均呈不对称性分布。
4. 相同点：两者都需要载体蛋白帮助。不同点：主动转运是逆浓度差，从低浓度向高浓度方向转运，需要消耗 ATP 供给的能量；而帮助扩散是顺浓度差，从高浓度向低浓度方向扩散，不耗能。

5. ① 药物方面的影响：药物的诱导、药物的抑制。② 种属、个体差异的影响。③ 生理因素的影响：性别、年龄、营养状态。④ 给药途径及肝病等的影响。
6. ① 清除外来异物。② 改变药物的活性和毒性。③ 对体内活性物质的灭活作用。④ 为临床合理用药及新药设计提供实验依据和理论依据。

六、问答题

1. 加单氧酶系是存在于肝细胞微粒体中最重要的氧化酶，它可使大多数药物分子加上 1 个氧原子而发生羟化，进而改变其药效。加单氧酶系组成：是由 Cyt P450、NADPH‑Cyt P450 还原酶、NADH‑Cyt b_5 还原酶等成分构成的复合酶系。催化药物反应的方程式如下：

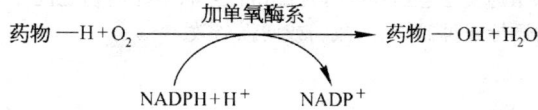

2. 主要结合剂：葡糖醛酸、硫酸盐、乙酰 CoA、S‑腺苷甲硫氨酸、谷胱甘肽、甘氨酸等。药物经第一相反应后极性改变不大，在相应的基团转移酶催化下再与结合剂结合，从而使大多数药物的极性增加而易于排出体外。例如胆红素与葡糖醛酸结合成酯，由于葡糖醛酸带有许多羟基，水溶性极强，从而使药物或毒物极性增加，易于排出而解除其毒性。

3. ① 反应类型的多样性，如乙酰水杨酸水解去除乙酰基后生成的水杨酸，既可直接与 UDPGA 等发生结合反应，又可继续羟化成羟基水杨酸，再与 UDPGA 等结合生成多种结合产物，排出体外。② 反应的连续性，如乙酰水杨酸可以先进行水解，再进行结合反应，或者先水解后氧化，再进行结合反应。所以尿中的排出物可出现多种类型。③ 解毒与致毒的两重性，如烟草中含有的 3,4‑苯并芘，当在体内与葡糖醛酸结合后可促进其排出体外，解除其毒性，但经羟化酶作用生成的环氧化物却有极强的致癌作用。

七、案例分析题

1. 药物的生物转化主要在肝脏进行。生物转化的化学反应大致有氧化、还原、水解和结合 4 种类型，其中氧化、还原、水解是大多数药物所进行的初步反应，由于仅仅是药物分子本身进行的初步化学变化，未涉及与特殊的化合物结合,称为第一相反应;许多药物经过第一相反应后其性质可能改变不大,还需与特殊的化合物(称结合剂)结合才能真正改变药物的极性,称为第二相反应。
2. 患者服用的地西泮,在体内代谢转化主要受肝药酶作用:先进行第一相反应,发生水解和氧化反应,使分子进行 N-1 去甲基和 C-3 羟基化,形成的羟基代谢产物还不能有效排出体外,还需进入第二相反应,与葡糖醛酸结合,使其极性大大增强促使其排出体外。
3. 患者服用的西咪替丁,对肝药酶有抑制作用:通过其分子的咪唑环与细胞色素 P450 结合而降低肝药酶活性,从而使其他药物代谢减慢,导致药理活性及其毒副作用增强。如将西咪替丁和地西泮两药合用,可延长地西泮的半衰期,增强其药效,以致久睡不醒。
4. 临床用药要注意药物的合理配伍:考虑不同药物之间是否会发生药物的诱导或抑制,从而减弱或增强药效。